Allitera Verlag

edition monacensia
Herausgeber: Monacensia
Literaturarchiv und Bibliothek
Dr. Elisabeth Tworek

Emma Haushofer-Merk

Es wetterleuchtete

Münchener Roman

aus der Mitte des vorigen Jahrhunderts

Text der Erstausgabe

Herausgegeben und mit einem Nachwort versehen von

Ingvild Richardsen

Münchner Stadtbibliothek
Monacensia
Literaturarchiv und Bibliothek

Allitera Verlag

Weitere Informationen über den Verlag und sein Programm unter:
www.allitera.de

Für Renate Haushofer

In herzlicher Verbundenheit und mit großem Dank für die stets kompetente und überaus engagierte Hilfe bei den Recherchen im Haushofer-Privatarchiv. Unsere zahlreichen Gespräche über die Familie Haushofer waren eine große Inspiration.

November 2015
Allitera Verlag
Ein Verlag der Buch&media GmbH, München

Umschlagbild: Illustration aus der Zeitschrift »Jugend«, 1896
Bild S. 6: Emma Haushofer-Merk, Fotoatelier Elvira, München, o. J.
Bild S. 148: Porträt Helene Sedlmayr von Joseph Karl Stieler, um 1830, für die Schönheitengalerie König Ludwigs I.
Bild S. 170: Daguerreotypie von Lola Montez, 1851
Printed in Germany · ISBN 978-3-86906-761-2

Inhalt

Es wetterleuchtete

Gustel Obermeier saß auf dem Modellstuhl in dem großen, hohen Atelier, im Liebreiz ihrer achtzehn Jahre, mit einem holdseligen, gleichsam leuchtenden jungen Gesicht, dessen Glätte und Frische das scharfe, nüchterne Licht, das zu dem breiten Nordfenster hereinfiel, nicht zu scheuen brauchte. Sie trug das Riegelhäubchen über den goldig-blonden Lockenbüscheln an den Schläfen; aus einem rosaseidenen Tuch blühte der weiße Hals hervor; ein Mieder mit reichem Geschnür umspannte die schlanke Gestalt.

König Ludwig hatte selbst die blonde Bürgerstochter aus der Kirche herauskommen sehen, sich nach ihrem Namen erkundigt und gewünscht, daß sie in der Münchener Tracht für die Schönheitsgalerie gemalt werden sollte. Darum hielt sie auf dem Bilde wohl auch das Gebetbuch in der Hand und der Maler wollte durch die gesenkten Lider, das leise zur Seite geneigte Haupt, durch die ganze Haltung, die jungfräuliche Frömmigkeit, die kindliche Scheu in der Erscheinung zum Ausdruck bringen. Sah man doch auch im Hintergrunde die Umrisse einer Kirche.

Aber es war nun besonders reizvoll, wie um die Augenwinkel, um den rosigen Mund, versteckter Mutwillen saß und bei aller Sittsamkeit ein schalkhafter Zug zu spüren war, als kicherte mühsam zurückgehaltene Lebenslust aus dem süßen, frommen Gesichtchen.

Der Maler, ein hochgewachsener, schon leicht ergrauter Mann, war aufgestanden und drückte die Augen etwas zu, um in der Entfernung seine Arbeit zu prüfen, mit dem Original zu vergleichen. Er seufzte leise, wie bedrückt von der Erkenntnis, daß alle Kunst der Natur gegenüber nur Stümperwerk bleibt. Den Blick noch immer auf das fast vollendete Bild gerichtet, wendete er sich an seinen Freund Kriechhammer, der neben der Staffelei stand und der ihm lange schweigsam zugesehen hatte:

»Da hat vor kurzem ein Kritikus, der meine Bilder in der Schönheitsgalerie besprach, in einer auswärtigen Zeitung geschrieben: ›Der Herr Hofmaler sehe alles in rosenfarbenen Tinten. Er habe sechzehn Rosa auf seiner Palette!‹ Den Neueren, die nur die französischen Maler schätzen, gelten wir für süß; sie verlangen Wahrheit! Als ob wir uns nicht auch bemühten, möglichst wahr zu sein! Aber müssen Sie nicht zugeben, lieber Kriechhammer, daß der Natur gegenüber unsere Farben noch viel zu schmutzig, zu grob sind! Man müßte Äpfelblüten zerreiben und mit ihnen den Pinsel füllen können, – Rosenblätter, um solch zarte Mädchenwange wiederzugeben.«

Kriechhammer nickte beifällig.

»Es ist das Zeichen des echten Künstlers, daß seine Arbeit ihm immer noch nicht vollständig genügt«, meinte er schmeichelnd. »Und doch wird das Bild allerliebst, allerliebst.«

Eine Weile blieb es wieder still. Ein paar Fliegen schwirrten durch den warmen Raum und ärgerten die rundliche Frau Obermeier, Gustels Mutter, die in einem bequemen Lehnstuhl saß, die Bänder ihres Kapotthutes aufgebunden hatte und in der Stille und Langeweile immer nahe daran war, einzunicken. Wenn dann wieder eine zudringliche Fliege sie mit einem Kitzeln auf der Nase weckte, griff sie krampfhaft nach dem Strumpf, der ihr im Schoße lag; man hörte ein paar Minuten das Klappern der Stricknadeln, bis diese ihr wieder aus der Hand sanken.

Dann wurde hastig, nach kurzem Klopfen die Türe geöffnet:

»Der König kommt, Herr Hofmaler!« rief eine junge Stimme. Ein schlanker Mann im Samtrock mit langem, dunklen Haar erschien einen Moment auf der Schwelle. Er hatte die Worte mit einem gewissen Trotz gesprochen, und er wendete sich auch gleich wieder fort. Nur ein paar Sekunden lang ruhten seine Augen mit einem schwärmerischen Blick auf der Mädchengestalt.

»So bleiben Sie doch, Raudolf! Warum laufen Sie denn weg wie ein scheuer Wildling?« fragte der Maler, der sich erhoben hatte, den jungen Schüler.

Dieser warf den Kopf mit den langen Locken zurück: »Ich bin kein Freund von Bücklingen, vom Dienern vor Fürsten!« sagte er mit Pathos, als gelte es, ein feierliches Bekenntnis seiner Überzeugungen, ein tapferes Eintreten für bedrohte Freiheit.

»Der kommt sich nun wie ein Held vor!« bemerkte der Hofmaler leise, »im Grunde ist er nur schüchtern und fürchtet, sich schlecht zu benehmen.«

Ihn hatte die Ankündigung des königlichen Besuchs keineswegs aufgeregt. Ludwig I. kam ja häufig in sein Atelier. Mit gelassener Würde legte er die Palette weg und ging dem hohen Herrn bis zur Türe entgegen. Aber Frau Obermeier war gänzlich fassungslos. Wie ein armes Mäuschen, das vor einer Katze einen Schlupfwinkel sucht, spähte sie umher, wohin sie sich verkriechen könnte.

»Der Herr König! – Ja, wo soll ich denn hin? Was tue ich da jetzt?« stammelte sie verlegen, während ihre kühnere Tochter nur neugierig nach der Türe blickte.

»Bleiben Sie ruhig da, Frau Obermeier!« sagte Kriechhammer lächelnd. »Sie werden sehen, der König ist sehr leutselig und Sie brauchen gar nicht so ängstlich dreinzuschauen.«

Schon trat der Besuch über die Schwelle, mit raschen Schritten, mit der bekannten nach vorne gebeugten Haltung der großen Gestalt.

»Nicht stören lassen! Will gar nicht stören!

Ruhig sitzen bleiben!« rief er dem jungen Mädchen zu, das sich erhoben hatte und errötend knixte wie ein Schulkind.

Die Mutter, die überhaupt aus ihrer Verbeugung kaum mehr in die Höhe kam und geradezu versunken in ihren Reifrock am Boden kauerte, beachtete er erst gar nicht. Er schaute nur auf das Bild, nickte beifällig.

»Wird famos! Ganz famos! Lieber Hofmaler! Freue mich sehr über meinen Einfall, in meiner Galerie auch einmal das Porträt eines hübschen Bürgermädchens in der Tracht besitzen zu wollen.«

Nun richtete er seine Augen auf Gustel und die noch immer suchende Mutter.

»Gratuliere zu der Tochter, Frau Obermeier! Ein schönes Mädchen, sehr schönes Mädchen! Sieht Ihnen aber gar nicht ähnlich.«

Nun fuhr die rundliche Frau wie von einem ihrer Eitelkeit eingebohrten Stachel aus ihrer Ergebenheit in die Höhe und fand plötzlich, trotz ihrer unterwürfigen, verlegenen Haltung, Worte der Abwehr:

»Majestät! Wie ich so jung g'wesen bin, da war ich auch ein recht sauberes Mädel!«

Der König lachte. »Glaube es gerne, zweifle nicht, Frau Obermeier. Wollte Ihnen auch nicht zu nahe treten, meinte nur den Typus. Mamsell Gustel eine helle Blondine und Sie sind dunkel. Da wird nun Ihre Tochter in meiner Galerie hängen und, jung und blond, noch nach hundert Jahren die Menschen durch ihren Anblick erfreuen, wenn wir alle nicht mehr auf der Welt sind! Hübscher Gedanke, nicht, Mamsell Gustel?«

Das junge Ding errötete, lächelte glückselig, wie verklärt von dem Lob des Königs.

»Schade, schade, daß man solches Lächeln nicht auf die Leinwand zaubern kann, nicht wahr, Herr Hofmaler! Ein achtzehnjähriges Lächeln!« bemerkte der grauhaarige Schönheitsbewunderer fast wehmütig.

Er wendete sich wieder dem Bilde zu, machte da und dort noch auf ein paar Kleinigkeiten aufmerksam und empfahl sich dann, von den beiden Malern begleitet, mit einem freundlichen Nicken für Mutter und Tochter.

Die unterbrochene Arbeit wurde nicht wiederaufgenommen und Gustel war froh, daß sie nicht mehr stillsitzen, nicht bescheiden die Augen niederschlagen mußte. Ein wahrer Rausch der Eitelkeit machte ihr das Köpfchen wirbelig. Sie strich sich die Schürze glatt, warf noch einen Blick auf den Spiegel, um das »schöne Mädchen« nochmals anzusehen und eilte dann nach einer lächelnden Verabschiedung von den Malern die Treppe hinunter, der Mutter voran, die erst, umständlicher und langsamer die Hutbänder binden, die Mantille umhängen und den Strickstrumpf im Ridicule verstauen mußte.

Während Gustel dann im Vorgärtchen auf sie wartete, schoß der junge Maler im Samtrock aufgeregt und mit heißem Gesicht auf sie zu, drückte ihr einen Brief und eine wundervolle Rose in die Hand und verschwand dann stumm wieder im Hause. Gustel war so überrascht, daß sie gar nicht daran dachte, den Brief, der nach dem Gebahren des jungen Mannes und nach seinen Blicken wohl eine Huldigung für sie enthalten mußte, zu verbergen, ehe die Mutter nachkam. Ganz unbefangen entfaltete sie das Blatt und lächelte vor sich hin, als sie die ganz im Heinestil verfaßten Verse las.

Aber Frau Obermeier warf einen neugierigen Blick auf die Rose in der Hand der Tochter, auf den Briefbogen, den diese hielt:

»Was hast denn da? Wer hat dir das 'geben? Grad jetzt, wo ich ein paar Minuten den Rücken kehr'.«

»Der junge Herr, der vorhin einmal im Zimmer war. Ich glaub' Raudolf heißt er«, sagte Gustel ohne irgendwelche Scheu, noch immer in die Verse vertieft.

Die Mutter zog sie fort und sprach nun aufgeregt auf sie ein: »Das tät ich mir verbitten! Daß du dich etwa gar mit einem Maler einläßt! Das wär' mir das Wahre! Wenn du mir eine Dummheit anfangst, nachher paß auf.« –

»Geh, Mutter!« rief Gustel mutwillig. »Ich weiß gar net, was Sie sich einbilden. Ich kenn' ihn ja gar net! Kein Wörtel hat er geredt! Er ist gleich wieder' davon. Wenn der halt gern so Verseln macht – – so lassen's ihm das Vergnügen! Ich lach doch bloß.«

Sie hob nun auf der Straße stolz den hübschen Kopf und hielt die blitzenden Augen gar nicht so fromm gesenkt wie auf dem Bilde; am liebsten hätte sie getanzt und gesungen vor Übermut. »Ein schönes, ein sehr schönes Mädchen!« Der König selbst hatte es gesagt! Der mußte es doch wissen! Und nächstens, da würde ihr Bild ausgestellt und alle Leute konnten es anschauen und alle würden sagen: »Das ist die Obermeier Gustel, die in die Schönheitsgalerie in die Residenz kommt! Ihre Schulfreundinnen, – o je, die werden ja platzen vor Neid!«

Wie ein Krönchen trug sie ihre Riegelhaube, eine junge Königin der Schönheit!

Sie hatte auch gar keine Lust, nach Hause zu gehen und die Tracht, die ihr so gut stand, abzulegen. Sonst ging sie nämlich wie die Mutter in einem modischen Anzug mit Reifrock und Hut, seit vor zwei Jahren ihr Vater die Wirtschaft zum Lindengarten verpachtet hatte und Madame Obermeier nicht mehr in dem Gasthaus tätig war.

So lustig war ihr zu Mute, als sie an den nach Blumen duftenden Gärten durch die Straßen gingen, daß sie auf dem Dultplatze, der blendend hell, eine weite, weiße, staubige Fläche, vor ihnen lag, schmeichelnd bat: »Gehn's, Mutter! Was sollen wir denn schon heimgehn, bei dem schönen Wetter? Wir sind so lang nimmer im Methgärtel g'wesen. Ich hätt eine solche Lust nach einem Gläserl.«

Frau Obermeier, die sich über die Annäherung des jungen Malers wieder beruhigt hatte, weil ihr die Tochter die Verse ohne weiteres ausgehändigt, war gleich bereit. Sie bedurfte auch einer kleinen Herzstärkung nach der Aufregung wegen dem Königsbesuche. Als sie am Kadettenkorps entlang gingen, kam ihnen ein dunkelgekleidetes junges Mädchen entgegen.

»Mutter! Da kommt ja die Frieda!« rief Gustel schon von weitem. Man blieb stehen und begrüßte sich. Frieda war die Schwestertochter der Frau Obermeier, einige Jahre älter als Gustel. Sie sah auch viel reifer und ernster aus mit ihrer dunklen Gesichtsfarbe, den starken Brauen über den klugen braunen Augen und einem scharfgezeichneten Profil. Die liebliche Blondine erschien wie ein Kind neben ihr.

»Gelt, Mutter, die Frieda soll mitgehn in den Methgarten!« meinte Gustel in ihrer überströmenden Frohlaune. »Heut ist so ein lustiger Tag. Heut sollst du auch net so traurig dreinschauen!«

»Ja freilich, Frieda! Geh nur mit! Ich lad' dich ein«, sagte Frau Obermeier gnädig.

»Dank schön, Frau Tant'! Ich darf ja nicht!« meinte die Blasse, Dunkle mit einem ernsten Kopfschütteln. »Wenn der Vater das hören tät, das gab ein schönes Donnerwetter wieder! Ich bin auf dem Friedhof gewesen am Grab von der Mutter, weil heut doch ihr Namenstag war.«

»Jessas ja! Heut ist ja Elisabeth! Mein Gott! Jetzt ists schon drei Jahr her, daß die gute Betty hat sterben müssen, das arme Hascherl!« seufzte die behäbige Frau Obermeier und wischte sich über die Augen, die sich rasch mit Tränen füllen konnten.

»Der Vater hat ohnehin gebrummt, wie ich um Erlaubnis g'fragt hab. Es ist bei ihm eine Tagdieberei, wenn man an einem Werktag aus dem Haus geht. Wenn er erst wüßt, daß die Tant' Theres nicht mit dabei ist, weil sie so müd war – es geht ihr ja immer schlecht mit dem Fußwerk – o da wär's aus! Alleinig soll ich schon gar net auf die Straß'.«

»Ist er immer noch so streng, der Herr Schwager?« fragte Frau Obermeier. »O mei! Die Schwester selig hat's auch net leicht g'habt bei ihm.«

»Der Vater hat so viel mit Spitzbuben und Verbrechern zu tun, daß er schon bald meint, es gäb gar keine andern Leut auf der Welt und am liebsten alle einsperren möcht! – Besonders mich!« rief Frieda mit einem bitteren Auflachen und mit düsteren Augen.

»Adieu, Gusterl! Laß dir den Meth gut schmecken und sei recht vergnügt!« sagte sie mit einem wehmütigen Blick in das süße Kindergesicht.

»Sie tut mir leid, die Frieda!« bemerkte Gustel, als sie dann auseinandergegangen waren. »Ich muß sagen, ich fürcht mich vor dem Herrn Onkel. Er schaut immer aus, als ob er in der Wut wär und eine so brummige Stimm' hat er wie ein böser, alter Bär.«

»Da siehst's, wie gut du's hast! Mein Gott! Meine Schwester Betty ist so stolz drauf g'wesen, daß sie sich mit einem Studierten verheirat' hat. Herunterg'schaut hat's auf mich, wie ich mich mit dem Obermeier versprochen hab. Aber ich hab's schon besser troffen, als sie mit ihrem zuwidern Stadtrichter.«

Das Methgärtlein war ein recht bescheidener kleiner grüner Fleck zwischen Häusern, aus dem unter ein paar Bäumen die Tische und Bänke standen. Aber an dem blauen Junitage leuchtete über jedem freien Winkel die Sommerschönheit. Es gab hier meist weibliche Gäste, Mütter mit ihren Kindern, die gerne an dem süßen Trank nippten und sich über das lebkuchenartige kleine Gebäck, die »Schifferln« freuten, die man dazu zu genießen pflegte. Gustel wurde von allen Seiten angeguckt, weil sie die feiertägliche Tracht an hatte und da keine Männer in der Nähe waren, genügt es ihrer Eitelkeit, daß die Frauen sie freundlich anschauten. Sie wurde immer lustiger, lachte über die Spähen, die so zutraulich herankamen, über einen drolligen kleinen Pinscher, der sich im Gras wälzte, über die Geschichten der alten Kellnerin, die Frau Obermeier von früher kannte, und die schwatzlustig am Tische stehen blieb und allerlei Klatsch auskramte.

Es erregte ordentlich Aufsehen, als dann ein junger Mann in das Methgärtlein trat, hinter dem, schüchtern zwei Kinder trippelten. Sie waren ärmlich gekleidet, während er seinem Auftreten, seiner ganzen Erscheinung nach zu den Wohlhabenden gehörte und sie schauten glückstrahlend auf den großen Teller mit Süßigkeiten, die er kommen ließ. Offenbar wollte er nur den beiden Schützlingen, zwei sommersprossigen, rothaarigen Mädchen, ein besonderes Fest bereiten, denn er trank keinen Meth, hatte nur den Kindern die kleinen Gläser füllen lassen und redete ihnen eifrig zu, sich an den Kuchen und »Schifferln« nach Herzenslust zu ergötzen. Bald aber wurde er zerstreut. Er hatte einen überraschten staunenden Blick auf Gustel geworfen. Ein Strahl der Nachmittagssonne fiel auf ihren hellen Kopf und das goldige Licht umfloß die Locken, die Riegelhaube, das rosige Antlitz mit einem bezaubernden Glanze.

Frau Obermeier saß von ihm gewendet, sie sah nichts von dem Spiel, das hinter ihrem Rücken begann. Gustel senkte wieder schüchtern die Augen wie auf dem Bilde, aber zuweilen schlug sie dann die Lider auf und begegnete dem auf sie gerichteten bewundernden Blicke. Die wärmere Röte auf ihren Wangen konnte die Mutter ja dem Meth zuschreiben, der auch ihr ein wenig in den Kopf stieg, so daß sie wieder die Hutbänder aufknüpfen mußte. Frau Nanni plauderte weiter mit der redseligen Kellnerin, während das Töchterlein schalkhaft vor sich hinlächelte, belustigt über die Eroberung eines Unbekannten.

Es dämmerte, als die beiden heimkamen. Das Lenerl, die kleine Köchin mit den ziegelroten Bäckchen, kam ihnen ganz aufgeregt entgegen.

»Aber heut sind's lang ausgeblieben, Madam Obermeier! Ich hätt' schon fast glaubt, es wäre Ihna was passiert!« rief sie.

Sie gehörte mit zur Familie und hörte mit brennendem Interesse, daß der König im Atelier gewesen sei.

»Was! Der König! Aber da wär i derschrocken! I hätt ja gar net g'wußt, was i da reden sollt.«

»Geh Lenerl! Mit einem König da redt man doch net. Da wartet man halt, bis man g'fragt wird!« belehrte Gustel sie, als wäre sie selbst schon längst mit höfischen Sitten vertraut.

»Ja, woher weißt jetzt des, Gustel?« staunte das Lenerl, das seit vielen Jahren im Hause war und daher Gustel noch immer duzte, das Mädchen an.

Dieses lachte nur, während sie das Riegelhäubchen abnahm und vorsichtig in Seidenpapier wickelte, damit es den Glanz nicht verlor.

Als der Vater zum Abendessen kam, saßen Mutter und Tochter in ihren Hauskleidern, strickend, auf dem Antritt am offenen Fenster, auf dem der Nähtisch stand; es war noch hell an dem langen, lichten Junitag.

Dem stattlichen, etwas in die Breite gegangenen Valentin Obermeier glänzte Zufriedenheit mit sich und der Welt ans dem vollen, frischgefärbten Gesicht. Sein Vater hatte schon die gutgehende Wirtschaft zum »Lindengarten« gehabt und da sich auch hier die Erfahrung bestätigte, daß in München am raschesten wohlhabend wurde, wer für Essen und Trinken sorgte, dem Sohne ein ganz hübsches Vermögen hinterlassen können. Seit Obermeier einen Pächter auf dem Gasthaus hatte, beschäftigte er sich mit Malz- und Gerstenhandel; er war Hausbesitzer und hatte einen großen Hof auf der Sendlinger Höhe, in der Nähe von München. Allzeit frohgemut, ließ er sich das Essen und das Bier schmecken, war ein angenehmer Familienvater, voll Stolz auf seine Kinder, die hübsche Tochter und den begabten Sohn, den er studieren ließ, und der eben an der Universität seine ersten Mensuren ausfocht.

Zum Essen fand sich der Korpsstudent gerne zu Hause ein, denn es lockte der riesige Kalbsbraten, den keine so knusprig und goldbraun auf den Tisch zu stellen wußte, wie ihr kleines Lenerl.

Hemdärmelig saßen Vater und Sohn am Tisch; nach dem Braten schnitt Obermeier noch kunstgerecht ein paar Rettiche auf, salzte sie bedächtig ein und dann nahm sich jedes aus dem Teller eine Scheibe nach der andern auf das Brot.

Voll Stolz erzählte Frau Obermeier, wie gnädig der Herr König gewesen, wie ihm das Bild und die Gustel gefallen hatte, und das junge Mädchen lächelte errötend vor sich hin. Konrad, ihr Bruder, aber neckte sie übermütig.

»Da darfst dich in acht nehmen, daß die Gräfin Landsberg dich nicht aus Eifersucht einsperren läßt!« rief er. »Die möcht ja doch die Schönste sein!«

»So ein dummes Gered!« ereiferte sich die Mutter ärgerlich.

»Geh, wer soll denn das sein: die Gräfin Landsberg?«

»Aber ihr Mädeln wißt schon von gar nix was! Der Lola, der spanischen Tänzerin, der hat doch der König jetzt den Grafentitel geben und deswegen ist das ganze Ministerium um seine Entlassung einkommen! Gott sei Dank auch der Abel!«

»Ein Unglück ist das für Bayern, hat der Herr Pfarrer neulich in der Predigt g'sagt!« warf mit ängstlichem Gesicht Frau Obermeier ein.

»Was? Ein Unglück? Wir dürfen doch froh sein, daß wir den los sind, den Heuchler, den Dunkelmann!« rief Konrad.

»So! Bist du am End auch so ein Freigeist, Konradel?« seufzte die Mutter. »Das ist ja schrecklich! Das kommt von dem Studieren« –

Aber Obermeier schlug energisch auf den Tisch.

»Jetzt, da muß ich bitten! Daheim will ich von solche Streitereien nix hören. Meine Ruh will ich haben! Verstanden?«

Es wurde still an dem Familientisch. Zu den offenen Fenstern kamen die Klänge der Musik herein, die unten im Wirtsgarten spielte, wo die Gäste im Freien unter den Bäumen saßen. Im Westen verglühte am hellen Himmel die Sonne. Frau Obermeier bewegte aufgeregt die Stricknadeln, der Vater rauchte eine Pfeife. Die Gedanken der Jungen aber flatterten ihre eigenen Wege. Gustel sann über die Erlebnisse des Tages nach, lächelte vor sich hin über den Maler, der ihr die Rose gebracht, über den Unbekannten, der sie mit bewundernden Augen angestaunt! »Ein schönes Mädchen, ein sehr schönes Mädchen!« Die königlichen Worte summten ihr durch das Ohr wie eine heitere Melodie. Der schlanke, blonde Student spielte mit dem Bierzipfel, in den Farben seiner Verbindung, der ihm an der Weste hing und er dachte an die Reden, die er unter den Kameraden hörte: Von der kommenden Umwälzung, von Freiheit, für die man streiten müsse, von der deutschen Einheit, die alle ersehnten. Er ballte die Faust, wenn er an die Alemannen, an die neue Verbindung dachte, die sich die Lola geschaffen hatte, zur aufregenden Empörung aller übrigen Korps. Aber er hütete sich, im Vaterhause von den Ideen zu sprechen, die ihm durch den Kopf schwirrten, für die er hier kein Verständnis fand. Unwillkürlich ward er durch seine Umgebung, durch seine akademische Bildung den Seinen entfremdet und er muhte sich daran gewöhnen, sein eigenes Leben zu führen, seine Gedanken für sich zu behalten. Aber er hing an Vater und Mutter wie an der kindlichen Schwester, wenn er auch ein wenig auf sie herab schaute und seine Gutmütigkeit hinderte ihn daran, irgendwelche Störung in das behagliche Zusammensein hereinzubringen.

So war der Sommerabend doch recht gemütlich, und als dann aus dem Garten ein lustiger Walzer herausschwirrte, packte er die Schwester und tanzte mit ihr in den großen, langen Flur hinaus, und die Eltern schauten vergnügt zu und zündeten sich lachend die Kerzen an, um zu Bett zu gehen, während noch die letzte Helle am Horizont verzitterte.

Wie ganz anders war die Stimmung beim Stadtrichter Romberger, Friedas Vater. Schon die Wohnung, die zum Teil in die enge Gasse, neben der Dreifaltigkeitskirche hineinschaute, war viel düsterer und freudloser. Aber an diesen wundervollen, langen Tagen kam zum Eckfenster doch noch goldiges Abendlicht herein.

Etwa eine Woche später wars. Frieda lauschte der Musik, die vom Englischen Kaffeehaus herüberklang, schaute den Schwalben nach, die durch die blaue Luft flatterten und kämpfte gegen die angstvolle Erregung, die ihr das Herz durchzitterte. In der Küche draußen gab es laute Worte. Tante Theres, die seit dem Tode der Mutter bei ihnen den Haushalt führte, zankte wieder einmal mit dem Dienstmädchen, das ein Viertelstündchen länger, als die Tante erwartet hätte, zu seinen Einkäufen gebraucht hatte. Brummig kam sie dann herein und machte noch weiter ihrem Groll Lust. »Eine pflichtvergessene Person ist sie, die Urschi! Eilt sich gar nicht, wenn sie doch weiß, daß der Herr heimkommt und das Essen auf dem Tisch stehen muß! Ihrer Mutter ist sie begegnet! Natürlich geschwätzt hat sie! Aber ich hab ihr meine Meinung g'sagt! Ein Dienstbot ist für die Herrschaft da! Am liebsten möchten diese Personen ganz den Unterschied vergessen!«

»Sie sind ja so fromm, Frau Tant! In der Kirch heißt es doch anders: Wir sind alle gleich! Aber gelt, das gilt halt nur in der Predigt, und so lang man die Meß hört – – – – Zu Haus, da muß man gleich aufbegehren, wenn das Mädel auch einmal ein bißl ausschnaufen möcht,« warf Frieda höhnisch hin.

Theres warf einen bösen Blick auf die Nichte.

»Du Gelbschnabel! Wart nur, bis der Vater heimkommt! Der wenn so was hören tät!«

»Vor ihm red' ich doch nichts! Ich schweig immer! Ein fremd's Geschöpf, das er net kennt, sitzt an seinem Tisch.«

Verwundert schaute die Tante auf das junge Mädchen, das heute von einer so leidenschaftlichen Bitterkeit erfüllt war, in dessen dunklem, bleichem Gesicht es förmlich wetterleuchtete von heimlicher Unruhe. »So schön ist die Welt!« rief Frieda, wieder hinausblickend. »Aber bei uns merkt man ja nichts davon! Sommer und Winter – immer sitzen wir in der finstern Stub herin – – Wie die Maulwürf – grad wie die Gefangenen in der Fronfest.« Die Tante deckte kopfschüttelnd den Tisch auf für die Abendmahlzeit. Vielleicht erinnerte sie sich ähnlicher Regungen, die lang, lang hinter ihr lagen, weil sie nichts erwiderte. Sie mochte in ihrer Jugend ganz hübsch gewesen sein. Nun hatte sie graue Haare und faltige Wangen. Von dem vielen Zanken und Nörgeln mit den Dienstmädchen war ihr ein grämlicher Zug auf dem Gesicht geblieben.

Im Grunde war sie gar nicht bösartig und sie keifte weniger aus Schärfe des Gemüts, als weil ihr das zu den Pflichten einer guten Hausfrau zu gehören schien, und es doch ihr Ehrgeiz war, die Stelle, an die ihr Bruder sie nach dem Tode seiner Frau gerufen hatte, tüchtig auszufüllen. Die Ehrfurcht, die fast ängstliche Unterwürfigkeit für den Bruder war seit der Kinderzeit in ihr gewachsen. »Der Gottfried muß studieren!« Das war der Ehrgeiz ihres Vaters, eines Schullehrers in Plattling, gewesen, und Theres hatte es selbstverständlich gefunden, daß sie und die Ihren für diesen Wunsch Opfer brachten. Ihrem späteren Altjungferndasein verlieh der Bruder, der am Gericht, war, nach ihrer Meinung einen gewissen Nimbus, und sie hatte in der kleinen Stadt immer ihre Würde zu wahren gewußt. Und nun war der Gottfried Stadtrichter und sie wohnte bei ihm! Nun dünkte ihr jedes seiner Worte wie ein Orakel und sie hätte niemals gewagt, nur in Gedanken sich einer seiner Anordnungen zu widersetzen. Da es zu seinen Grundsätzen gehörte, ein junges Mädchen möglichst streng und hart zu behandeln, war sie auch herb, und kühl gegen die Nichte und betrachtete deren Auflehnung gegen den Willen des Vaters als eine sündhafte Regung. Frieda beugte sich gerade zum Fenster hinaus, als die Türe geöffnet wurde und würdevoll und gravitätisch der Stadtrichter eintrat, ein großer, steifer Mann im enganschließenden Rock, mit einer bis unter das Kinn reichenden schwarzen Binde, gefolgt von seinem Hund, der eine gewisse Ähnlichkeit mit seinem Herrn hatte und mit einer ebenso verbissenen Miene und ebenso finsteren Augen wie dieser den Kopf hoch trug.

Romberger hielt Hut und Stock in der Hand, blieb steif in der Mitte des Zimmers stehen und wartete auf den ihm gebührenden Empfang. Theres sprang auch gleich auf, ging ihm respektvoll entgegen und wollte ihm Hut und Stock abnehmen, aber er winkte ab.

»Wann wird es der Mamsell wohl belieben, den heimkehrenden Vater zu begrüßen?« klang eine harte Stimme durch den Raum.

Erschrocken wendete sich Frieda um. Sie war so in Gedanken versunken gewesen, daß sie durch das Rollen eines Wagens die Schritte überhört hatte. Nun ging sie auf ihn zu, nahm Hut und Stock und küßte ihm die Hand in einer eingelernten gewohnheitsmäßigen Art, der man den Zwang anmerkte. Es war kein Willkommengruß in ihrem Gesicht zu lesen. Die Miene der Tochter schien Romberger auch zu reizen:

»Es schickt sich nicht für ein sittsames Mädchen, zum Fenster hinauszuschauen, daß jeder vorübergehende Laffe heraufgaffen kann. Überhaupt weißt du sehr wohl, daß ich dich nicht mit müßigen Händen sehen will; schließ die Fenster und die Laden!«

»Es ist ja noch Tag!« warf sie trotzig ein.

»Keine ungezogene Widerrede! Ich will nichts sehen und hören von der lumpigen Menschheit, höre mir den ganzen Tag genug! In meinen vier Wänden soll es heimlich sein.«

Frieda gehorchte, aber das spöttische Lächeln um ihren Mund schien zu sagen: Heimlich! bei uns!

Theres zündete die zwei Kerzen in den hohen silbernen Leuchtern an, die auf dem Tisch standen. Der Stadtrichter hielt viel auf Vornehmheit, die er seiner Stellung angemessen fand. Er hatte zwar den langen Rock mit dem Schlafrock vertauscht, aber er behielt die hohe Binde an, die seinen Hals bis an das bartlose Gesicht einengte und saß feierlich auf dem geradlehnigen Stuhl, als führe er noch immer den Vorsitz bei einem Gerichtshof. Schweigend verlief die Mahlzeit, nur Tante Theres, die ängstlich auf die Miene des Bruders schaute, fragte zuweilen: »Schmeckt es dir auch, Gottlieb«, und schien beglückt, wenn er gnädig nickte.

Als die Köchin abgetragen hatte, kam noch ein Besuch. Mit tiefen Bücklingen und Entschuldigungen schob sich, in demütiger Haltung, ein hagerer, kleiner Mann in das Zimmer, den Romberger mit Herablassung begrüßte. »Nehmt Platz, Alzreitrr!« sagte er, auf einen Stuhl deutend, auf dessen Kante dieser sich demütig niederließ. »Habt Ihr mir noch was zu berichten?«

»Ach Gnaden, Herr Stadtrichter! Ist das eine Welt heutzutage! Es tut wohl, wenn man in ein gottesfürchtiges Haus kommt und zwei sittsame Frauenzimmer mit dem Strickstrumpf am Tisch sitzen sieht, wie Mamsell Theres und die Mamsell Tochter. Seit der neuen Negierung, seit der Herr Minister Abel nicht mehr für Zucht und Ordnung sorgt, und von oben her der neue Wind weht, gibt es ja jeden Tag eine Neuerung, eine Auflehnung. Die Studenten singen Freiheitslieder bei ihren Kommersen; es werden Schriften verbreitet, die nur Unruhen hervorrufen können, und sogar unsere Bürger halten freche Reden. Wenn wir nicht noch solche Männer hätten wie Gnaden Herr Stadtrichter, nachher müßt ja schon alles drunter und drüber gehen, und kein' Tag wär man mehr sicher vor der Revolution.« Er zog aus der Tasche ein Blatt mit Notizen heraus, die er Romberger reichte.

»Das hab ich alles mit eigenen Ohren gehört und beobachtet.« Der Stadtrichter schaute über die Brillengläser finster auf die Angaben des Schreibers, der eine Art Spitzel war und ihm von Zeit zu Zeit allerlei Verdächtiges über die Stimmung in der Stadt zutrug.

»Du kannst schlafen geh'n, Frieda!« sagte er. Es klang wie ein Befehl.

Wie erlöst erhob sich das junge Mädchen, das schon lange ungeduldige Blicke auf die große Wanduhr geworfen hatte, als rücke der Zeiger langsamer vorwärts als sonst. Auch die Tante merkte den Wink des Bruders, der allein mit seinem Getreuen sein wollte, und zündete sich schläfrig die Unschlittkerze an, die in einem Messingleuchter vor dem Ofen stand. Frieda küßte pflichtgemäß dem Vater die Hand. Der kleine hagere Mensch verabschiedete sich mit vielen Bücklingen und Höflichkeiten, aber sie nickte nur sehr kühl. Ihr war dieser Günstling des Vaters unheimlich wie ein Reptil. Sie fürchtete sich vor seinen falschen Augen, die überall herumspionierten, und konnte doch nicht umhin, ihn ihren Abscheu fühlen zu lassen, die Verachtung einer vornehmen jungen Seele gegen den Zuträgler und heimlichen Kundschafter, der sich mit Horchen und Anklagen einen Extraverdienst verschaffte und jedes freiheitliche Wort, das er erlauschen konnte, wie ein Verbrechen betrachtete und verriet.

Ein Strahl von Tageslicht kam noch zum Laden herein, als der Besuch, mit dem der Stadtrichter sich eine Weile im Flüstertöne unterhalten hatte, sich empfahl und Romberger sein Schlafzimmer aufsuchte.

Es wurde bald ganz still und dunkel in den Räumen. Nur im Wohnzimmer tickte die Wanduhr. – – – –

Mitternacht mußte nahe sein, als Romberger im Schlafrock mit der Kerze in der Hand an der Zimmertüre der Schwester klopfte.

»Theres!«

»Um Gott's willen! Was gibts denn? Brennt's bei uns?« antwortete eine verschlafene Stimme. Gleich daraus kam in einen Schal gewikkelt, mit der Nachthaube auf dem Kopf, in großen Pantoffeln, das erschrockene alte Mädchen ins Wohnzimmer, ivo der Bruder aushorchend stand.

»Ist die Urschi zu Haus?« fragte er kurz. »Hast du ihr den Hausschlüssel einliefern lassen?«

»Die Urschi, unsre Magd! Wo soll denn die sein? Jetzt bei der Nacht? Die hat kein' Hausschlüssel«, stammelte Theres, noch halb blöde und rieb sich die Augen.

»Ich hab deutlich gehört, daß vor einiger Zeit ein Schlüssel ins Schloß gesteckt worden ist.«

»Heilige Maria Mutter Gottes! Ein Einbrecher!«

Der Bruder schüttelte den Kopf. »Dann hätt' der Hund gebellt – ich hab' ihn hinausgelassen in den Gang. Er war ganz still!«

Er drückte den Finger auf den Mund.

»Jetzt wieder! – Hörst du's?«

Sie lauschten beide. In der tiefen Stille war jedes leise Geräusch zu Vernehmen. Es mußte jemand an der Haustüre sein.

Romberger knüpfte die Schlafrockschnur, die ihm herunterhing, zu, und trat mit dem Licht hinaus in den finstern Flur. Die Schwester wollte ihn zurückhalten.

»Nimm dich in acht! Es muß ein Dieb sein! – – Er könnt' auf dich schießen!«

Gleich darauf hörte sie aus dem Dunkel einen Schrei, den Schrei einer weiblichen Stimme.

Der Vater hielt Frieda am Arm, schleifte sie in das Zimmer und schleuderte sie so heftig zu Boden, daß sie in die Knie sank.

»Da schau her, Theres! Wer in der Nacht ins Haus hereinschleichen will! In mein Haus! Meine eig'ne Tochter!«

Frieda war so erschöpft von dem Schrecken, als sie sich dem Vater gegenüber sah, von der aufreibenden Angst, die sie durchlitten hatte, daß sie wie gelähmt in der Stellung blieb, kein Wort hervorbrachte. Sie hatte, als sie das erstemal aufsperren wollte, im Dunkeln den Schlüssel fallen lassen. Dann meinte sie in der Wohnung ein Geräusch zu hören. Waren nicht Schritte im Flur? Der Hund schnupperte herum. Lange wagte sie es nicht, das Schloß zu öffnen.

Der Stadtrichter nahm die Hundepeitsche vom Nagel: »Wo warst?«

»Spazieren!« erwiderte eine zitternde Stimme.

»Eine recht passende Zeit!« lachte der Vater, bebend vor Zorn.

»Untertags darf ich ja net fort. Um neun Uhr, wenn's noch hell ist, soll man schlafen – – So bin ich halt heimlich fortg'angen.«

»Willst mir wohl weiß machen, daß du allein bei der Nacht herumlaufst!« schrie er wütend auf.

»Nein!« Ein Peitschenschlag flog über ihre Schultern.

»Mit wem? Ich will wissen, mit wem?«

Wie ein Schraubstock legte sich seine harte Hand um ihren Arm, hielt sie nieder.

»Totschlagen können Sie mich, Vater! Den Namen hören Sie net! Nie! Nie!« –

Es gehörte Mut dazu, der Mut einer verzweifelten Liebe, um dem finsteren Gesicht gegenüber, vor den Augen, die nun ohne Brillengläser waren und vor Zorn funkelten, aufzutrotzen.

Wieder schlug er heftig, grausam, mit der Wut eines Folterknechtes, gleichgültig, wohin er traf.

»Von deinem Liebhaber kommst du! Eine ehrvergessene Dirne bist du! Bei ihm bist du gewesen!« Sie sprang auf.

Der körperliche Schmerz, der demütigende Schimpf, riß sie empor zu wilder, flammender Auflehnung. Ihr ganzes Wesen war aufgewühlt, daß der finstere Mann sprachlos, verblüfft vor diesem Ausbruch eines nie geahnten leidenschaftlichen Temperamentes stand.

»Wenn Sie mich noch einmal schlagen, dann reiß ich die Fenster und die Laden auf und ruf' so lang um Hilf', bis die ganze Nachbarschaft zusammenlauft! Dann haben Sie die Schand!« schrie sie verzweifelt auf.

»Als,ob ich sie nicht schon hätt'! Ich, eine solche Tochter! Ich, der Stadtrichter Romberger! Ein leichtsinniges Frauenzimmer, das um Mitternacht aus der Wohnung ihres Geliebten kommt.«

»Es ist nicht wahr! Ich war nicht bei ihm, und Sie haben kein Recht, mich zu schimpfen und mir solche Namen zu geben! Ich bin spazieren gegangen in der schönen Sommernacht mit einem Mann, den ich gern hab'! Ja, aber er ist nicht mein Liebhaber! Wer zwingt mich denn, daß ich mich fortstehlen muß, wenn ich ein frohes junges Gesicht seh'n will! Den ganzen Tag soll ich daheim sitzen und nähen und flicken und stricken! Ewig diese dummen, blöden Strümpf' stricken, obwohl ich genug hab'! Kein gescheites Buch krieg' ich in die Hand, wenn ich mir's nicht heimlich verschaffen kann; den Bücherkasten haben Sie mir abgesperrt, wie einem kleinen Kind! Nur den Schmarren im Kalender dürft' ich lesen! Und kein Mensch kommt ins Haus! Nirgends darf ich hin! Wenn mich auf der Straß' einmal eine Schulfreundin mit ihrem Bruder anredet, dann machen Sie ein G'sicht, daß sie sich fürchten müssen. Kein gutes Wort hört man! Nur immer kuschen soll man und in der Eintönigkeit, einen Tag wie den andern dahintrotteln, daß man wirklich net weiß, warum man in der Früh' aufsteht!«

»Aber Frieda! Wie kannst du so reden,« jammerte entsetzt die Tante. »Wo du's so schön hast! Keine Sorgen und das gute Essen und dein Vater schafft dir die schönsten Kleider an.«

»Für was denn? Damit ich am Sonntag in die Kirch' damit geh'! Dann kann ich mich wieder auszieh'n und Trübsal blasen! Wie Sie auch noch dem Vater helfen können, Tant' Theres, das begreif ich schon net! Wenn ich Sie nur anschau' mit Ihre grauen Haar, nachher zerreißt's mir's Herz vor Mitleid, und ich denk': Nur net auch so eine alte Jungfer werden, die nichts, nichts von ihrem Leben hat! Zuerst haben Sie sich von Vater und Mutter schuhriegeln lassen und jetzt vom Bruder! Immer für and're! Nie ein eig'nes Leben! Für was ist man denn auf der Welt? Reu't Sie's denn net, daß Sie alt 'worden sind, ohne daß Sie einmal jung waren und einen Menschen gern g'habt haben? Was hilft's Ihnen denn, daß Sie kein Schritterl vom g'raden Weg 'naus'gangen sind? Alles ist vorbei, und die Jugend, die man Ihnen g'stohlen hat, die gibt Ihnen niemand zurück! Ich mag net so versumpfen und verdorren!«

Der Vater, der erst dieser auflodernden Wildheit gegenüber verstummt war, erschrocken über diese Wandlung, als sähe er ein stilles Wässerlein plötzlich aufschäumen und alle Dämme durchbrechen, schwieg nun mit der forschenden Miene eines Untersuchungsrichters, der einen Angeklagten reden läßt, in der Erwartung, daß dieser sich in seiner Erregung verraten werde.

Ein schwacher Strahl der Kerze, die in dem dunklen Raum brannte, fiel auf das Bild seiner Frau, das über dem Sofatische hing.

»Schämst du dich nicht vor der da?« knurrte er zwischen den Zähnen. »Vor deiner Mutter?«

»Die Mutter!« rief die Empörte. »O, sie müßt' mir recht geben! Sie war g'rad so unglücklich wie ich! Glauben Sie vielleicht, sie hätt' sich net auch fortgesehnt aus diesem trübseligen Haus, hätt' net auch Zeitlang g'habt nach ein bissel Vergnügen und Abwechslung! Ich hab' sie oft genug weinen seh'n vor lauter Traurigkeit. Sie hat nie was g'sagt, hat sich alles g'fallen lassen, aber zugrund' g'angen ist sie frühzeitig; denn ein Mensch, der keine Freud' hat, der widersteht halt keiner Krankheit.

Wenn einer den andern totschlagt, nachher kommt er vor's Gericht, net wahr? Aber Sie, Herr Vater, Sie haben die Mutter langsam um'bracht, weil Sie net darnach fragen, wie es einem Menschen mit einem weicher'n Herzen zumute ist, weil's Ihnen die Hauptsach' ist, daß Ihr Willen g'schicht, daß alle unterducken!«

Der Stadtrichter war zusammengezuckt unter diesen anklagenden Worten. Als sollten die Peitschenhiebe an ihm gerächt werden, so trafen sie ihn mit einer grausamen furchtbaren Enthüllung. Nach seiner Art hatte er die Frau lieb gehabt, die sich ihm so willenlos gefügt, und nicht geahnt, daß sie an seiner Seite fror und darbte.

»Aber ich laß' mich net unterducken! Nein, ich will net!« raste die Tochter weiter in ihrem einmal entfesselten Groll über die jahrelang ertragene Tyrannei. »Grad so, wie's jetzt im Volk sich nix mehr g'fallen lassen wollen und nimmer blindlings sich regieren lassen, und wie die Männer gegen eure heimliche Gerichtsbarkeit sich aufbäumen und kein' Ruh' geben, bis es anders wird, so verlangen auch wir Mädeln, daß man uns net wie die Sklaven behandelt. Die Freiheit, die wird kommen, die muß kommen! Und davon hab' ich g'sprochen mit dem jungen Mann, mit dem ich heut spazieren gangen bin in der schönen Sommernacht unter dem Himmel voll Stern'!«

»Also ein Aufwiegler, ein Demagoge!« lachte der Vater grimmig auf. Man wird kurzen Prozeß mit ihm machen, mit dem sauberen

Bürschchen! Noch haben wir die Macht und man soll sie uns nicht so bald ans den Händen winden. In ein paar Tagen weiß ich, wer er ist, darauf kannst du dich verlassen! Auch wenn du den Namen nicht sagst! Dafür habe ich meine Kundschafter, meine Helfershelfer! Und du – du wirst schon seh'n, daß du noch ducken wirst! Morgen reden wir weiter. Für heut' zieh' ich den Schlüssel ab an deiner Tür. Geh!«

Mit seiner harten Hand puffte er das Mädchen vor sich her, schob sie in ihre Stube und schloß sie ein.

Frieda schmerzte der Rücken von den Schlägen, alle Pulse hämmerten und dennoch war es ihr wie erlöst zumute, weil sie einmal dem Vater ihren ganzen Haß und Groll ins Gesicht geschrien hatte. So lag sie lange, fiebernd vor Aufregung, durchglüht von Trotz. Erst als sie ruhiger wurde, übersah sie ihre Lage. Nun war sie ja erst recht eine Gefangene, ohne Möglichkeit zu entrinnen, den geliebten Mann wiederzusehen, ihm zu schreiben, ihn zu warnen! Ob es möglich war, daß der Vater erriet, wer er sei? Mitleidlos würde ihn dann seine Rache treffen. Wenn man Haussuchung bei ihm hielte, seine revolutionären Schriften fände! Im Gefängnis! Er! Der Freiheitstrunkene, der so heiß und gewaltig kämpfen wollte für das Neue, für die großen Gedanken, die ihn und seine Freunde und Gesinnungsgenossen begeisterten! Es durfte nicht sein! Halb träumend, in wirrer Unruhe, sann sie nach, wie sie sich für ihn opfern, ihr Leben für das seine geben, sich schützend vor ihn hinstellen, klaglos alles ertragen möchte, wenn er nur seinem Ziel zuschreiten, ungehindert seine Ausgabe erfüllen durfte.

Alle Qual und alle Schrecknisse der letzten Stunde versanken, wenn sie an den Abschiedskuß dachte, den sie unter dunklen Bäumen, durch die nur Sternenschimmer herabflimmerte, getauscht hatten. Die Rebellin ward zum verliebten schwärmerischen Mädchen, wie sie nun nach dem Bilde griff, das sie unter ihren Kissen verwahrte, und es im Dunkel an die heißen Lippen drückte.

Sie hatte Kuno Ehrwardt vor einem Jahre heimlich kennen gelernt. Mit vielen anderen jungen Mädchen nahm sie an einem Nähkurse teil, bei einer Rentamtsschreiberswitwe Tangl, die mit ihrer verwachsenen Tochter Unterricht in feinen Handarbeiten, im Ausbessern und Stopfen erteilte, um sich zu ihrer kleinen Pension einen Nebenverdienst zu verschaffen. Sie hatte ein Zimmer ihrer Wohnung an der Knödelgasse an einen Verwandten abgegeben, den Sohn eines wohlhabenden Regensburger Wachsziehers, der in München Vorlesungen hören sollte, sich aber hauptsächlich mit literarischen Arbeiten beschäftigte.

Frieda, die froh war, möglichst lange von zu Hause fort sein zu können, während die andern jungen Mädchen ungeduldig heimeilten, besonders wenn eine Fastnachtsbelustigung lockte, saß oft noch allein in dem Arbeitszimmer bei der braven Madam Tangl und der buckligen Mamsell Rosine, die ein so liebes sanftes Gesicht mit rührenden großen Augen hatte. Ihr tat es wohl, hier freundliche Worte zu hören, sich in der friedlichen Umgebung bei den beiden herzensguten, etwas sentimentalen Wesen das frierende Herz zu wärmen.

Zuweilen kam dann auch der junge Verwandte herein, erzählte von der Welt, in der er lebte, brachte einen frischen Hauch von draußen in die stille Abgeschiedenheit und belebte das Gespräch mit neuen Gedanken. Da er merkte, wie klug und lebhaft Frieda aufhorchte, wenn er eine kühne Stelle aus einem Buch vorlas oder freiheitliche Verse rezitierte, brachte er bald auch eigene Dichtungen, Dramen mit leidenschaftlichen pathetischen Tiraden und die begeisterte Bewunderung, die er aus dem ernsten Mädchengesichte herauslas, bestrickte, süß einschmeichelnd, sein Herz. Voll Mitleid mit ihrer Abhängigkeit, schürte er in ihr die schon glimmende Empörung gegen die Begrenztheit ihres Lebens, gegen das strenge Regiment des Vaters. Es war eine gemeinsame Sache, die sie verband: der Kampf um die Freiheit, die Auflehnung der Unterdrückten gegen die Tyrannei und immer stolzer schlug Frieda das Herz, wenn er sie seine Gesinnungsgenossin, seine Kameradin nannte, die mit ihm für die große Zukunft streiten sollte, die Männern und Frauen die Erlösung bringen müsse.

Er lieh ihr heimlich Bücher und Flugschriften, die sie sorgsam verbergen mußte, denn es waren verbotene, aufrührerische Schriften, die sie in das Haus des Vaters einschmuggelte, aber die Gefährlichkeit erhöhte nur den Reiz des Wagens. Im Winter wartete er auf der Treppe auf sie, wenn sie aus der Nähstunde kam und in dem engen Hof neben dem Brunnen plauderten sie im Dunkeln manche Viertelstunde lang in einer immer köstlicher werdenden Heimlichkeit.

Das Zusammensein mit ihm war das Erlebnis in Friedas einförmigem Dasein. Das Herz klopfte ihr voll Unruhe und Sehnsucht, wenn sie nur in die Knödelstraße einbog und sie fühlte sich glücklich, sobald sie seine wohlklingende Stimme hörte, in sein hübsches, feuriges, junges Gesicht schaute. Immer fester, zärtlicher drückten sie sich die Hände beim Abschied. In dem kleinen Hof neben dem leise plätschernden Brunnen küßten sie sich zum ersten Male.

Rosine war die Vertraute ihrer Liebe. Die kleine Bucklige hatte ja selbst eine stille Schwärmerei für den Hausgenossen, der nach ihrer Meinung ein großer Dichter war, der in ihr vernähtes, verkicktes Leben höheren Schwung hereinbrachte. Ach, sie kannte kein größeres Vergnügen, als am Sonntag einen Roman aus der Leihbibliothek zu lesen und so recht in Gefühlen zu schwelgen. Da sie für sich selbst kein Liebesabenteuer erwarten konnte, fand sie es wunderschön, eine Vermittlerrolle zu spielen und fremdem Glück zu dienen. Das unscheinbare, arme Geschöpf beargwohnte niemand, wenn sie, verborgen unter einem Stickmuster, einem Schürzenschnitt, einen Brief zu Frieda brachte; nicht einmal der mißtrauische Vater hatte etwas dagegen, daß die Tochter, auch nachdem der Nähkurs beendet war, ihre Lehrerinnen aufsuchte, die ja fromme, gottesfürchtige Pfarrkinder waren.

In Rosinens kleinem Stübchen, in dem meist ein paar Blumenstökke am Fenster standen und der Kanarienvogel piepste, trafen sich die heimlich Verlobten, saßen Hand in Hand, flüsterten sich leise zärtliche Worte zu und seufzten über die Aussichtslosigkeit ihrer Liebe. Niemals würde ja der Stadtrichter in die Verbindung seiner Tochter mit einem Literaten, vor allem mit einem freiheitlich Gesinnten, einem Umstürzler, willigen, niemals konnte Kuno seine Überzeugung verleugnen. Nur das Wunder der großen Umwälzung, auf die sie beide hofften, würde ihnen den Tag der Erlösung bringen.

Bei aller romantischen Anteilnahme an der heimlichen Liebe wagte Rosine doch nicht, die beiden allein zu lassen, wenn sie ihnen auch zuweilen verständnisvoll den Rücken wendete und sich nur mit ihren Blumen beschäftigte. Die Mutter, die den guten Ruf ihrer Schule wahren mußte, durfte von diesen Zusammenkünften nichts merken, und ein Stelldichein ließ sich nur erhaschen, wenn die Witwe gerade in einer Messe und Predigt oder auf dem Markte war.

Aber immer stärker war in den Verliebten das Verlangen nach einem ungestörten Austausch ihrer Gedanken, nach einem Wandern Arm in Arm, einer wirklichen Einsamkeit zu zweien. So hatte sich Frieda endlich zu dem kühnen Entschluß aufgerafft, wenn alles schlief, aus dem Hause zu schlüpfen und in der Dämmerung ihren Kuno zu treffen, um dann in seliger Versunkenheit mit ihm an der Isar entlang zu wandeln, auf einen dunklen stillen Weg, wo man nur flüsternden Liebespaaren begegnete, wo sie kaum fürchten mußten, von einem Bekannten entdeckt zu werden. Während sie an seinem Arm hing, deklamierte er ihr Freiligrathsche Gedichte, berauschten sie sich an dem Schwung dieser Verse; das wundervolle Wort Freiheit klang ja zusammen mit den Wünschen ihres eigenen Herzens, und heißes Sehnen nach Glück durchzitterte ihre Begeisterung für den großen Kampf, von dem der Geliebte träumte.

Und nun lag sie wach, wußte, daß ihr Geheimnis entdeckt war, und für sie schon das Ringen begonnen hatte. Aber fast mehr als das eigene Schicksal bedrückte sie die Sorge um den Geliebten. Nun wußte sie, warum ihr dieser kleine hagere Alzreiter immer so unheimlich gewesen war. Dem Helfershelfer des Vaters, diesem Kriecher und Schleicher gelang es gewiß, herauszubringen, wer der junge Mann sei, den sie selbst als Freigeist, als Aufwiegler verraten hatte! Man durfte seine Dramen, seine Schriften nicht finden! Sonst war er verloren! In der Nacht hatte sie wohl daran gedacht, durch Rosine einen warnenden Brief an Kuno zu schicken. Der Tante Theres konnte sie leicht glauben machen, daß sie ein Stickmuster zurückgeben müsse und einen Zettel mit der Geheimschrift, die sie miteinander ersonnen hatten, beilegen. Aber am Morgen sagte sie sich, daß wohl alles, was sie tat, dem Vater berichtet werden würde, und daß dieser nun, da einmal sein Mißtrauen erweckt war, auch ihre Freundschaft für Rosine beargwöhnen müßte. Kuno war ja allerdings von Tangls weggezogen, um freier zu sein und nicht Rücksicht auf die Verwandten nehmen zu müssen, wenn er sich immer mehr in politische Umtriebe einließ. Aber die Fährte war dennoch leicht zu finden: er hatte doch einmal da gewohnt. Sie mußte sehr vorsichtig sein, um nicht selbst die Entdeckung zu beschleunigen. Sollte sie das Dienstmädchen bestechen und ihr einen Brief anvertrauen? Die Urschi war ihr anhänglich, weil sie immer freundlich mit ihr sprach; sie seufzte manchmal so teilnehmend: »O mein, Mamsell Romberger! Es ist halt ein Kreuz!« als fühlte sie recht gut, daß die Haustochter noch unterdrückter war als sie selbst. Aber wie sollte das arme Ding standhaft bleiben, wenn der Vater sie mit seinen Inquisitoraugen ausforschen wollte?

Sogar die Tante Theres schaute mitleidig auf die Nichte, als sie ihr am Morgen das Frühstück hereinbrachte. Vielleicht hatten die Worte, die Frieda über ihr trauriges Leben gesagt, doch auch in ihrem verknöcherten Herzen eine Erinnerung an jugendliches Aufbäumen geweckt. Sanfter als sonst sagte sie:

»Um Gottes willen, Frieda! Wie hast denn nur so ausfällig gegen den Vater sein können? Er macht ein so bitterböses G'sicht heut! Du darfst keinen Schritt aus dem Haus. Er will dich net beim Essen seh'n. O du liebe Zeit! – Da hast du dir was Schönes eingebrockt!«

Romberger hatte in der Tat seine Wut auf die Tochter in sich hineingefressen, und sein ohnehin galliges Wesen war ganz verfinstert. Gerade weil es ihn schwer getroffen hatte, was Frieda ihm über ihre Mutter und deren heimliche Unzufriedenheit gesagt, brütete er nun nicht bloß über Strafe, nein über Rache an dem Mädchen nach. Niemals war ihm irgendein Mensch so keck gegenübergetreten, niemals hatte er sich eine solche Sprache gefallen lassen müssen. Seine Autorität schien ihm erschüttert, seine Würde, auf die er so viel hielt, verletzt. Nun hieß es: biegen oder brechen. Die Aufrührerin mußte zu Kreuz kriechen, ihr Trotz für immer niedergehalten werden, wenn er nicht an sich selbst irre werden sollte.

Mit ganz verstörtem Gesicht kam die Tante Theres abends in Friedas Zimmer.

»Bitt deinen Vater um Verzeihung! Knie nieder vor ihm und küß' ihm die Hand und versprech' ihm, daß du künftig still und gehorsam sein wirst!« flüsterte sie zitternd der Nichte zu. »Ich rat's dir im guten.« Aber Frieda schaute sie nur mit düsteren, entschlossenen Augen an.

»Lieber sterben, als ihn um Verzeihung bitten!« sagte sie.

»Geh, red net so daher! Du wirst schon sehn, daß du nachgeben mußt! Weißt, was er tut? Zur

Schwester Euphrosin schickt er dich auf den Hof! Wenn du in der ihre Hände bist, nachher: Gnad' dir Gott!«

Frieda ward blaß vor Schrecken. Schwester Euphrosin war eine entfernte Verwandte, eine Klosterfrau, die früher in Indersdorf gewesen war und jetzt als Verwalterin auf einem einsamen Gut lebte, in dem renitente Schwestern, solche, die sich irgend etwas hatten zuschulden kommen lassen, unter ihrer harten Zucht gehalten wurden und schwer arbeiten mußten. Eine Art Zwangserziehung!

»Gelt, Frieda, jetzt wird dir auch Angst!« flüsterte Therese mit zitternder Stimme. »Die Euphrosin, – ich hab' sie nur einmal g'sehn – aber die hat ein Aussehen wie der Teufel, wenn sie gleich eine Klosterfrau ist! Mir hat oft von ihren schrecklichen Augen träumt. Wenn die dich in der Fuchtel hat, nachher bist zum Derbarmen. Und morgen sollst du schon fort! Einen langen Brief hat er ihr geschrieben. Ich muß dich hinbringen! Bloß alte Kleider darfst einpacken, keinen Pfennig Geld kriegst in die Hand, damit 's dir net einfallen kann, davon z'laufen und kein Mensch fragt darnach, was auf dem verlassenen Klosterhof mit dir g'schieht! Ich mein dirs gut, Frieda! Geh zum Vater! Es bleibt dir nix übrig, als daß du ihn so lange bittst und bettelst, bis er dich doch daheim laßt!«

Frieda schaute mit todblassem Gesicht starr vor sich hin. Man sah nur an dem Zucken ihrer dunklen Brauen, an der Falte, die sich ihr in die Stirne grub, wie die Gedanken in ihrem Kopfe arbeiteten.

»Ich dank Ihnen schön, Tant Therese, daß Sie Mitleid mit mir haben. Aber den Vater betteln, mich vor ihm demütigen, das kann ich net, das will und tu ich net! Er tät es mir auch gar net glauben, nach dem, was ich ihm gestern g'sagt hab, daß ich künftig ganz seinen Willen tu! Verstellen kann ich mich net! Wollen wir halt sehn, ob die Schwester Euphrosin mit mir fertig wird. Ich hab auch meinen Starrkopf und ich wehr' mich schon!«

»Du kennst sie net, weißt net, wie's in so einem Kloster zugeht! Da kommst net auf mit dei'm Starrkopf. Aber wem net zu raten is, dem is net z'helfen!« brummte die Tante und ging.

Den Vater bekam Frieda nicht mehr zu Gesicht. Er traf seine Anordnungen und verließ das Haus. Um elf Uhr am nächsten Tage sollte der Stellwagen nach Dachau und Indersdorf abfahren. Die Plätze waren bestellt.

Tante Theres, die der Gedanke an die Reise, an ihre Verantwortung beunruhigte, die kaum geschlafen hatte, ging aufgeregt im Hause herum, überwachte genau nach dem Befehl des Bruders, was die Nichte einpackte, und hielt sich wie ein Cerberus in deren Nähe, voll Angst, sie könnte ihr am Ende entwischen. Aber Frieda zwang sich zu Gelassenheit und zu ergebenem Gehorsam, widersprach nicht, tat, was die Tante anordnete. Dann aber sagte sie mit bittender Miene:

»Ich möcht noch gern in die Kirch hinübergehn, Abschied nehmen. Ich glaub, es wird mir leichter ums Herz, wenn ich eine Meß g'hört hätt.«

Theres war eine fromme Seele, und dieses Einlenken Friedas, dieser Wunsch, der wie eine innere Bekehrung aussah, stimmte sie nachgiebig.

»Ich darf dich net fortlassen. Der Bruder hat es ausdrücklich g'sagt. Keinen Schritt aus den Augen.«

»Aber schau, Tant. Sie können mir ja nachschauen, daß ich in die Kirch hineingeh und in einer halben Stund wieder heraus! Das wird doch wahrhaftig nichts Unrechtes sein, wenn man vor einer Reis' noch eine Meß hören will.«

»No ja in Gottesnamen! Ich war ja in der Früh schon drüben und hab gebeicht und kommuniziert. Man weiß net, was einem zustoßen könnt auf einer Reis'! Aber, daß du gleich wiederkommst!«

Frieda hatte mit ihrer kleinen Heuchelei erreicht, was sie wollte. Sie nickte zu der Tante herauf, die am Fenster stand und ihr bekümmert nachblickte, ehe sie hinter der Kirchentüre verschwand.

Die gute alte Seele dachte nicht daran, daß die Kirche einen zweiten Ausgang hatte, glaubte die Nichte wohlgeborgen und ahnte nicht, daß das junge Mädchen hastig an dem Altar vorbeischlüpfte und in die Sakristei huschte. Es war Frieda freilich angstvoll zumute, wie sie in der von Weihrauch durchschwängerten Luft, an den Schränken mit den Meßgewändern vorbeihastete, nach der Türe suchte. Sie mußte darauf gefaßt sein, daß sie angeredet, gefragt wurde, was sie hier wolle. Aber sie begegnete nur dem Meßner, der sie kannte und ihr freundlich zunickte. Auf der Straße eilte sie, so rasch sie konnte, ohne Aufsehen zu erregen, auf das Versatzamt zu. Es war zum Glück nicht weit entfernt, aber das Herz klopfte ihr vor Aufregung. Wenn sie das Büro nur leer fand, nicht lange warten mußte! Sie hatte den Schmuck der Mutter bei sich, um ihn zu versetzen. Es ward ihr schwer, mehr um der Erinnerung willen, als weil sie an der Perlenkette hing. Aber es half ja alles nichts: Geld mußte sie haben, wenn sie sich freimachen wollte! Wie das geschehen sollte, das wußte sie nicht. Nur das stand fest, das sie alles versuchen würde und deshalb war die erste Bedingung, daß sie nicht arm blieb wie eine Bettlerin. Zum Glück wußte der Vater nichts von ihrem Besitz. Die Mutter, die aus einer Goldschmiedsfamilie stammte, hatte nach dem Tode der Eltern manche Kostbarkeit geerbt. Merkwürdigerweise schien sie ihrem Gatten einige dieser Dinge verheimlicht zu haben. Ob sie auch zuweilen an Flucht gedacht und deshalb geschwiegen hatte? Der Gedanke schoß Frieda plötzlich durch den Kopf, während sie scheu und verlegen in das Leihhaus einbog. Er gab ihr Mut, er hatte für sie förmlich etwas Aufstachelndes. Ach, später war die arme Mutter ja viel zu müde und krank gewesen, um noch kühnen Plänen nachzuhängen und sie hatte ihrem Kinde nach und nach ihre kleinen heimlichen Schätze geschenkt. »Brauchst dem Vater nichts davon zu sagen!«

Getragen hatte Frieda daher die Perlenkette nie, die ihr nun helfen sollte in ihrer Not. Sie war betroffen von der hohen Summe, die sie bekam und packte die Brosche, die Ohrringe, die sie mitgenommen, wieder ein mit einem plötzlich kurz aufflackernden, triumphierenden Frohlocken. »Er will mich am Davonlaufen hindern, der Vater! Keinen Pfennig Geld krieg' ich in die Hand!« lachte sie zornig vor sich hin, während sie die fünfhundert Gulden in der Tasche fühlte und nun aus dem Weg durch die Sakristei wieder zurückhuschte in die Kirche. Ein Priester, der eben das Meßgewand ablegte, warf einen forschenden Blick auf das Mädchen, aber er redete sie nicht an. Sie trat mit dem Gebetbuch in der Hand aus der Kirche, warf einen Blick aus das Fenster, an dem die Tante wartete, und besann sich nur auf eine Ausrede, warum sie so rote Wangen habe, denn sie fühlte, daß von der Aufregung ihr sonst blasses Gesicht glühte. Aber Theres war so voll Reisefieber und Unruhe, daß sie das Mädchen nicht genauer beobachtete, nur zur eiligen letzten Mahlzeit drängte und dann seufzend den Weihbrunn aus dem Kesselchen an der Türe nahm, sich bekreuzte und ein Stoßgebet zum Himmel sandte, daß dieser sie auf der Fahrt bis nach Indersdorf gnädig beschützen möge. Im Tal fuhr der Stellwagen ab. Es dauerte lange, bis der Postillon die Pferde anschirrte. Dann ging es klappernd, rasselnd, fort über das holprige Pflaster. Als man außerhalb der Stadt zwischen Wiesen und Feldern dahinfuhr, sagte Frieda: »Mir wird so schlecht in dem engen Wagen. Darf ich mich, wenn wir wieder anhalten, in das Kabriolet setzen? Da draußen in der Luft wird mir besser und es ist noch ein Platz frei.«

»Nein, du bleibst da!« befahl die Tante, die das junge Mädchen ja nicht von der Seite lassen sollte. Aber die Mitreisenden nahmen Friedas Partei:

»Aber Sie sehen doch, Madam, daß die Mamsell schon ganz käsweiß ist! Das wär doch eine Grausamkeit! – So was!«

Und als der Stellwagen dann wirklich vor einem Postgasthause hielt, machte man Frieda Platz und redete ihr zu:

»Fragen's net lang! Steigen's nur aus! Es ist hart genug, wenn man's Fahren net vertragen kann.«

Theres hatte nicht den Mut, Einspruch zu erheben.

Der Postillon lachte das junge Mädchen an, als es sich auf den Sitz hinter ihm schwang: »Schau, schau! Da krieg ich doch ein junges G'sicht heraus. Dann geht gleich's Blasen besser!« scherzte er lustig und griff, ihr zu Ehren, nach seinem Posthorn.

»Muß i denn, Muß i denn Zum Städtle hinaus!«

Es klang so heiter durch die Sommerluft; der gelbe Wagen, der so gemächlich dahintrottelte, war in der sonnigen Landschaft eine so hübsche Staffage. Niemand von den Insassen konnte ahnen, wie unruhig da vorne im Kabriolet ein junges Herz klopfte, daß es sich für das blasse Mädchen in diesen nächsten Stunden um ein Schicksal handelte ... Frieda hatte ihren Hut abgenommen und ihn an einen Haken am Fenster gebunden.

Tante Theres, die allmählich sehr müde wurde, weil sie ein paar Nächte kaum geschlafen hatte, blinzelte nur manchmal nach dem Hute hin, schloß dann wieder beruhigt die Augen, die ihr bei dem Rütteln des Wagens unwillkürlich zufielen, und überließ sich endlich widerstandslos ihrem Schlummer. Es war Nachmittag geworden und die Sonne brannte heiß, als man Dachau erreichte. Der dicke Mann, der neben Frieda gesessen hatte, stieg hier aus. Eine Frau mit einem Kinde hatte schon vorher den Wagen verlassen. Mit einem Ausatmen sah sie sich allein mit dem Postillon, der blasend vor dem Gasthofe vorgefahren war und nun die Zügel einhing und die Peitsche verwahrte.

Sie zeigte ihm einen funkelnden Kronentaler, den sie in der Hand hielt, und raunte ihm hastig zu: »Wenn die Frau da drinnen im Wagen, die mit dem braunen Kleid, nach mir fragt, dann sagen Sie nur, ich bin vorausgegangen auf der Landstraße. Ich sitz schon wieder ein, sobald mir der Wagen nachkommt, und achten's nur net viel drauf, wenn sie etwa unruhig wird und sich um mich absorgt. Fahren Sie nur zu, Postillon! Meinen Hut laß ich hängen. – – –«

Der Postillon blinzelte auf den funkelnden Kronentaler, kratzte sich mit einem kurzen Bedenken hinter dem Ohr:

»Ich möcht' in keine Sach' neinkommen – – Sie werden wohl nix Schlechtes vorhaben, Mamsell?«

Eile tat not. Frieda konnte nicht lange verhandeln. Es half nichts, als sich den Mann zum Vertrauten machen.

»Ausreißen will ich. Ins Kloster möcht sie mich bringen!«

»Ins Kloster! Wär net aus! Da helf ich Ihnen, Mamsell! Ich fahr zu und wenn sich die Alt' die Seel' aus dem Hals schreit.« Lachend nahm er den Kronentaler, nickte Frieda zu und winkte der Kellnerin um eine frische Maß.

Im Nu war Frieda herabgeglitten, drückte sich, um vom Innern des Wagens nicht gesehen zu werden, dicht neben den Pferden vorbei und huschte dann eilig an der Hauswand entlang, bis sie in einem stillen Obstgarten stand, in dem nur ein paar Hühner herumliefen. Unter den Bäumen verborgen, horchte sie mit schwer klopfendem Herzen auf jeden Laut. Rief man nicht nach ihr? Kamen nicht Schritte? Sie wagte kaum zu atmen vor Angst. Als die ersten bangen Minuten vorüber waren, und sie ganz unbeachtet blieb, setzte sie sich auf das Gras nieder, denn ihr zitterten die Knie und sie mußte sich erst erholen nach der Spannung dieser Tage, besonders nach der aufregenden letzten Stunde.

Dann hörte sie das Blasen des Posthornes, das Rollen des Wagens wie ein Signal der Befreiung.

Tante Theres hatte ihre Flucht nicht bemerkt. Die Schläfrige blinzelte nur zuweilen nach dem Hut, der noch draußen hing und duselte dann wieder ein.

Frieda atmete auf. Aus der gestickten Reisetasche, die sie mitgenommen hatte, zog sie das Brot heraus, das ihr die Tante eingepackt. Sie konnte endlich wieder essen, wozu sie in ihrer Verstörtheit lange nicht imstande gewesen war. Neben ihr blühten Margeriten und Feldnelken, Schmetterlinge flogen, Bienen summten. Ganz märchenhaft erschien dem Stadtkind diese üppige Sommerschönheit. Mut und Kraft strömte aus dem Boden, aus dem leisen Windhauch auf sie ein. Sie schaute sich nach allen Seiten um, vermochte noch kaum zu glauben, daß ihre Flucht gelungen sei. Keine Menschenseele, die sich um sie kümmerte. Auf dem Feld arbeiteten ein paar Bauern, sonst lag die weite Landschaft einsam da im Sonnenglanze des Nachmittags.

So neu, so fremd, so wunderherrlich war es ihr, einmal allein zu sein, gehen zu können, wohin sie wollte, daß sie dann auf dem schmalen Wiesenweglein neben der Landstraße, auf dem sie wieder in der Richtung nach der Stadt dahinschritt, eine Seligkeit empfand, wie kaum je zuvor in ihrem Leben.

Köstlich, berauschend war dieses Gefühl der Freiheit! Sie konnte in ihrem Taumel den Wanderburschenübermut nachempfinden; sie dachte es sich schön, in einem Zigeunerwagen durch die Welt zu fahren! Nur los von allem Zwang! Nur unbehindert, nur frei, mit dem Himmel über sich, nur erlöst von dem Druck, der daheim auf ihr gelastet hatte, so lange sie zurückdenken konnte! Die Sonne schien heiß und es war blendend hell und staubig auf der Straße, sie bog in einen Seitenweg ein, der durch blumige Wiesen in der gleichen Richtung weiterführte; die Heckenrosen am Zaune, die flatternden Vögel, die Berge im Hintergrunde erschienen ihr wie Wunder, die sie zum ersten Male mit klaren Augen sehen durfte. Ein Mutwille überkam sie, daß sie sich umwenden mußte und in der Richtung nach Indersdorf, dort, wo die böse Euphrosin hauste, die Zunge herausstreckte: »Fangt mich, wenn ihr könnt!«

Jetzt war es ausgeschlossen, daß die Tante Theres ihr nachkäme! Stellwagen fuhr keiner nach der Stadt zurück vor abends. Und zu Fuß marschieren, das ließ die gute Alte wohl bleiben. Was sie für ein Gesicht machen würde, wenn sie merkte, daß der eingefangene Vogel ihr doch entwischt war? In dieser ersten Stunde der Befreiung, während Frieda mit ihrer Reisetasche in der Hand, unter dem aufgespannten Schirm über dem bloßen Kopf, wohlgemut dahinwanderte, mußte sie in ihrer glückseligen Stimmung über alles lachen, auch über die Überraschung, wenn nur mehr der leere Hut am Nagel hing und die Erschrockene merkte, daß sie ohne Nichte in Indersdorf angekommen war!

Allmählich freilich stürmten heiße Fragen auf das einsame Mädchen ein, das nun kein Dach mehr über dem Haupte hatte, nicht wußte, was werden sollte, wo es am Abend ein Unterkommen fände; das einfach in die Welt hineinlief. Zum Vater ging sie nicht zurück. Lieber sterben!

Der erste Schritt war getan. Nun sollte er, der Geliebte, er, der ihr das Evangelium der Freiheit verkündet, ihr weiter die Wege weisen, sie führen in den Kampf, der kommen mußte! Sein Kamerad wollte sie sein, seine Helferin, seine Genossin im großen Streit!

Mamsell Theres in dem langsam dahintrottelnden Stellwagen riß plötzlich die Augen auf, schrie laut: »Frieda! Frieda!«, daß alle die Mitreisenden, die mehr oder minder schläfrig vor sich hindämmerten, sie verblüfft anschauten. Ein Windhauch hatte draußen den Hut bewegt und die Entsetzte sah, daß er nicht mehr auf dem Kopf der Nichte saß. Der Postillon achtete nicht auf ihren Ruf, hieb mit der Peitsche aus, und die Pferde nahmen einen leichten Anlauf, zogen wieder an und, etwas rascher als bisher, fuhr man in Indersdorf ein. Sobald der Wagen hielt, kletterte das alte Fräulein so schnell wie möglich aus dem Wagen heraus, fragte, suchte nach dem ihr anvertrauten jungen Mädchen und geriet in eine maßlose Aufregung, als der Postillon ihr phlegmatisch sagte:

»Sie ist in Dachau ausg'stiegen. Sie hat zu Fuß gehn wollen, nur ein Stückerl weit, bis der Wagen nachkommt. Kann leicht sein, daß sie den Weg verfehlt hat, in eine falsche Straßen einbogen ist, sonst müßt' sie ja längst wieder aufg'sessen sein.«

Theres rang die Hände, lief ratlos und mit glühendem Gesicht umher, suchend und fragend, aber niemand half ihr: die Mitreisenden kümmerten sich nicht um ihre Verzweiflung und der Postillon schmunzelte heimlich.

Theres stand der Angstschweiß auf der Stirne. Was sollte sie tun? Eine Heimkehr ohne Frieda dünkte ihr so entsetzlich, daß es ihr lieber gewesen wäre, wenn sie auf der Stelle der Schlag getroffen hätte, nur damit sie nicht dem Gesicht des Bruders standhalten müßte. So sehr sie sich vor der Schwester Euphrosin fürchtete, es schien ihr doch wie ein tröstlicher Aufschub, noch zu ihr zu gehn, ihr den Brief zu übergeben, ihr zu berichten, was geschehen war und sich bei ihr Rat zu holen. Sie hatte eine dunkle Vorstellung, als ob die Klosterfrau vielleicht doch die Macht besäße, die Ausreißerin wieder zurückzubringen. So suchte sie denn, immer mit Friedas Hut am Arm, aufgeregt und jammernd nach einem Knechte, der ihr den Koffer auf einen Karren lud und den Weg nach dem Klosterhof wies, der ihr bei ihren kranken Füßen und ihrem schweren Herzen doppelt sauer wurde.

Als sie an dem in einer düsteren Moorgegend liegenden Hause mit den vergitterten Fenstern Einlaß begehrte, war der junge Flüchtling schon wieder im Weichbilde der Stadt.

Scheu drückte sich Frieda durch die engsten Gäßchen, um nur keinem bekannten Menschen zu begegnen.

Es war keine Lüge gewesen, wenn sie ihrem Vater gesagt hatte, sie sei niemals in der Wohnung ihres Verlobten gewesen. Aber jetzt mußte sie ihn ja aufsuchen, um ihn zu warnen. Jetzt war ja alles verändert. Sie hatte niemand mehr als ihn auf der Welt, und es blieb ihr nichts als der Glaube, das rückhaltslose Vertrauen auf ihn und seine Liebe. Nach einigem Herumirren fand sie das Gartenhäuschen in der Frühlingsstraße, wo er jetzt, in der Vorstadt, sein Heim hatte, und stieg mit Herzklopfen die schmale Treppe hinauf.

Der Gedanke, er könnte nicht da sein, machte sie zittern vor Angst. Was sollte sie dann beginnen?

Aber sie hörte Schritte. Er öffnete selbst.

Aufatmend mit einem Gefühl der Befreiung und der Seligkeit stürzte sie ihm um den Hals, als wäre nun alles gut, als dürfte sie sich für geborgen und gerettet halten.

Im ersten Augenblick merkte sie gar nicht, mit welcher Bestürzung er sie empfing, wie erschrocken er die Türe schloß und sie in sein Zimmer zog.

Sie sank in einen Stuhl am Fenster und schaute sich schüchtern um in dem Raume, den sie zum ersten Male sah, der ihr wie geheiligt schien. Aber er warf einen forschenden Blick auf ihre verstaubten Schuhe, auf den Reisesack, den sie bei sich trug und stieß mit mühsam beherrschtem Unwillen hervor:

»Woher kommst du? Was bedeutet dieser Besuch?«

»Ich habe die Fesseln zerrissen! Ich habe mich befreit von der Tyrannei des Vaters!« schwärmte sie mit den Worten, die sie oft von ihm gehört hatte, und schaute ihm begeistert in das heiße, verlegene Gesicht. Er küßte sie wohl, er zog sie an sich, aber mit einem Ausdrucke des Schreckens, des Unbehagens.

Mit raschen Worten erzählte sie ihm, daß der Vater ihre nächtliche Heimkehr bemerkt, sie beschimpft, geschlagen hatte, wie sie in heißer Empörung aufgeflammt war zu zornigen Anklagen.

»Deinen Namen hat er wissen wollen, Kuno! Aber ich hätt' mich lieber töten lassen, als ihn zu verraten!«

»Mein tapferes Mädchen!« sagte er bewundernd. Er verstand ihre Auflehnung; er nickte zustimmend, aber er blieb kleinlaut, beunruhigt. Und als sie dann weiter berichtet, welche Drohung der Vater ausgestoßen habe, daß sie gekommen sei, ihn zu warnen, geriet er in eine ärgerliche Erregung:

»Du hast ihm einen Fingerzeig gegeben! Wozu brauchte der Stadtrichter etwas zu wissen von unseren Bestrebungen, von unserem Kampf um die Freiheit! Er, der überall revolutionäre Umtriebe wittert! Nun muß ich heute noch Sorge tragen, daß man kein verräterisches Schriftstück bei mir findet, für den Fall, daß einer seiner Spitzel ihm auf die Fährte hilft und man bei mir Haussuchung halten wird!«

Er kramte sofort auf seinem Schreibtisch herum und packte einige Papiere zusammen mit einer finsteren Falte auf der Stirne.

Frieda war aufgestanden, sie legte ihm die Hand auf den Arm.

»Wir wollen fort, Kuno! Die Stadt verlassen! Nur hier hat der Vater die Macht, uns zu schaden. Nach Wien, nach Berlin reicht sein Arm nicht. Laß uns untertauchen in der Fremde, unter den vielen, die sich bereit halten zum großen Kampf!«

Aus ihrem jungen Gesichte sprach opferbereite Begeisterung und sie war schön in ihrer Entschlossenheit, in ihrem rückhaltlosen Glauben an ihn.

»Fort? Zusammen fort?« erwiderte er zögernd. »Wir beide! Du weißt, Frieda, daß es nichts Schöneres, Seligeres für mich gäbe! Aber das darf nicht sein! Um deinetwillen nicht! Weil ich dich lieb habe, weil dein Ruf mir heilig ist! Überlege, bedenke! Dich würde die Welt verurteilen! Du bist verloren für deine Kreise, wenn ich nicht die Kraft habe, die Vernunft zu wahren! Ich habe nicht das Recht, dich aus deiner bürgerlichen Atmosphäre herauszureißen, dich mitzunehmen wie irgendein hergelaufenes Ding, das keine Angehörigen, keine Stellung besitzt. Es hieße dich der Schande preisgeben! Und dann, wovon wollten wir leben, wenn ich diese ganz gewöhnliche, aber doch wichtige Frage aufwerfen darf? Mein Vater ist ohnehin bitterbös auf mich. Er würde mich ganz im Stiche lassen, wenn ihm zu Ohren käme, daß ich mit einer Liebsten das Weite gesucht habe.«

Alle Farbe war aus ihren Wangen gewichen, ein Frösteln fuhr ihr über den Rücken. Mit großen düsteren Augen starrte sie ihn an. Was redete er von Schande, von Rücksicht auf ihren Ruf, von der Verurteilung der Welt. Warum sprach er nicht das Wort, das sie erwartete, vertrauensvoll erhofft hatte, das ihr nur selbstverständlich erschien? Sie waren verlobt, hatten nur nicht an eine Verbindung denken können, solange sie noch unter der Gewalt des Vaters stand. Aber nun, da er wußte, daß sie das elterliche Haus verlassen halte, nun hinderte ihn doch nichts, ihr seinen Namen zu geben! Als seine Frau durfte sie sein Leben teilen. Ihr Vater konnte die Einwilligung zu ihrer Ehe nicht versagen, wenn sie ihm schrieb, daß sie mit ihrem Bräutigam geflohen sei. Der Stadtrichter war es sich selbst schuldig, durch eine rasche Heirat der Tochter jede üble Nachrede zu ersticken.

Es klang matt und verzagt, als sie sagte: »Für den Anfang habe ich wohl einiges Geld. Ich hab' die Perlen von meiner Mutter versetzt und hab' auch noch einigen Schmuck und dann – dann werd' ich schon eine Arbeit finden. Du sollst net denken, daß ich dir zur Last fallen möcht'.«

Er ließ traurig den Kopf hängen.

»Ich muß an das Gedicht von Heine denken«, sagte er traurig.

»Ein Jüngling hatte ein Mädchen lieb,
Sie flohen heimlich von Hause fort.
Es wußt weder Vater noch Mutter.
Sie sind gewandert hin und her,
Sie haben gehabt weder Glück noch Stern,
Sie sind verdorben, gestorben.«

»Glaubst du, daß es uns nicht auch ergehen würde wie den beiden?« Er hatte eine hübsche, herzbewegende Stimme, die immer gut wirkte, wenn er in der Versammlung der Freunde eine Rede hielt. Auch Friedas Seele war ihm zugeflogen, als er in dem Stübchen bei Tangls ihnen ergreifende Verse vorlas. Aber in diesem Augenblick hörte sie einen falschen Klang aus den poetischen Worten heraus, und eine Enttäuschung überkam sie, als müßte sie zusammenbrechen.

Das war also der heißbewunderte Mann! Er redete und redete von Freiheit, von dem großen Kampf aller Unterdrückten und nun, da eine Tal von Mut gefordert wurde, hatte er nicht mehr Mut als jeder der Philister, die er immer so gründlich verachtet hatte.

Es war ein verlegenes Schweigen zwischen ihnen, das in wenigen Minuten eine herbe Entfremdung aufwachsen ließ, eine gereizte feindselige Stimmung. Er fühlte ihre stumme Verurteilung und, wie um sich vor sich selbst zu rechtfertigen, rief er:

»Du mußt doch empfinden, Frieda, daß Größeres auf dem Spiele steht als unser Einzelschicksal! Ich habe mich dem Wohl des Volkes, der großen Zukunftsaufgabe geweiht, die an uns herantreten wird! Es darf nicht heißen, daß ich es tat, um eigenes Glück zu ertrotzen; es darf kein Schatten auf die Apostel fallen, die die Freiheit verkünden sollen! Wir sind Entsagende, Opferbereite, Sendboten, die nichts für sich begehren dürfen!«

Wenn er sich einen Moment beschämt gefühlt hatte vor ihren anklagenden Augen, die Wendung, die er gefunden, gab ihm sein Selbstbewußtsein zurück.

»Wir Männer müssen erst die Freiheit erringen«, fuhr er fort, als stünde er auf der Tribüne. »Dann erst kann die Erlösung kommen! Dann werden überall die Schranken fallen und die Vorurteile besiegt werden und auch das Weib sich seiner Menschenrechte bewußt werden dürfen!«

»Und einstweilen soll ich mich von meinem Vater ins Kloster sperren lassen!« warf Frieda höhnisch ein.

»Geh! Das sind Phantastereien! Das kann und darf dein Vater nicht und wenn er hundertmal der Stadtrichter ist!«

»Meinst du? Ich war doch schon auf dem Wege zu der Schwester Euphrosin, einer Verwandten vom Vater, einer harten, bösen Zelotin. In Zwangserziehung hätt' ich kommen sollen, damit ich zu Kreuz kriech'. Ausgerissen bin ich, heimlich herunter vom Stellwagen, der Tant' Theres davon und zu Fuß hergerannt in die Stadt. Ich geh' auch nicht mehr zum Vater z'rück! Lieber lauf' ich gleich hinunter an die Isar und stürz' mich ins Wasser!«

In ihrer ratlosen Verzweiflung schien ihr der Tod der einzige Ausweg, die einzige Zuflucht, die ihr übrig blieb. Von Minute zu Minute war ja ihr Glaube an ihn mehr und mehr zerbrochen, das große, kühne Vertrauen, mit dem sie bei ihm Schutz gesucht hatte, zusammengesunken. Irre geworden an seiner Liebe, sah sie ihn plötzlich in einem klaren, nüchternen Lichte und ihr schauderte bei dieser grausamen Erkenntnis.

»Armes Ding, armes Ding!« sagte er mit verlegenem Gesicht, ihre Hand streichelnd. »Schau, wenn ich nur wüßte, wie ich dir helfen soll! Ich darf doch nicht zum schlechten Kerl an dir werden, und so schwer es mir fällt, es dir zu sagen, ich glaube früher oder später wirst du doch einlenken und dich mit deinem Vater aussöhnen müssen. Vielleicht ist es das beste, ich gehe fort. Dann wird es dir leichter werden.«

»Das sagst du? Du? Dasselbe wie meine alte Tant' Theres!« lachte sie wild auf. »Vor kurzem, da hat es anders geheißen. Da hab' ich nur gehört: Auch die Mädchen und Frauen sollen sich auflehnen gegen die Unterdrückung und ich dürft' es mir nicht gefallen lassen, wie mein Vater mich behandelt! Er sei einer von den Dunkelmännern, gegen die eine neue Zeit Sturm laufen müßt'. Ich hab' nur getan, was du mir gepredigt hast. Und jetzt soll ich reumütig an die Brust klopfen und alles wär' wieder das alte!«

»Nein, Frieda! Nur Geduld sollst du haben, bis die Stunde der Befreiung kommt! Dann wird auch dein Vater klein beigeben müssen. Schau, sei vernünftig! Ich führ' dich zu meiner Verwandten, zur Madam Tangl. Das Zimmer, das ich bewohnt hab', steht jetzt leer. Die gute Rosine nimmt dich gern auf und in ein paar Tagen, wenn die Tante Theres ohne dich zurückgekommen ist, dann kriegt dein Vater Angst, du könntest dir was angetan haben, und dann lenkt er schon ein.«

Das war das Ende! Das mußte sie erfahren: Wegschicken, abschütteln wollte er sie! Diese Demütigung mußte sie sich bieten lassen, als wäre sie eine Zudringliche, die sich ihm in den Weg stellte, eine abgetane Geliebte, die sich an ihn weggeworfen hätte!

Ihr Mädchenstolz bäumte sich auf gegen seine selbstsüchtige Feigheit und sie rief mit flammenden Augen:

»Du kennst mich net und kennst meinen Vater net! Wir haben alle zwei harte Köpf. Aber ich kenn dich jetzt! Bring nur g'schwind deine Papiere und deine Schriften in Sicherheit, vor allem aber dich selber! Ich will dir nicht länger Ungelegenheiten bringen, du Apostel, du Freiheitsverkünder!«

Mit einer leidenschaftlichen Gebärde griff sie nach ihrem Reisesack und eilte der Türe zu. Er wollte ihr folgen, aber sie wehrte heftig seine Begleitung ab.

»Nein! Bleib da! Man soll uns nicht miteinander auf der Straß' sehn. Ich wills net! Ich find schon allein zur Rosin! Du mußt dich der großen Sache erhalten! Ich könnt es mir ja nie verzeihen, wenn du meinetwegen in eine Gefahr kämst!« höhnte sie.

In wirrer Flucht hastete sie die Treppe hinunter, stand im Freien und lief dahin in einem Zornrausch.

In den Straßen war es dunkel und still. Wie eine Ausgestoßene irrte sie weiter, überlegte, ob sie die Nacht nicht auf einer Bank im Hofgarten zubringen sollte. Aber wenn sie am Ende von einem Gendarmen angeredet, auf die Polizei gebracht würde? Dann käme sie ja gleich wieder in die Gewalt des Vaters. Und doch schien es ihr grausam, die alte Frau Tangl in der späten Stunde durch ein Klingeln zu erschrekken.

Als sie den Dultplatz erreichte, fiel ihr ein, daß bei den Verwandten, den Obermeiers, das Haustor erst spät geschlossen wurde, weil doch im Hause die Wirtschaft war. Es blieb ihr nichts anderes übrig, als sie um ein Nachtlager zu bitten.

Es rief in der Familie natürlich eine große Bestürzung hervor, als um zehn Uhr abends noch jemand die Glocke an der Wohnungstüre zog. Frau Nanni sprang erschrocken aus dem Bett:

»Wer kann denn heut' noch kommen?« rief sie ihrem Mann zu. »O du lieber Heiland! Es wird doch unserm Konradel nix passiert sein!«

»Der ist ja schon daheim!« sagte Obermeier während er gähnend in den Schlafrock schlüpfte. Man hörte auch schon, daß draußen junge Schritte durch den Flur liefen, daß die Türe geöffnet wurde. Die ganze Familie, einschließlich des Lenerl, war auf dem Gang versammelt, mit den Kerzen in der Hand und schaute befremdet, neugierig auf das Mädchen, das scheu, verwirrt, in fast stumpfsinniger Erschöpfung, sich an die Wand lehnte.

»Laßt mich dableiben!« stieß Frieda hervor. »Nur auf einem Stuhl, in irgendeinem Winkel meinetwegen in der Küch'! Ich weiß mir keine andere Zuflucht!«

»Aber um Gottes willen! Was hat's denn geben? Einen Reisesack hast. Wo kommst denn her?«

»Morgen, morgen sag' ich euch alles!« kam es von blassen Lippen. Ich bin todmüd.«

»So komm nur herein, Frieda! Sie sehn ja, Mutter, daß das arme Hascherl sich kaum mehr aufrecht halten kann!« Der Student fand zuerst das erlösende Wort.

Gustel im Nachthäubchen, um das sich die blonden Löckchen krausten, hatte ein verschlafenes Gesichtel wie ein rasch aufgeschrecktes Kind. Aber sie schaute doch neugierig auf die Cousine und fand diesen nächtlichen Besuch sehr romanhaft und interessant.

»In mei'm Stüberl kannst schlafen, da ist ein Sofa und ich geb dir ein Kissen und ein Plumeau. Es is ja so warm!« sagte sie gutmütig und nahm Frieda bei der Hand.

»Hast vielleicht Hunger?« fragte Obermeier, dem der Gedanke an Essen immer nahe lag.

Frieda schüttelte den Kopf. »Nur ein Glas Wasser wenn ich mir in der Küch' holen darf!« meinte sie bescheiden. »Mir klebt die Zung' am Gaumen!«

Das Setters, das mit Kopfschütteln den Vorgang belauscht hatte, brachte das Verlangte. Die beiden Mädchen verschwanden in Gustels Zimmer; der Student rief lustig: »Gut Nacht!« Das Ehepaar kroch wieder in seine Betten.

»Was das zu bedeuten hat?« seufzte Frau Obermeier. »Da bin ich wirklich begierig!«

»No ja. Die Frieda ist halt ihrem Vater davong'laufen. Das wundert mich gar net. Ich hab' schon net begriffen, daß deine Schwester selig es so lang bei dem faden Griesgram ausg'halten hat«, sagte Obermeier und drehte sich auf die andere Seite. Eine Minute später schnarchte er schon.

Über dem stillen Dultplatze leuchteten die Sterne; kein Wagen fuhr mehr, kein Schritt klang über das Pflaster. Nur durch die Kastanien der Allee rauschte leise der Wind.

Auf dem Sofa in Gustels Mädchenstübchen lag, schlaflos, ein armes, junges Geschöpf, dem Schmerzesschauer über den Rücken liefen, das die Decke über den Mund ziehen mußte, um das Schluchzen zu erstikken, das es durchrüttelte.

Als Gustel einmal gegen Morgen wach wurde, hörte sie die Cousine leise vor sich hinweinen. Sie hätte gerne gefragt nach ihrem heimlichen Kummer, aber sie war noch zu müde und bald versank sie wieder in ihren festen Kinderschlaf.

Blaß und mit rotgeränderten Augen kam Frieda zum Frühstückstisch.

»Also jetzt red'!« sagte Obermeier und tunkte die Semmel in den Kaffee.

»Der Vater hat mich auf den Klosterhof zur Schwester Euphrosin schicken wollen. Da bin ich vom Stellwagen herunter, während die Tant' Theres g'schlafen hat und auf und davon.«

»Recht hast g'habt, Frieda! Zu dem Drachen! Ja was ist ihm denn da eing'fallen, dem Herrn Stadtrichter?«

Frieda zögerte einen Augenblick. Es schien ihr unmöglich, jetzt, vor allen auf sie gerichteten Augen von ihrer unglücklichen Liebe zu sprechen.

»Ich bin am Abend, wie der Vater in sein Zimmer 'gangen ist, noch ohne Erlaubnis aus dem Haus!« gestand sie. »Ich darf ja nie fort. Es war eine so schöne warme Sommernacht. Aber er hat mich heimkommen hören und g'schimpft und mit der Hundspeitsch' g'schlagen. Ich hab' gar net mehr recht g'wußt, was ich red'. Alles hab' ich ihm g'sagt, was ich jahrelang in mich neing'schluckt hab', daß die Mutter selig schon unglücklich g'wesen ist, und daß ich mich net weiter so unterducken mag. Ich geb's zu: ich hab' recht frech vor ihm dag'standen, und wundern kann's mich net. Aber, weil er mir das nie verzeiht, deshalb kann ich auch net mehr zu ihm. Helft's mir doch, daß ich irgendwo eine Stell' krieg! Alles will ich lieber tun, die gröbste Arbeit, eine Magd will ich machen, meinetwegen! Nur net mehr in sein Haus!«

Sie hob flehend die Hände auf.

»Ja, meine Liebe!« warf zuerst Frau Nanni ein. »Mir können uns net mit dem Herrn Schwager verfeinden. Er ist der Stadtrichter und eine Respektsperson. Da hilft alles nix. Mit dem Vater darf man halt net frech sein. Da mußt schon die Straf' hinnehmen, die du verdient hast. Was sollen wir uns da einmischen?«

»Aber geh'ns, Mutter!« rief Konrad. »Sie haben doch selber immer erzählt, wie leid Ihnen Ihr' Schwester getan hat.«

»Freilich, ja. Aber ich hab' ihr auch net helfen können und das ist doch noch was anders. So ein junges Ding, das seinen eigenen Willen haben möcht' und sich nix einreden lassen will.«

Gustel hatte wohl Mitleid mit dem Mädchen, dessen Weinen sie in der Nacht gehört, aber sie wußte nicht, was sie sagen sollte. Eine Stellung außerhalb der Familie, das erschien ihr doch wie eine Unmöglichkeit.

Obermeier hatte nach der Semmel noch ein Hörndl und eine Bretz'n in die Kaffeetasse getunkt; erst, als diese leer war, schaute er auf und begegnete nun den trostlosen, unglücklichen Augen der Nichte.

Niemand, niemand hat Erbarmen mit mir! sagte dieses blasse, arme Mädchengesicht.

Aber es war nicht bloß Rührung, nicht bloß Gutmütigkeit, wenn er ihre Partei ergriff. Er hatte sich so oft über den angeheirateten Schwager geärgert, daß es ihm nun wirkliches Vergnügen machte, dem auch einmal einen Streich zu spielen. So lange er noch Wirt war, da war einmal eine gestrenge Verwarnung gekommen: Im Lindengarten sei die Polizeistunde überschritten worden. Das nächste Mal würde der Stadtrichter eine Anzeige erstatten. Ein anderes Mal bekam Obermeier eine Geldstrafe, weil durch eine Nachlässigkeit des Personals ein Fremder nicht gemeldet worden war. Abgesehen von diesen kleinen Zusammenstößen mit Romberger als Gerichtsperson, war ihm auch das Wesen des Schwagers, dessen Beamtendünkel durchaus zuwider.

»Also Frieda!« sagte er. »Jetzt hör mir einmal zu! Ich könnt schon lang auf meinem Hof, droben in Sendling, jemand brauchen, der zuverlässig und ordentlich aufschreibt, wieviel Liter Milch in die Stadt hereing'schickt werden, wieviel Eier und Butter etcetera. Die beiden

Leut, die ich draußen hab, sind ja brav und ehrlich. Die Wally tut ihre Arbeit und ihr Mann, der Gröbner, ist ganz richtig für die Wirtschaft, aber mit dem Schreiben und Rechnen, da spuckts bei alle zwei. Was die mir aufkritzeln, da kennt sich der Teufel aus. Wenn du dir's zutraust, daß du des richtig machst, und wenn dir net Zeitlang wird auf dem Hof, nachher probier ich's mit dir!«

»Aber geh, Obermeier! Was versteht denn die Frieda von der Landwirtschaft!« entgegnete Frau Nanni ungeduldig.

»Was man net versteht, das kann man lernen! Dafür hat uns unser Herrgott den Verstand geben. Des wär net übel, wenn ein junger Mensch, der einen guten Willen hat, net nach einiger Zeit eine einfache Arbeit kapieren könnt. Also was meinst, Frieda?«

Sie schaute ihn an wie verklärt.

»Glauben Sie mir, Herr Onkel, den guten Willen, den hab ich und ich wünsch mir gar nichts Lieberes, als naus aus der Stadt. Zu einsam ist's mir gwiß net. Ich kann ja gar net sagen, wie dankbar ich dem Herrn Onkel wär!« stammelte sie ganz verwirrt.

»No, wie g'sagt, probieren mußt es erst, ehvor du weißt, wie es dir g'fallt. Jetzt im Sommer, da ist's schön auf dem Hof. Bis im Herbst siehst es nachher schon, ob du's im Winter aushalten kannst.«

»Ich begreif dich gar net, Obermeier, wie du die Courage hast, dem Schwager so einen Tort z' spielen«, brummte Frau Obermeier.

Aber er schlug lustig auf den Tisch.

»Schau, grad des freut mich!« rief er und sein breites Gesicht lachte verschmitzt. »Schlag ein, Frieda! Nachher können wir gleich heut nachmittag nausfahren auf den Hof.«

Mit einer Zuversicht, die ihr vor einer Stunde noch unmöglich erschienen wäre, legte Frieda ihre Hand in seine mächtige Rechte.

»Jeden Samstag komm ich zum Abrechnen und gleich übermorgen am Sonntag geh ich zu deinem Vater und sag ihm, wo du bist und wohin er dir deine Sachen schicken soll!«

»Das wollten Sie, Herr Onkel!« rief Frieda staunend über solche Unerschrockenheit.

»Aber freilich! Meinst vielleicht, ich fürcht mich vor dem bösen G'sicht vom Stadtrichter? Daß ich net lach! Der Obermeier hat sich noch nie von einem Menschen ins Bockshorn jagen lassen. Kann sein, daß ich dem Herrn Schwager auch ein paar Wörtel sag, die er sich hinter die Ohren schreiben kann! Er darf dir gar nix in den Weg legen! Du bist ja mündig!«

Wie ein Held erschien Frieda mit einem Male der dicke Onkel, dem eine Begegnung, ein Kampf mit ihrem Vater ordentlich Spaß zu machen schien, und immer mehr verblaßte gerade dieser schlichten und einfachen Männlichkeit gegenüber der Nimbus, der den jungen Frciheitsapostel mit den großen Worten umstrahlt hatte.

»Bravo, Herr Vater! Mein erstes Glas beim Frühschoppen trink ich auf Ihr Wohl!« rief Konrad. »Mich freut's für die Frieda, daß ihr g'holfen ist und mich freut's auch für den Herrn Onkel, wenn er sich recht giften muß. Neulich haben wir einmal in der Kneip das Lied g'sungen: ›Was ist des Deutschen Vaterland!‹ und des muß dem Stadtrichter von einem Spitzel verraten worden sein. Er hat gleich am andern Tag herg'schickt: alle werden wir eing'sperrt, wenn ihm noch einmal so was zu Ohren kommt.«

»Jetzt da schau her!« entrüstete sich Obermeier und bekam einen ganz roten Kopf. »Wenn man in einem abg'schlossenen Zimmer net mehr singen dürft, was man möcht!«

Dem Münchener Bürger war ja allerdings nur Bayern das Vaterland und er kümmerte sich wenig um das größere Reich. Aber er fühlte sich für seinen Sohn gekränkt, und die Drohung gegen die Studenten erschien ihm als eine weitere Belastung des Schuldkontos, für das er sich an dem Schwager rächen wollte.

Er stand auf, schlüpfte in den Ausgehrock, den ihm Gustel brachte.

»Also, pfüat Gott! Ich bin froh, daß du wieder frischer dreinschaust, Frieda! Es wird schon recht werden!«

Frau Obermeier machte zwar immer noch ein brummiges Gesicht und schien gar nicht einverstanden mit der Wendung der Dinge, aber sie hatte soviel im Haushalt zu tun, daß die beiden jungen Mädchen den Vormittag über allein blieben und unter Gustels Sachen nach einem Hut suchen konnten, den Frieda geliehen bekommen sollte, da es doch nicht anging, daß sie im bloßen Kopfe mitfuhr.

Die hübsche Blonde hatte eine ganze Auswahl und es war ihr ein besonderes Vergnügen, einen nach dem anderen der Cousine aufzuprobieren, wie ein großes Kind, das mit der Puppe spielt. Natürlich unterließ sie nicht, auch selbst jeden aufzusetzen und sich im Spiegel anzusehen.

»Weißt Frieda, das Rieglhäuberl ist mir doch das allerliebste!« plauderte das rosige Mäulchen. »Du, jetzt kommt nächste Woch mein Porträt, das für die Schönheitsgalerie, in den Kuustverein! Schad, daß du's net anschauen kannst. Ich bin so neugierig, was die Leut sagen. Ich mein, ich bin recht gut getroffen.«

Sie küßte Frieda zärtlich beim Abschied und versprach, daß sie ganz gewiß einmal mit dem Vater auf den Hof kommen würde, wenn draußen im Garten die Johannisbeeren und die Himbeeren reif wären.

Das war eine lustigere Fahrt im offenen Einspänner mit dem Schimmel, der so flott lief, als im engen niederen Stellwagen am Tag vorher. War es wirklich erst gestern gewesen, als sie, der Tante gegenüber, wie eine arme Sünderin dagesessen und Fluchtgedanken hin- und hergesponnen hatte. Frieda hatte so vieles erlebt in diesen vierundzwanzig Stunden, daß sie ihr wie ein breiter, wuchtiger Zeitabschnitt erschienen, mit allen wechselnden Stimmungen, die nur überhaupt ein Herz erschüttern können. Es lag ihr noch immer schwer und wund in der Brust, aber sie fühlte doch wieder leise erwachenden Lebensmut wie ein Genesender, der die erlittenen Schmerzen vergessen möchte und schüchtern nach dem kommenden Tag und dem, was er bringen wird, ausblickt.

Während der Fahrt gab Obermeier ihr Anweisungen über die Tätigkeit, die sie erwartete und da sie aufmerksam zuhörte und kluge Fragen stellte, sagte er erfreut: »Ich seh' schon, du wirst dich ganz gut 'neinfinden in die Sach' und wenn man was zu tun hat, nachher wird einem auch die Zeit net lang.«

Ein warmes Gefühl der Dankbarkeit wallte in ihr auf. Was wäre aus ihr geworden ohne seine Hilfe, sein Vertrauen? Es schien ihr beschämend, daß sie ihm nicht die volle Wahrheit gesagt hatte. Der gute Onkel sollte nicht schlecht von ihr denken.

»Ich muß Ihnen etwas eingesteh'n«, begann sie verlegen. »Vor der Frau Tant' hab' ich's net sagen wollen. Ich bin an dem Abend, wo mich der Vater so g'schlagen hat, net allein spazieren 'gangen. Ich hab' mich nämlich hinter seinem Rücken verlobt g'habt – – ganz heimlich. Den jungen Menschen hab' ich 'troffen, weil ich ja sonst nie aus dem Hause hab' geh'n dürfen, da ist mir nix anderes übrig 'blieben. Aber der Vater hat gleich das Schlechteste von mir g'meint. Glauben Sie es ihm net, Herr Onkel, ich möcht' net, daß Sie mich für schlecht halten! – Es war ja eine Dummheit, ich seh's jetzt schon ein.«

Obermeier machte zum erstenmal ein ärgerliches Gesicht.

»So, so!« brummte er. »Bist deswegen so schnell entschlossen g'wesen, freut dich deswegen die Einsamkeit da draußen, weil du meinst, du kannst da recht kommod mit dem jungen Menschen z'sammtreffen? Weißt, des gibts net! Wenn mir das zu Ohren kommt, nachher haben wir schon miteinander ausgeredt', wir zwei!«

»Auf Ehr und Seligkeit, Herr Onkel! Es ist aus – ganz aus! Ich weiß jetzt, daß ich mich in ihm geirrt hab', daß es ihm gar net ernst ist – – er verdient's gar net – und ich geb' Ihnen die Hand drauf, daß ich ihn nie mehr seh'n will. Sie dürfen sich auf mich verlassen!«

So klar und fest schaute sie ihm in die Augen, als sie ihm ihre Hand hinstreckte, daß er sich beruhigt fühlte.

»Also! Ich frag' net weiter. Ich red' auch nix d'rüber. Des bleibt unter uns! Aber verwarnt hab' ich dich. G'scheidt sein Mädel! Sonst gibt's einen Krach. Der Obermeier versteht kein' Spaß!«

Sie hatten nun schon die Sendlinger Höhe erreicht. Frei und klar lag hinter der Stadt, hinter den Wiesen und Feldern, die sie umschlossen, die Bergkette.

»Ist's da schön!« rief Frieda entzückt.

»Jetzt werden wir gleich da sein!« Ganz im Grünen, fern vom Dorf mit der Kirche, erhob sich ein stattliches Haus mit einer breiten Scheune, einem großen Stallgebäude; dahinter zog sich ein großer Obstgarten hin. In dem Hofraum sonnten sich Hühner und Pfauen, Tauben flogen vom First, Enten und Gänse watschelten herum, ein Truthahn blähte sich auf und vor den Fenstern blühten Rosen und bunter Flox neben schön gepflegtem Gemüse. Der ganze Besitz machte den Eindruck des Wohlstandes und Behagens. Die Knechte und Mägde saßen gerade in der großen Stube beim Vesperbrot. Sie grüßten den Herrn und schauten neugierig auf die fremde Begleiterin.

»Das ist meine Nichte«, sagte er, »die Mamsell Romberger, die jetzt hier auf dem Hof bleibt. Sie soll aufschreiben und später, wenn sie eing'wöhnt ist, verrechnen und die Bücher führen. Denn schau, Gröbner, du weißt ja, was ich sonst auf dich halt, aber mit deiner Schreiberei da wird's immer schlechter. Grad studieren muß ich, bis ich 'rausbring', was dein Gekritzel sein soll.«

Ein weißhaariger Alter, der ausgestanden war, kicherte ein wenig verlegen.

»Haben schon recht, Herr Obermeier. Mit dem Schreiben geht's mir schlecht, mir und meiner Wally auch. Wenn ich mir auch die schönste neue Feder schneid', kaum hab ich's in der Arbeit, nachher ist's schon wieder derdruckt und spritzt und macht an Klecks. Die Händ' sind halt einmal z' hart.«

»Ist ja auch net dein Geschäft«, meinte Obermeier, ihn gutmütig anlachend. »Also des nimmt dir jetzt das Mädel ab, aber freilich muß die Wally sie zuerst einweisen und ihr alles zeigen. Vorläufig heißt's für die Mamsell aus der Stadt halt lernen, gelt, Frieda!«

Die alte Haushälterin hatte mittlerweile Brot, Butter und Honig gebracht und fragte geschäftig: »Soll ich net einen Kaffee kochen? Wär' gleich fertig?«

»Ja, einen guten Kaffee, den mag' ich gern' und einstweilen geh'n wir hinauf in ober'n Stock und die Frieda soll sich das beste Zimmer heraussuchen, des ihr am best'n g'fällt. Platz haben wir ja.«

Ein breiter Flur, in den viele Türen mündeten, zog sich im ersten Stockwerk hin und Frieda tat ordentlich die Wahl weh. Als sie aber dann von dem einen Fenster so herrlich auf die Bergkette schauen konnte, bat sie, rasch entschlossen:

»Wenn ich hier wohnen darf, Herr Onkel!«

»Richt dir nur alles ein nach dei'm Gusto! Die Wally soll dir's Bett überziehen und wenn du noch einen Kommodkasten brauchst, laß ihn dir reinschaffen. Vorderhand hast ja net viel zum auspacken!« lachte er mit einem Blick ans die Reisetasche, die gerade nur das Nötigste faßte. »Jetzt freu ich mich aber auf einen Kaffee!«

In einer kleinen Laube im Freien war der Tisch gedeckt. Blühendes Geißblatt wucherte um das Lattenwerk, es duftete süß nach einer Linde, an der die Sonne schon die ersten weißen Knospen entfaltete.

Frieda war wie in einer Verzauberung, sie vermochte noch gar nicht an die Wirklichkeit zu glauben. So rasch war der Umschwung in ihrem Leben gekommen.

Erst als der Onkel in seinem Einspänner weg gefahren war, versuchte sie überhaupt nachzudenken, sich zurecht zu finden. Aber es überkam sie in der ländlichen Stille bald eine wohlige Müdigkeit und sie schlief so fest und traumlos, daß sie am Morgen, als die Sonne sie weckte, sich eine Weile besinnen mußte, wo sie sei und mit großen Augen in dem fremden Zimmer herumblickte. Aber dann hörte sie das Muhen einer Kuh und Schritte, Stimmen im Hause mahnten sie, daß hier früh die Arbeit beginne, und sie machte sich rasch fertig, damit die Leute nicht denken sollten, die Stadtmamsell wolle es besser haben als sie und die Morgenstunden verschlafen.

Die alte Wally war ja allerdings etwas brummig, als Frieda ihr in den Stall folgte, aber allmählich fühlte sie sich geschmeichelt, als das junge Mädchen sich so bescheiden von ihr unterrichten ließ, wieviel Milch die Kühe gaben, eine solche Freude an den Kälbern hatte und die große Reinlichkeit lobte, die überall herrschte.

Für Frieda war ja das alles eine neue Welt und als sie dann in das Gärtchen hinaustrat, die herrliche Morgenluft einatmete, das ringsum sich regende Leben belauschte, das Gackern der Hühner, das Krähen der Gockel hörte, ward ihr ganz glücklich zumut, als könne sie nie wieder anderes wünschen, als in der Schönheit der Natur unterzutauchen, und über ihr gestern noch so schmerzlich zuckendes Herz kam eine köstliche Ruhe. Ganz fern, ganz weit lag ihr die Stadt, deren Türme und Dächer silbern in der Sonne glänzten, wie ein Gefängnis erschien sie ihr, dem sie glücklich entronnen war.

Die ersten Tage vergingen ihr rasch im Eifer, sich zurecht zu finden. Dann brachte der Bote, der Eier und Butter vom Hof holte, eine Kiste für sie mit ihren Sachen. Man sah es wohl: Tante Theres hatte sie sorgsam eingepackt, aber es lag kein Wort, kein Zettel dabei.

Mit Spannung wartete sie auf den Samstag, den Besuch des Onkels.

»No, wie geht s?« fragte dieser, als er aus dem Wagen gestiegen war. »G'fallt's dir auf dem Hof?«

»Gut geht's mir, Herr Onkel! Wunderschön ist's und ich geb' mir alle Müh', damit Sie z'frieden sind mit mir und ich dableiben darf.«

»Des ist recht. Schaust ja auch schon viel besser aus. Weißt, was dein Vater g'sagt hat: Sein Haus sollst nimmer betreten! Er hat keine Tochter mehr, wenn du net gleich Reu und Leid machst und heimfahrst! Weil ich g'wußt hab, daß du das doch net tust, hab ich dir auch net g'schrieben. Mir sind bös hintereinander kommen, der Herr Schwager und ich. Ich hab's ihm offen g'sagt, daß ein jung's G'schöpf ja trübsinnig werden müßt', wenn ihm gar keine Freud' und gar keine Freiheit vergönnt wird, aber er ist bärbeißiger und giftiger als je. Über die Zeiten hat er g'schimpft und über den rebellischen Geist! Der möcht' am liebsten ein großes G'fängnis aus der Welt machen und alle Leut' einsperren, vor altem die Jungen, die ihm ein Dorn im Auge sind. Mir ist schließlich der Zorn aufg'stiegen und ich hab ihm ins G'sicht g'schrien: »Bleiben's halt allein mit Ihrem bissigen Hund, Herr Stadtrichter! Ich freu' mich, daß ich Kinder hab' und möcht' ihnen das Leben so schön machen wie ich kann, und bei mir hat Ihre Frieda auch eine Heimat.«

Gerührt beugte sich das junge Mädchen nieder und küßte seinem Beschützer die Hand.

»Vergelt's Gott für das gute Wort, Herr Onkel!«

»Weißt, Frieda!« plauderte Obermeier dann weiter, als er in der Laube saß und sich einen Imbiß schmecken ließ, den die Wally gebracht hatte. »Die Theres hat es mir nachher verraten, warum er gar so aus dem Häusel war. Die brave Seel ist auch net zu beneiden mit ihrer Furcht vor dem Bruder. Sie ist also in der Verzweiflung, wie sie dich net mehr g'funden hat, mit ihre schlechten Füß zu der Schwester Euphrosin hingehatscht, weil sie sich gar net heimgetraut hat. Der hat sie den Brief vom Stadtrichter geben und erzählt, daß du ihr ausg'wischt bist. Sie hat g'meint, die Klosterfrau könnt dich vielleicht wieder einfangen. Aber abg'sehen davon, daß die auch keine Hexenmeisterin ist, hätt' die Euphrosin auch gar keine Lust g'habt. Weil jetzt ein anderer Wind von oben her weht, als unter dein Minister Abel, muß sie sich vorsehen, und sie hätt dich gar net aufg'nommen. Mit dieser Antwort ist dann die Theres heim zum Bruder. Da hat er also eine doppelte Wut kriegt: weil du dich davon g'macht hast, und weil er sieht, daß jetzt in Bayern die Dunkelmänner ein bißl ausg'spielt haben. Vielleicht fürcht' er doch, daß auch beim G'richt manches anders werden könnt. Ganz gelb schaut er aus vor lauter Gall.«

Eine leise Regung, wie Mitleid, überflog die Tochter.

»Der arme Vater!« sagte sie leise.

»Tut er dir leid?« fragte Obermeier rasch. »Willst heim zu ihm?«

»Nein! Um Gotteswillen, net!« flehte Frieda gleich erschrocken.

Obermeier lachte, während er sich seine Pfeife anzündete. »Brauchst irgendwas? Fehlt dir nix heraußen?« erkundigte er sich.

»Ein paar Bücher wenn ich haben könnt!« meinte sie. »Für den Abend.«

»Ja, was möchtest denn zum Lesen?« Er schien etwas ratlos. »O mir fallt ein: Ein jüngerer Bruder von mir, der früh g'storben ist, der war so ein Lesratz; von dem muß eine ganze Kisten voll Bücher auf dem Speicher stehn. Die schick ich dir 'raus. Von uns schaut's doch niemand an.«

So kam Frieda, die bisher nur heimlich ein Buch erhascht hatte, in den Besitz einer kleinen, gut ausgewählten Bibliothek, und während sie unter dem freien Himmel, in der ländlichen Arbeit, in der ihr immer noch wundersam erscheinenden Unabhängigkeit körperlich kräftiger aufblühte, weiteten ihr die Gedanken, die Dichtwerke, in die sie sich in der Stille vertiefen konnte, die Seele. Ein Wachsen und Reifen war's für das junge Geschöpf wie in der Natur um sie her. Einer treuen Freundin mußte sie ihr Glück anvertrauen. So schrieb sie einmal an Rosine und es dauerte nicht lange, so kam nicht bloß von dem guten buckligen Mädchen ein warmer Brief; sie sah auch, fast mit einer Regung des Schreckens, die Schrift Kunos wieder. Nun, da er ihre Adresse erfahren, wollte er ihr doch gleich Nachricht geben. Er war in Wien.

»Hier weht eine andere Luft!« schrieb er. »Hier leuchten große Gedanken auf, die mich dichterisch anregen werden. Hier fand ich gleich Gesinnungsgenossen, und ich hoffe, daß meine Werke nicht in der Schublade liegen bleiben werden wie bisher. Ich brauche einen Erfolg, um meinen Vater von meinem Talent zu überzeugen. Wenn er nur den Beifall gehört hätte, den mein Drama »In thyrannos« vor den neuen Freunden gefunden hat! Ich will und muß in die Höhe kommen! Gott sei Dank, daß ich aus München heraus bin, wo sich alles nur um die Lola und die Bierpreise dreht. Glaub nur an mich Frieda, und du wirst sehen, daß einmal mein Name noch genannt wird und du stolz auf mich sein darfst. Du warst erbittert über mich, weil ich dich ernstlich lieb habe, mußte ich in diesem Kampfe zwischen Neigung und Pflicht der Besonnene bleiben. Auch du wirst jetzt ruhiger denken als in jener Stunde der Verzweiflung. Ich darf dich nicht hereinziehen in mein ungewisses Schicksal. In der Nacht noch bin ich fort aus der Stadt – nicht meinetwillen, sondern der großen Sache wegen, der ich diene! Wenn dein Vater meinen Namen herausbrachte, dann traf seine Rache nicht bloß mich, auch alle meine Freunde. Aber ich hoffe, daß wir uns brieflich nahe bleiben, und daß du mir jetzt, wo du aus der Sklaverei heraus bist, ungehindert schreiben wirst und kannst. Harre aus in Treue wie dein

dich liebender

Kuno.«

Frieda las die Zeilen immer wieder, suchte nach einem echten Klange der Sehnsucht, der Zuneigung und seufzte traurig auf. Sie hatte allmählich in der Ruhe und klaren Überlegung versöhnlicher an ihn gedacht. In wilder Aufregung, mit einem Gefühl, als wäre nach dem Bruche mit dem Vater ihr Lebenschiff hinausgestoßen in eine stürmische See, als könnte nur das tollste Wagnis sie retten, war sie zu ihm geflohen, bereit zu dem kühnsten Schritt, mit dem Mut der Verzweiflung. Nun in der gut bürgerlichen Atmosphäre, in der Alltagsstimmung erkannte sie den Wahnsinn, mit dem sie sich an ihn geklammert, von Flucht in die weite Welt geträumt hatte. Sie war bereit, ihm zu gestehen: du hast recht gehabt. Wir durften den festen Boden nicht verlieren, ich wäre doch unglücklich geworden in einer abenteuerlichen Existenz! Man kann nicht ganz aus seiner Haut heraus, auch wenn man das in einer bewegten Stimmung glaubt! Aber hatte er denn wirklich an sie gedacht und nicht bloß an sich? Ohne zu fragen, sich nur zu bekümmern, was aus ihr geworden, die ratlos von ihm fortirrte, war er noch in der Nacht geflohen, in seiner Furcht vor Entdeckung! Nur um der Sache willen, der er diente? Das sagte er wohl. Aber aus den Zeilen klang viel Eitelkeit, viel Ehrgeiz, viel Selbstsucht! O, sie sah es klar: Sie wäre ihm ein Hemmnis gewesen auf seinem Weg zum Ziel. Er mußte über sie hinwegschreiten! Ein Mädchenschicksal, es wog wohl leicht für ihn, der mit so kühnen Hoffnungen in die Zukunft schaute!

Er sollte die Freiheit haben, die er brauchte, zu seinem Flug in die Höhe.

»Ich gebe dir dein Wort zurück!« schrieb sie ihm. »Es muß zu Ende sein zwischen uns. Ich habe es meinem Onkel, der sich liebevoll meiner angenommen hat, in die Hand versprochen, daß ich keine Heimlichkeiten haben werde. Dich aber darf kein Gedanke an mich beschweren! Meine wärmsten Wünsche folgen dir und hoffen für dich und für die Freiheit das Größte.«

Leicht wurde es ihr ja nicht, zu entsagen. Sie war jung und sehnte sich nach Glück und zuweilen im Traume hing sie wieder an Kuno's Arm und fühlte die Seligkeit seiner Küsse. Dann weinte sie beim Erwachen, weil sie nie wieder in sein junges, feuriges Gesicht schauen sollte.

Aber die Wochen gingen hin und die Arbeit, in die sie sich immer mehr einlebte, ließ ihr keine Zeit zu melancholischem Nachsinnen. Sie führte nun nicht bloß die Bücher, sie hatte auch die Kasse zu verwalten und alle Zahlungen gingen durch ihre Hände. Der Onkel lobte ihre schöne Schrift, ihre Gewissenhaftigkeit und Ordnung und sagte oftmals mit seinem gutmütigen Lachen: »Bist ein ganzer Kerl, Frieda! Verdienst einmal einen recht braven Mann! Mach' nur keine Dummheiten mehr!«

In den Ferien kam nun Konrad zuweilen mit dem Vater auf den Hof und die beiden Männer gingen am frühen Morgen in den nahen Wald, dessen Jagdrecht Obermeier gehörte. Wenn dieser sich am Sonntag dann einen langen Nachmittagsschlaf leistete, saßen die jungen Leute beisammen im Schatten und plauderten.

Der Student, der noch nicht gewöhnt war, mit Mädchen zu verkehren, gefiel sich darin, in seiner schüchternen, etwas unbeholfenen Weise der Cousine den Hof zu machen und sich galant und ritterlich zu zeigen.

»Erzähl mir aus der Stadt!« sagte Frieda einmal. »Ist es jetzt ruhiger? Haben die Studenten keine Demonstrationen mehr gemacht? Wie steht Ihr mit den Alemannen?«

Konrad schaute sie sehr verwundert an.

»Daß du davon etwas weißt? Daß du dich dafür interessierst?« rief er. »Dein Vater hat doch ganz gewiß nie von so was geredet, oder nur voll Zorn, weil die neue Regierung nicht nach seinem Geschmack ist.«

Frieda war ein wenig rot geworben. Ihr Einblick in die politischen Stimmungen stammte ja allerdings nicht von zu Hause, den dankte sie Kunos Einfluß.

»No ja. Man liest doch auch allerlei. Freilich, ich hab es nur heimlich tun können«, sagte sie. »Aber grad weil ich selber unter einem so strengen Regiment g'standen bin, versteh ich, wie man sich nach Freiheit sehnen kann und wie oft hab ich mir gedacht: Wär ich doch ein Bub geworben und dürft ich mittun in dem Kampf gegen das Dunkel, gegen Unrecht und Unterdrückung!«

Der junge Vetter schaute sie mit strahlenden Augen an. Seit dem Abend, da sie traurig und demütig an der Tür seiner elterlichen Wohnung gestanden hatte, beschäftigte sich seine Phantasie mit der hübschen Verwandten und die Zuneigung ward zur Schwärmerei, da er nun hörte, daß er in ihr eine Gesinnungsgenossin, eine verständnisvolle Vertraute fand.

»Ich kann dir gar net sagen, wie mir das wohl tut, daß ich mit dir über solche Sachen reden kann!« rief er freudig. »Weißt, daheim, da bin ich ja ganz still. Da heißt's den Mund halten, wenn man net will, daß die andern böse Gesichter machen. Der Vater kümmert sich net viel um Politik, er will seine Ruh haben. Die Mutter schaut net über ihre Hauswirtschaft hinaus, und die Gustel!« Er lachte. »Die denkt an ihre schönen Kleider und laßt unsern Herrgott einen guten Mann sein! Aber unsereiner, der hört so viel. Manchmal wird mir ganz wirr im Kopf. Man weiß oft selber net mehr, was man denken soll in dem Durcheinander.« »Ich bin dir dankbar, Konrad, wenn ich von dir was hör! Mir darfst alles sagen. Ich bin keine Duckmäuserin! Nein, ganz im Gegenteil! Wie's kommt, daß ich neben meinem Vater und der Tant Theres so rebellisch worden bin, das weiß ich selber net! Aber es liegt halt net jedem Menschen, daß er sich blindlings vorsagen läßt, was er denken soll!«

»Da hast recht! Gedankenfreiheit! Das hat der Schiller ja schon lang seinen Marquis Posa sagen lassen, aber wir in Bayern, wir haben heut noch net viel davon«, meinte der Student begeistert. »Eigentlich wär' das doch die Hauptsach, daß man hier auch ein freies Wort sagen und hören darf. Es ist ja besser worden, seit der Abel net mehr Minister ist. Und das verdanken wir eigentlich doch der Lola.«

Frieda fragte etwas überrascht: »Mir scheint, du nimmst die Lola in Schutz? Aber du gehörst doch net zu den Alemannen?«

Da sprang Konrad aber mit Entrüstung auf.

»Nein! Ich bin bei den Bayern! und die Alemannen, die »Lolamannen«, die sind ausg'schlossen vom S. C. Die dulden wir nicht! Weißt, die Lola ist und bleibt ein freches Frauenzimmer, und es ist eine Schand', wenn Studenten sich dazu hergeben, hinter ihr d'rein zu laufen wie ihre Beschützer, und sich noch was einbilden auf ihre karmoisinroten Mützen mit Gold und auf die Paukwichs, die ihnen die Lola dediziert hat. Gegen die ist der Verruf verhängt! Mit denen red'n wir nicht!«

»Verzeih' mir halt, Konrad, daß ich dich mißverstanden hab'!« entschuldigte sich Frieda, über die Entrüstung des Vetters lächelnd. »Ich versteh' die Geschichten halt net so recht und ich hab' g'meint« –

»Ja, das ist's ja eben, was mich manchmal ganz konfus macht!« fuhr der junge Mann fort. »Vor lauter Zorn auf die Lola vergißt man auf alle die Fragen und Wünsche, die jetzt in ganz Deutschland das Volk beschäftigen; auf den Druck, aus dem mir herausmüssen. Wir sollten doch noch was anderes anstreben als g'rad nur, daß wir die Lola los werden.«

Da Frieda ihn so warm und zustimmend anblickte, redete er sich immer mehr in Eifer hinein.

»Einmal – es ist schon eine Zeitlang her – da hat das auch einer offen g'sagt in einer Red', die er bei einer heimlichen Versammlung g'halten hat! Ein Dichter soll er sein, der Kuno Ehrwardt und gut sprechen kann er.«

Frieda hatte sich zu Boden gebückt, als suche sie im Gras nach einem vierblättrigen Kleeblatt, nur um ihr erglühendes Gesicht zu verbergen. Aber Konrad merkte ihre Verwirrung gar nicht.

»Er hat g'sagt, daß wir uns in Bayern in Einzelfragen verzetteln und unsere Kraft vergeuden. Wir müßten einen weiteren Blick haben und höhere Ideale! Da hab' ich auch Bravo gerufen und Beifall geklatscht. Aber, was er dann weiter vorgebracht hat, das war auch wieder so ein überschwängliches Gefasel. Er macht halt auch nur schöne Sprüch. Von Heine hat er zuletzt was deklamiert. »Wir wollen hier auf Erden schon das Himmelreich errichten!« Da haben alle gebrüllt vor Jubel. Aber ich glaub' halt net, daß das möglich ist, und ich mein, wenn er etwas g'sprochen hätt' von Deutschland, von der Einigkeit, die uns not tut, dann hätt' man eher g'wußt, was er will.«

Frieda fühlte sich förmlich beschämt vor dem Vetter, der ihr mit seinen zwanzig Jahren doch so viel jünger erschien als sie selbst. Er hatte sofort aus Kunos Reden das Phrasenhafte, das Unklare herausgefühlt, während sie sich so lange blenden ließ. »Er macht halt Sprüch'!« Konrad ahnte gar nicht, wie sehr er den Nagel auf den Kopf traf, wie der Satz in ihr nachklang.

»Es freut mich, Konrad«, sagte sie recht warm und herzlich, »daß du einen so hellen Kopf hast und so viel gesunden Menschenverstand! Du wirst schon immer das Rechte treffen. Und ich bin dir so dankbar, wenn du mich net für ein dummes Mädel haltst, mit dem man solche Sachen net reden kann!«

»O du! Du bist ganz anders als die andern!« rief er mit glühendem Gesicht. Beim Abschied drückte er ihr so lange die Hand, daß der Vater ungeduldig brummte. »No, no! Wird's bald? Du sagst der Frieda ja Pfüat Gott, als wenn du nach Amerika reisen müßt'!«

Es kamen sehr heiße Wochen und eines Tages wurde das Zimmer neben Frieda für einen Besuch hergerichtet.

»Meine Gustel vertragt die Hitz' net recht!« sagte Obermeier, der am Samstag die Tochter mitbrachte. Sie ist allweil müd', hat kein' Appetit. Jetzt soll sie da heraus auf den Hof in die Sommerfrisch'. Heuer hat sie ja eine G'sellschaft und da wird ihr die Zeit net lang werden! Seid's lustig, Mädeln, gelt!«

Nun klang auch bald helles Lachen durch Haus und Garten. Gustel fühlte sich gleich wieder wohl, und Frieda wurde fröhlich und jung im Zusammensein mit dem herzlieben Geschöpf, das wie ein schönes, junges Tierchen sich gedankenlos und im vollen Glück der Gegenwart freute. Es paßte der schönen Blonden, daß sie auf dem Hof gar nichts zu tun brauchte, schlafen durfte, so lang sie wollte, daß nicht die Mutter rief: »Faulpelz! Nimm eine Arbeit!«, wenn es ihr' gerade behagte, vor dem Spiegel eine neue Frisur zu probieren oder gemächlich herumzutrödeln.

Wenn Konrad, der plötzlich ein eifriger Jäger geworden war, und den es lebhaft auf die Sendlinger Höhe hinauszog, zu Besuch kam, dann gab es kein ernstes Gespräch über die Zeitfragen zwischen ihm und Frieda; sie saßen zu dritt und machten Spiele: Sekretär oder sonst allerlei, was sie noch von der Kinderzeit her kannten, warfen auch Ball im Garten und fanden es herrlich, als einmal einer der Knechte eine Mundharmonika brachte und ihnen einen Ländler aufspielte.

»Das war mein erster Tanz mit einem jungen Mann!« sagte Frieda. »Der erste seit der Tanzstund' im Institut.« Konrad sah sie ganz gerührt an und verliebte sich immer mehr in sie.

Als es zu regnen anfing, fand Gustel, es sei doch eigentlich »fad«, daß man auf dem Hof keinen Menschen zu sehen kriege, und sie hoffe auf ein gutes Wetter am Sonntag zum Kirchgang, worauf Frieda nekkend sagte:

»Man lebt ja ärger als ein Heide, –
Wer sieht mich denn zu Haus in meinem
neuen Kleide?«

Gustel hatte allerdings ein süßes, neues Kleid mitgebracht: zarter Jakonett mit lauter Röschen gemustert, in vielen Volants, die um den Reifrock flatterten und einem weißen Tüchlein. Sie konnte es am Sonntag anziehen und dazu den großen Rosenhut aufsetzen und sie schaute wirklich so allerliebst aus, daß alle Kirchenbesucher sie lächelnd und bewundernd anblickten. Auf dem Heimwege packte sie plötzlich errötend Friedas Arme.

»Er ist wieder da!« flüsterte sie ihr geschmeichelt zu. »Mein Unbekannter! Wie er es nur herausbekommen hat, wo ich bin?«

Am Ende der Dorfstraße kam ihnen ein junger Mann entgegen, der einen sehnsüchtigen, heißen Blick auf die rosige Gestalt warf, ohne einen Gruß zu wagen. Gustel hatte wieder die Lider gesenkt, äugte nur kokett und mit einem leisen reizvollen Lächeln zu ihm hinüber.

»Weißt, Frieda«, plauderte sie, als sie dann weitergingen, »der Herr steigt mir seit vielen Wochen immerfort nach. Ich habe ihn zum erstenmal im Methgärtel g'sehn. Wann ist's denn nur g'wesen? Wir sind dir damals begegnet, wie du vom Grab deiner Mutter kommen bist.«

»Das war am Elisabethtag, am 14. Juni!« sagte Frieda, die sich wohl an jene Begegnung erinnerte, so kurz vor der großen Wendung in ihrem Leben.

»Ja und da hab ich doch die Münchener Tracht ang'habt, in der ich g'malt ‚worden bin. Seit der Zeit ist er immer in der Kirch' oder vor der Kirch', wenn ich herauskomm', und manchmal geht er auch an unserer Wohnung vorbei und wenn ich mit der Mutter einen Spaziergang mach', dann begegnen wir ihm so oft, daß es ihr selber schon aufg'fallen ist. G'rad wie auf dem Bilderbogen: ›Wenn ich in mein Gürtlein geh', will die Blumen gießen, steht ein bucklig Männlein da – fängt als an zu nießen!‹« lachte sie übermütig.

»Aber bucklig ist er net!« meinte Frieda. »Ein schlanker Mensch und er hat ein liebes Gesicht und kluge Augen. Und du weißt gar net, wer's ist?«

Gustel schüttelte den Kopf.

»Wer wird's sein? Ein Student halt oder ein Maler. Ich frag net darnach. Aber das ist komisch, daß er jetzt weiß, daß ich in Sendling bin! Grad ausspionieren tut er mich!«

Sie war entschieden sehr angeregt und erheitert und trieb sich an diesem Sonntage meist in Hof und Garten herum, spielte mit den Katzen, fütterte die Hühner im Bewußtsein, wie hübsch das aussah, wenn der junge Unbekannte gerade vorüberkäme. Frieda beobachtete auch vom Fenster aus, wie das gefallsüchtige schöne Bäschen, anscheinend ganz versunken, ein weißes Kätzchen auf dem Arm hielt und streichelte, als über den Wiesenweg Schritte kamen und ihr Verehrer langsam am Zaun entlang ging. Es war eine kindliche Koketterie, eine harmlose Freude an dem Wohlgefallen, das sie weckte, ohne Wünsche und Begehren nach Liebe. Frieda, die ein heißeres Temperament und ein reiferes Empfinden hatte, fühlte wohl: Gustels Herz schlief noch, war ganz still. Ihrer Eitelkeit genügte das Bewußtsein, daß sie aus der Ferne wie ein Heiligenbild angebetet wurde und sie kümmerte sich gar nicht darum, wer ihr schmachtender Verehrer sei.

Bald darauf, als kühlere Tage kamen, holte Obermeier die Tochter, die er nicht gerne entbehrte, wieder ab und es ward stille auf dem Hof. Im Garten reifte das Obst, es gab Arbeit genug und Frieda hatte nicht Zeit, sich einsam zu fühlen. Sie war ein einziges Mal in die Stadt gekommen, um die Perlenkette der Mutter, die sie in Hast verpfändet hatte, wieder auszulösen. Sie brauchte ja nichts von der Summe, die ihr einmal als einzige Rettung erschienen war; der Onkel gab ihr ein reichliches Taschengeld und sie war so gut versorgt, daß sie kaum etwas auszugeben hatte. Es ward ihr doch recht seltsam zu Mute, als sie an der elterlichen Wohnung vorüberkam, die sie nie wieder betreten durfte, als die Erinnerung an die letzten aufregenden Tage ihr wieder lebendig wurde. Ein Zufall wollte, daß der Stadtrichter eben, feierlich und finster, über den Promenadenplatz schritt, als sie vom Rochusbergl herauskam. Sie blieb neben der Kirche stehen, sah ihn mit dem unzertrennlichen Begleiter, dem Tiras, herankommen, überlegte einen Augenblick mit rasch klopfendem Herzen, ob sie nicht doch auf ihn zugehen, ihn anreden, ihm ein warmes Wort sagen sollte. Aber so grimmig war seine Miene, so unnahbar seine Haltung, daß es ihr an Mut gebrach. Erschüttert von dem Gefühl, daß sie für den eigenen Vater eine Fremde geworden war, das ihr in diesem Augenblick so recht zum Bewußtsein kam, sehnte sie sich nach einem lieben Menschen und ging rasch noch zu Rosine, die sie mit herzlicher Wärme empfing. Wie in diesen Räumen, wo sie Kuno kennen gelernt, die ersten süßen Heimlichkeiten – einen vielsagenden Händedruck, ein geflüstertes Wort, einen raschen Kuß – erlebt hatte, die Erinnerung erwachte mit quälender Wehmut!

Solange Frau Tangl im Zimmer war, konnte Rosine nicht von dem Verwandten sprechen. Von der Tante Theres war die Rede, wie alt sie geworden sei, seit sie allein mit dem gestrengen Bruder hauste, daß sie zuweilen komme, nur um von Frieda reden zu können, denn vor dem Vater durfte ihr Name nicht genannt werden.

Als dann die Mutter in der Küche zu tun hatte, rückte die kleine Bucklige näher zu ihrem Besuch heran und flüsterte betrübt:

»Ist es wahr, Mamsell Romberger, daß zwischen Ihnen und Kuno alles aus sein soll. So traurig hat er mir geschrieben: Auch sie hat sich von mir abgewendet! Sein Vater hat ihn ganz verstoßen, weil er nicht heimkommt, gar niemand hat er mehr! Daß Sie ihn im Stich lassen können – das hätt ich net für möglich gehalten.«

Vorwurfsvoll schauten die schönen Augen der Verwachsenen zu Frieda auf, als wollten sie sagen: Ich wär' treuer!

Frieda lächelte bitter.

»Glauben Sie mir, liebe Rosin! Der Kuno Ehrwaldt hat andres zu denken als an unsereinen. Er will von sich reden machen, er möcht ein großer Dichter werden und er spielte einstweilen schon im voraus im Kaffeehaus den Helden.«

Aber Rosin glaubte ihr nicht. Ihr w a r Kuno der Dichter, der Held in ihrem engen, vernähten Leben, und Friedas kühle Worte mißfielen ihr. Sie blieb scheu und zurückhaltend beim Abschied, so verstimmt und traurig, als wenn ein Roman, in dem sie mit heißem Gefühl gelesen hatte, nicht nach ihrem Wunsche endete.

Frieda kehrte gerne wieder heim in ihre Einsamkeit, zu ihrer Arbeit. Die Perlenkette der Mutter wollte sie nun immer unter ihrem Kleide tragen als einen Talisman.

- -

Die schöne Gustel lehnte wieder einmal am Fenster und schaute auf den weiten Platz herab, auf dem es lebhaft zuging. Es war Oktoberdult; in langen Reihen standen die Buden ausgeschlagen, an denen sich die Menschen prüfend, fragend, kaufend vorüberdrängten. Man hörte das Schreien der Ausrufer, die die Sehenswürdigkeiten anpriesen; in der Menagerie brüllte manchmal eines der wilden Tiere und immerfort drehte sich das Karussell mit den Wagen und Pferdchen, auf denen mit seligem Gesicht die Kinder saßen. Aber am meisten Spaß machte Gustel das Kasperltheater, vor dem sich immer ein großer Zuhörerkreis sammelte. Das Lachen klang bis zu ihr herauf und stimmte sie vergnügt. Es schien ihr stets eine lustige Zeit, wenn sie von ihrer Wohnung aus auf die Dult herabschauen, auch beim Fortgehen durch die Reihen schlendern konnte, um sich einen türkischen Honig oder einen Lebkuchen und »Leckerln« zu kaufen, die sie gerne heimlich naschte.

Ihr heiteres Gesicht wurde plötzlich blutrot.

Der Unbekannte, der ihr nun seit dem Sommer wie ihr Schatten zu folgen pflegte, kam auf ihr Haus zu, warf einen Blick herauf und trat dann in das Tor. Bald darauf wurde geklingelt und eine fremde Stimme fragte nach dem Herrn Obermeier.

Der Vater war zu Hause, hatte schon gleich in der Frühe angeordnet, daß im Salon ein Feuer gemacht werden sollte, weil er einen Besuch erwarte. Was das zu bedeuten hatte? Warum kam der junge Mann? Doch nicht ihretwegen? Dann hätte der Vater doch gewiß irgendwas gesagt, sich erkundigt, ob sie den Soundso kenne, der ihm geschrieben habe? – – Gustel war doch sehr neugierig und gespannt. Gerufen wurde sie nicht. Punkt zwölf Uhr wie immer kam Obermeier in das

Wohnzimmer, wo auch das Lenerl gleich die Suppenschüssel auftrug. Er war sichtlich in guter Laune und machte gar nicht den Eindruck, als sei etwas Aufregendes vorgefallen. Gemächlich band er sich die Serviette um den Hals und aß mit gewohntem Appetit die Leberknödel, die seine Leibspeise waren. Als er dann an einem frischen Glas Bier den ersten Durst befriedigt hatte, sagte er:

»Du, Nanni! Am Sonntag kriegen wir einen Gast! Heut ist nämlich der Adrian Sollbacher bei mir g'wesen mit dem Geld vom Malzausschlag, das er für sein Vater z'rückgezahlt hat.«

Die großen Brauer mußten im Frühjahr den Malzausschlag, die Biersteuer, im voraus erlegen und da es sich hier um bedeutende Summen handelte und es damals in München noch keine Banken gab, bei denen man Geld erheben konnte, war es üblich, daß Bekannte und Verwandte einstweilen Beiträge leisteten und das Geld vorstreckten. Im Herbst, wenn das Bier fertig war, wurde dieses dann mit Zinsen zurückerstattet. Eine Kapitalsanlage, an der sich auch Obermeier gerne beteiligte.

»Er ist ein netter Mensch, der junge Sollbacher und weil er g'sagt hat, daß er so gern einmal mit mir auf meine Jagd in Sendling gehn möcht, und daß es ihm ein besonderes Vergnügen wäre, wenn er meine Familie kennen lernen dürft, hab ich ihn für den nächsten Sonntag eing'laden, damit man alles ausmachen und sich gemütlich miteinander unterhalten kann.«

Gustel hatte sich plötzlich verschluckt und mußte hustend aus dem Zimmer laufen.

»Geh, was hast denn?« zankte die Mutter, als sie mit rotem Gesicht wieder hereinkam. »Kannst denn net aufpassen, wenn du ein Brot ißt?«

»Es ist mir halt ein Stückel in die falsche Gurgel kommen«, entschuldigte sich Gustel verlegen.

»Kennst die G'schichte vom Lehrbuben, der das zu seinem Meister g'sagt hat? Einen Lehrbuben, der zwei Gurgeln hat, kann i net brauchen, hat der nachher g'sagt!« Obermeier erzählte gerne uralte Anekdoten, über die er selbst am meisten lachte.

»Ja, um auf die Einladung z'rückz'kommen: Es muß schon was Ordentlichs her, wenn der Sohn vom Brauer Sollbacher uns die Ehr gibt. Eine Biskuitsuppe mit Bratwürsteln, eine Platten Forellen und nachher natürlich ein schönes Ganserl mit einem Salat und einem Zwetschgenkuchen und noch was Guts zum Wein. Ich laß mich net anschauen, wenn ich einmal jemand einlad.«

Frau Nanni war schon so aufgeregt über das Festessen am kommenden Sonntag, daß sie gleich mit dem Lenerl eingehende Beratungen halten mußte. Obermeier hielt seine Siesta. So kümmerte sich niemand um Gustel und die war froh darum. »Wie gut, daß der Konrad heut net zu Haus g'wesen ist!« dachte sie. Er hätte ja gleich ihre Verwirrung bemerkt und gewußt, warum sie vom Tisch aufspringen mußte. Sie war ja dunkelrot geworden! Sie hatte ihre Überraschung nicht verbergen können. Ihr unbekannter Verehrer, der seit dem Sommer jede Gelegenheit, ihr zu begegnen, ausspähte, das war kein Student, kein Maler, wie der mit dem Samtrock, der ihr schon ein paarmal ein Gedicht geschickt hatte! Nein, das war der Sohn vom Sollbacher, aus einer der reichsten Familien der Stadt München! Wenn der Vater mit solchem Respekt von ihm redete! Wenn er ihn sogar zum Essen eingeladen hatte!

Fast wäre sie mit einem Auflachen herausgeplatzt, als der Vater gesagt hatte: Der junge Sollbacher möchte die Familie kennen lernen! Ihr galt dieser Wunsch! Ihr wollte er sich nähern! Er hatte gewiß nur darauf gewartet, daß er wegen dieser Geldsache ins Haus kommen konnte!

Sie fühlte sich doch recht geschmeichelt! Ein reicher, junger Mann, der unter allen Bürgerstöchtern wählen durfte und der nun monatelang ihr zu Gefallen ging!

Ein wenig bang war ihr allerdings dabei zu Mute. Er würde am Ende gar um sie anhalten! Und sie war doch so gern bei den Eltern. Sie freute sich doch so, daß sie in diesem Winter auf den Ball gehen durfte!

Aber sie schüttelte die Beklemmung ab. Vorläufig war es ja noch nicht so weit, und sie konnte mit neugieriger Spanung dem Sonntag entgegensehen und sich besinnen, was sie anziehen sollte. Am Nachmittag lief sie gleich zu ihrer Schneiderin und bat und drängte so lieb, bis diese ihr das neue blaue Kleid, das sie unbedingt haben wollte, bis Samstag abend versprach.

Die Mittagsstunde war da. Im Salon, wo die grünen Samtmöbel standen, im Glasschrank, über den gemalten Tassen, buntfarbigen Gläsern und allerlei anderem Zierat, Nannis Myrthenkranz hing, saß man steif und feierlich um den runden Tisch über dem geblümten Teppich und wartete auf den Gast. Er traf pünktlich ein. Zuerst bei der Begrüßung herrschte ja ein etwas verlegener Ton. Gustel schlug schüchtern die Augen nieder, die Mutter war voll Unruhe, ob in der Küche auch alles nach Wunsch gehen würde, nur Konrad bemühte sich, ein Gespräch in Gang zu bringen, während Obermeier, der schon Hunger hatte, einige Male gähnte. Aber schon duftete vielversprechend das Ganserl und bald erschien auch die kleine Leni mit glühend roten Backen und rief zur Türe herein: »Die Supp' is ang'richt.«

Adrian Sollbacher wirkte neben dem wuchtigen Obermeier fast zart und unscheinbar. Er war erst fünfundzwanzig, aber er sah älter aus durch den Vollbart, den er trug. Das nach der Mode der Zeit in der Mitte gescheitelte Haar fiel ihm in hübschen hellbraunen Locken um das feine, etwas farblose Gesicht. Ehe er in das Geschäft eintrat, war er in Wien, in Pest, auch in westdeutschen Städten gewesen und man merkte seinem Benehmen an, daß er in der Fremde die altbayerische Derbheit abgestreift hatte. Aber sein Auftreten hatte etwas Bescheidenes, sonst hätte man ihn in der Altmünchnerfamilie wohl gleich »gespreizt« und »fad« gefunden.

Obwohl er gelernt hatte, sich zu beherrschen, gelang es ihm doch nicht, seine glühende Bewunderung für die schöne Haustochter zu verbergen. Jeder Blick, den er auf Gustel warf, war ein Liebesgeständnis. Er verhehlte auch nicht, daß er Mamsell Obermeier und ihre Frau Mutter im Sommer im Methgarten gesehen habe. Er sprach auch von ihrem Bild, das im Kunstverein gewesen war. So schön es auch sei, meinte er, die volle Ähnlichkeit wäre doch nicht erreicht. Das wäre ja auch unmöglich.

»Geh! Machen's mir das Mädel net eitel, Herr Sollbacher!« warf Obermeier lachend hin, fühlte sich aber doch sichtlich geschmeichelt.

»Langen Sie zu! Sie sehen, es ist genug da!« drängte Frau Nanni immer wieder in den Gast, der viel zu zerstreut und zu benommen war, um ihrem Essen die Ehre anzutun, die es verdiente.

Gustel sagte nicht viel, lachte wohl manchmal über einen Witz, den Konrad machte, um die Unterhaltung zu beleben.

Allmählich wurde es gemütlicher. Der Vater, dem es vortrefflich geschmeckt hatte, zeigte beim Wein seine beste Laune und als dann von der Jagd die Rede war, schlug er vor:

»Wissen's was, Herr Sollbacher! Ich laß einen Fiaker holen und mir fahren heut' nachmittag nach Sendling hinauf. Das Wetter ist ja recht schön worden.«

Was kümmerten den Verliebten die Hasen, die er da draußen schießen sollte! Er hatte ja nur durch seine Bitte, in Obermeiers Wald jagen zu dürfen, eine Annäherung gesucht. Aber er stimmte nun mit dankbarer Freude zu. Der Ausflug gewährte ihm ja das Glück, noch ein paar Stunden in der Nähe der Holdseligen zu verweilen und bei der Fahrt durfte er ihr gegenüber sitzen und recht nach Herzenslust das süße Gesicht unter dem breiten Hutrand betrachten, aus dem die blonden Locken hervorquollen. So wurde Frieda mit einem Besuche auf dem Hofe überrascht und hatte so viel zu tun, um den Tisch in der Laube zu decken und in Abwesenheit der Wally Kaffee zu kochen und aus der Speisekammer hervorzuholen, was nur zur Verfügung stand, daß sie nicht Zeit fand, mit Gustel zu plaudern. Sie sah nur, daß das blonde Bäschen wieder das weiße Kätzchen auf dem Arm hielt und zärtlich streichelte, und daß die Augen des jungen Mannes, in dem Frieda gleich den Bewunderer erkannt hatte, der damals im Sommer nach der Kirche an ihnen vorübergekommen war, mit neidischen, heißen Blicken an den kleinen Händen hingen, die das Tierchen liebkosten.

Nach dem Kaffee wollte Obermeier dem Gaste seinen Wald zeigen und diesem blieb wohl nichts übrig, als ein gewisses Interesse für das Jagdterrain zu heucheln, obwohl es ihm schwer fiel, sich von Gustel zu entfernen, die gar nicht daran dachte, die Laube zu verlassen.

»Warum bist denn net mitg'angen?« fragte Frieda sie, überrascht, als sie eine Weile mit Gustel allein war. »Du hast doch seh'n müssen, wie sehnsüchtig der junge Mann dich mit seinen Blicken darum gebettelt hat.«

Gustel schüttelte lachend den blonden Kopf. »Warum denn herumlaufen? Den weiten Weg!« meinte sie, gelassen an den Nüssen knabbernd, die auf dem Tisch standen.

Unbewußt, in aller Kindlichkeit besaß sie die Koketterie, die das Feuer schürte.

Zärtlich, wie um den Verehrer ganz verrückt zu machen, hing sie an Friedas Arm und küßte sie beim Abschied immer wieder in ihrer übermütigen, wie leise berauschten Stimmung.

Als man nach dem bewegten Tage nach Haus gekommen war, und das Ehepaar es sich in seinem Schlafzimmer bequem machte, ließ sich der Vater in den Lehnstuhl sinken, kreuzte die Arme über dem Bauch und die beiden schauten sich mit verklärten Gesichtern an.

»Der Sollbacher!« – – –

»Nein, so ein Glück für die Gustel!« – –

»Ja, der laßt nimmer aus! Der ist ja bis über die Ohren in unser Mädel verliebt!«

Gustel fand es sehr spaßhaft, daß Vater und Mutter an den nächsten Tagen sie so sonderbar gerührt anschauten und so besonders sanft und nachgiebig zu ihr waren. Es gefiel ihr vor allem, daß die Mutter sie nicht mehr zum Helfen in der Küche rief, und daß sie schon am Vormittag ein hübsches Kleid anziehen, nach Herzenslust am Spiegel oder am Fenster stehen und zum Kasperltheater hinunterschauen konnte. Manchmal strich ihr Frau Nanni mit zärtlicher Sorgfalt die Locken zurecht. Es herrschte Erwartungsstimmung bei Obermeiers. Der Salon war immer geheizt und schön abgestaubt; der Vater ging seltener aus als sonst und fragte, wenn er heimkam gleich an der Türe: »Ist wer dagewesen?«

Um elf Uhr am Samstag kam das Lenerl, atemlos, die Treppe heraufgesprungen:

»Jetzt ist grad' ein Zweispänner ang'fahren. Die Sollbachers sind ausg'stiegen. Die machen gewiß ihre Visit. Einen wunderschönen Schal hat sie an und ein seidenes Kleid.«

Frau Nanni eilte in den Flur hinaus, dem Besuch entgegen und knixte fast so tief wie damals vor dem König, als das Ehepaar eintrat.

»Nein, die Ehr! Kommen's nur herein, Madam Sollbacher!« Nach vielen Komplimenten und Umständlichkeiten, wer den Vortritt haben sollte, saßen dann die beiden Frauen mit ihren weiten Röcken auf dem Sofa und während sie höfliche Redensarten tauschten, besahen und prüften sie sich gegenseitig.

Josefa Sollbacher hatte ein kluges Gesicht mit lebhaften Augen, denen nicht leicht etwas entging, und man merkte der temperamentvollen kleinen Frau an, daß sie sich einer gewissen Herablassung bewußt war und keinen Augenblick ihren berechtigten Stolz als die Frau eines Münchener Großbrauers vergaß.

Einstweilen unterhielten sich die beiden Väter, ernsthaft und nüchtern, über Geldfragen, über die Mitgift. Sie schienen rasch ins Reine zu kommen, denn schon nach kurzer Verhandlung schüttelten sie sich die Hände und Gustel wurde hereingerufen.

Nepomuk Sollbacher, ein schlichter, altvaterisch angezogener Mann, mit einem bartlosen unbeweglichen Gesicht, wie aus Holz geschnitzt, war bisher etwas zugeknöpft und unnahbar gewesen. Von

Gustels lieblicher Erscheinung bezwungen, sagte er aber gleich, lebhafter als bisher, mit verhehltem Wohlgefallen:

»Ja, Donnerwetter! Ja, jetzt glaub ich's, daß mein Bub sich Hals über Kopf in die Mamsell Obermeier verliebt hat!«

So schmunzelnd rieb er sich die Hände, so warm schaute er auf das zart-errötende junge Gesicht, daß vom Sofa her seine Gattin mahnte: »No, no, Alter! Verlieb dich nur net auch in das schöne Heiligenbild! Du hast schon eine Frau!«

Ein Lachen milderte den Ton der scharfen, an das Befehlen gewöhnten Stimme und rief eine allgemeine Heiterkeit hervor. Ein wenig feierlich, in schriftgemäßem Deutsch richtete Sollbacher dann an Mamsell Gustel die Frage: Ob er seinem Adrian ihr Jawort bringen dürfe? Mit ihrem Herrn Vater wäre er schon einig geworden und nachdem die Eltern einverstanden wären, läge es nur bei ihr, seinen Sohn glücklich zu machen.

Die schöne Blondine stand mit gesenkten Augen in der Mitte des Zimmers in reizender Verwirrung und schüchtern kam das »Ja« von ihrem süßen Mäulchen.

Was hätte sie anders sagen sollen? An einen Einwand, eine Weigerung war unter den Umständen gar nicht zu denken. Sie sah ja, wie die Gesichter der Eltern ordentlich glänzten vor Seligkeit. Sie fand auch den künftigen Schwiegervater sehr nett.

Nur Frau Josefa sagte, mit ihren scharfen Augen das errötende Mädchen musternd:

»Ja, meine Liebe! Das Schönsein ist schon recht für den Anfang! Aber später, da muß eine Frau in einem großen Haus auch was leisten. Die Mamsell Gustel wird noch vieles lernen müssen. Aber Zeit hat sie ja! Vorläufig bin ich noch da.«

Gustel knixte verlegen und mit etwas schmollenden Lippen. Diese Ermahnung war nicht nach ihrem Geschmack und sie hatte ein dunkles Vorgefühl, daß sie sich vor der kleinen Frau mit dem durchbohrenden Blick und dem Schnurrbart auf der Oberlippe immer ein wenig fürchten würde. Als aber dann der glückselige Bräutigam anrückte, ihr einen wundervollen Smaragdring an den Finger steckte und ihr mit einer, vor Ergriffenheit bebenden Stimme versicherte, er wolle ihr das Leben so leicht, so schön machen, wie es nur überhaupt in eines Menschen Macht liege, da verschwand jede Wolke aus der lichten Zukunft, wie eine glühende Sonne jeden Schatten verdrängt, und auch das dunkle Frauengesicht mit dem Schnurrbartanflug erschreckte sie nicht mehr.

Das Gefühl des Geliebtwerdens erwärmte ihr junges Herz. Sie war die holdseligste, strahlendste Braut.

Die Mutter ward es auch nicht müde, ihr Glück zu preisen.

»Weißt, Gustel, die Madam Sollbacher hat so schöne Spitzen, daß einmal die Fürstin Leuchtenberg zu ihr kommen ist, und hat sie ihr abkaufen wollen. Aber der Sollbacher hat g'sagt: »Was der Frau Fürstin g'fallt, das steht uns auch an, das behalten wir selber!« Recht hat er g'habt! Er hat's ja net nötig, daß er was hergibt. Einmal hat er seiner Frau einen Schal kauft, der der Königin zu teuer gewesen ist! Aber des muß man sagen von der Madam Sollbacher: Wenn sie auch am Nachmittag in der eigenen Chaisen ausfahrt, sie ist eine rührige Frau. Jeden Mittag steht sie in der Küch' und schneid't selber das Fleisch auf, gibt das Essen her für die Bräuknechte und alle die Leut', – so vielleicht an die siebzig. Da derfst dir schon ein Beispiel nehmen und beim Lenerl noch was lernen.«

Obermeier hätte am liebsten allen Leuten auf der Straße die Freudenbotschaft verkündet. Jedenfalls fuhr er gleich am nächsten Vormittag auf das Gut hinaus, um der Nichte die Nachricht zu bringen und Frieda in die Stadt hereinzuholen, weil sie bei den Vorbereitungen zur Verlobungsfeier helfen sollte.

Ein fetter Truthahn, Hühner und Enten vom Gut wurden abgestochen, damit man doch den Bräutigam, wenn er abends kam, gut bewirten konnte, und Frau Nanni wußte gar nicht, wo ihr der Kopf stand, so viel hatte sie zu tun und zu denken. Sollbachers hätten gerne bei sich ein großes Essen gegeben, aber dagegen wehrte sich Obermeier voll Stolz. Den Brauteltern stand das zu, und er war auch nicht auf der Bettelsuppe dahergeschwommen. Die Hochzeit mochte dann in dem großen Hause des Brauers gefeiert werden. Für die Verlobung reichte bei ihm der Platz. Nahe Verwandte kamen nicht viele in Betracht, nur Gustels Taufpatin mit ihrem Gatten, dem Hofapotheker, und Frau Sollbachers Schwester und Bruder wurden außer den Eltern eingeladen.

Frau Nanni hatte allerdings auch ihren Schwager, den Stadtrichter vorgeschlagen, aber Obermeier und Sohn riefen entrüstet:

»Um Gottes willen! Wenn das saure G'sicht am Tisch wär, da müßt uns ja der beste Wein zu Essig werden! Da ging uns der Rahm zusammen vorlauter Schrecken!«

Vor allem aber Gustel, die jetzt den Ton im Hause angab, erklärte: »Frieda wird meine Brautjungfer! Sie muß auch bei der Verlobung sein! Das gibt's gar net anders!«

Frau Nanni hatte ihren Groll gegen Frieda noch nicht ganz überwunden, weil ihr Rat nicht gehört worden war, als die Nichte, schutzsuchend, zu ihnen gekommen war. Sie fand, es sei gegen alles Herkommen, daß das junge Mädchen nicht beim Vater wohne, allein draußen auf dem Hofe hause. Aber als Frieda ihr nun so tüchtig half und so fleißig die Hände regte, wurde sie doch einigermaßen mit ihr ausgesöhnt.

Frieda sah alle die Liebe und Verwöhnung, die sich um das schöne Bäschen häufte, wie heiß die Blicke des Verlobten an ihr hingen, mit einer Gefühlstiefe, mit einer Kraft der Empfindung, die sie einem Manne kaum zugetraut hätte. Es war nicht Neid, was sie überkam, mehr eine wehmütige Erkenntnis, als gäbe es eben auserlesene Glückskinder, die auf der Sonnenseite des Lebens stehen, von allein Licht umstrahlt und wiederum andere, wie sie selbst, die sich schon im Schatten zurecht finden müssen, um die es kühl bleibt und dunkel.

Freilich, in ein Paar junger Augen glühte auch für sie ein Funke; aber sie hätte ihn lieber dämpfen, als anblasen mögen. Der Vetter Konrad zeigte bei dem Verlobungsessen deutlicher und lebhafter seine Schwärmerei für die Kusine, als es der Frau Obermeier lieb war. Sie merkte an der Miene der Tante, deren Gunst sie sich in den letzten Tagen kaum erworben hatte, wie sehr die Aufmerksamkeit, die Konrad ihr schenkte, ihre Mißbilligung erregte. Immer wieder erhob der Student das Glas, um ihr zuzutrinken: »Sollst leben, Frieda! Dein Wohl! Als er dann ein Vielliebchen mit Frieda gegessen hatte und schon etwas angeheitert, zu laut sagte: »Wenn ich es gewinn, gelt, dann krieg ich einen Kuß!«, da zankte seine Mutter höchlichst entrüstet:

»Jetzt die Dummheiten da! Das ist bei uns net der Brauch! So was kann ich net leiden!« Aber Frieda machte noch eine unerwartete Eroberung.

Sie hatte in aller Stille für die Gäste gesorgt, gleich gesehen, wo ein Glas leer war, dem bedienenden Mädchen manchmal einen Wink gegeben und ohne viel Aufhebens das Ganze geleitet; denn Frau Nanni war zu aufgeregt, und Gustel kümmerte sich um nichts. Auf Wunsch des Bräutigams trug sie das Riegelhäubchen, mit dem er sie zum ersten Male gesehen, lächelte und ließ sich bewundern.

Madam Sollbacher aber beobachtete genau, und da sie, als reiche Frau, seine Rücksicht kannte und jeden Gedanken, der ihr durch den Kopf ging, aussprach, auch wenn sie eine Taktlosigkeit beging, rief sie einmal laut über den Tisch herüber:

»Man sollt' gar net denken, daß der ungute Stadtrichter eine so nette Tochter hat, wie Sie, Mamsell Romberger. Ja, die Frieda, die g'fällt mir! Die sieht was, tut was; die ist gescheidt! Des merk ich gleich, ehvor ich noch viel mit ihr gered't hab'! Des wird einmal eine tüchtige Frau! Sie, Mamsell Frieda, wenn's Ihnen einmal beim Obermeier net mehr g'fallt, nachher kommen's nur zu mir. Bei mir hätten Sie 's auch net schlecht!«

Gustel achtete nicht auf die kleine Bosheit der künftigen Schwiegermutter, aber Frau Nanni verzog ärgerlich das Gesicht. Sie merkte wohl, daß dieses auffällige Lob eine Spitze gegen ihre Tochter kehrte, die in ihrem Selbstbehagen nichts sah, nichts tat. Aber zum Glück hatte man schon so viel getrunken von dem guten Extrabier, das der Bräuer geschickt hatte, von den feinen Weinen aus Obermeiers Keller, daß keine Verstimmung aufkam.

»Nein, Madam Sollbacher! Da wird nix draus! Unsere Frieda, die brauch' ich selber sehr notwendig. Die laß ich net her!« rief Obermeier lachend. Frau Nanni aber verzieh der Frieda diese Bevorzugung nicht und um ihr zum Bewußtsein zu bringen, daß sie eigentlich in einer dienenden Stellung, nur aus Gutmütigkeit bei ihnen aufgenommen sei, packte sie ihr einen ganzen Korb zugeschnittener Leinwand zusammen, zum Nähen und Einsticken. »Du mußt schon auch bei der Aussteuer helfen! Im Winter hast ja draußen net viel Arbeit!«

Um so herzlicher war die Braut der jungen Verwandten zugetan. Um ihr etwas Liebes zu erweisen, brachte sie ihr ein hübsches eingelegtes Kästchen von ihrer Taufpatin, mit Süßigkeiten gefüllt:

»Weißt, Friederl, ich krieg ja vom Adrian immer wieder was zum Schlecken! Grad verwöhnen und verhätscheln tut er mich, als wollt' er mich ganz verzuckern!« lachte sie.

»Hast ihn denn auch lieb? So recht von Herzen lieb? Er verdient es nach seinen treuen warmen Augen!« sagte Frieda ernsthaft. Ihr, die selbst schon eine große Enttäuschung erfahren hatte, war ein wenig bang um den jungen Mann, der mit so heißer Seele an dem kindischen Mädchen hing.

»Freilich hab' ich ihn gern!« beteuerte Gustel. »Nur schau: ich hätt doch noch tanzen mögen. Heuer hätt' ich auf einen Ball dürfen! Jetzt weiß ich net, ob noch was d'raus wird!«

Die Heirat war allerdings erst für das Frühjahr festgesetzt worden, trotz aller Ungeduld des Bräutigams. Frau Nanni hatte erklärt, gar so eilig wär's nicht und früher könnt' die Aussteuer nicht fertig werden, denn ihre Tochter müßt' doch von allem sechs Dutzend mitkriegen und bis man alles beisammen hätt'! »Vor dem neunzehnten Geburtstag der Gustel geb ich's net zu!« Freilich seufzte sie zuweilen über die vielen Besuche des verliebten Adrian und redete diesem eifrig zu, doch manchmal auf die Jagd hinauszugehen.

»Ich kann's oft gar net mehr anschauen, allerweil das Getu und Gebussel«, gestand sie ihrem Gatten im ehelichen Schlafgemach. »Manchmal hab' ich wirklich Angst, er frißt mir das Mädel noch auf vor der Hochzeit vor lauter Lieb'.«

Gustel fand das Verlobtsein sehr hübsch und drängte gar nicht nach der Hochzeit. Im Winter hatte sie ihrem Bräutigam, der ihr nichts abschlagen konnte, wenn sie mit zärtlichem Bitten das Köpfchen auf seine Schulter legte, die Erlaubnis, einmal auf einen Ball im Kasino gehn zu dürfen, abzuschmeicheln gewußt.

Vom ganzen Hause kam man zusammen, auch die Kellnerinnen und Mägde aus der Wirtschaft fanden sich ein, um die Mamsell Obermeier in ihrem Ballstaat zu betrachten. Das Lenerl konnte steh kaum fassen vor Bewunderung für das zarte Kleid aus leichtem weißen Stoff mit Rosenranken, die Schneppentaille, die sich glatt an die zierliche Gestalt anschloß, die Rosenberthe um die entzückenden weißen Schultern und den Rosenkranz über den Lockenbüscheln.

»Unser Gustel muß doch die Allerschönste sein!« meinte sie. Das Lenerl hatte recht.

Die schöne Obermeier war ja geradezu eine Berühmtheit geworden, seit ihr Bild in der königlichen Galerie hing, und es galt für eine besondere Auszeichnung, eine Tour mit ihr zu erringen.

Gustel flog in einem süßen Taumel von einem Arm zum andern, gab sich rückhaltlos dem Tanzrausch hin und ahnte gar nicht, welches Opfer ihr Adrian darin brachte, wenn er, blaß vor Eifersucht, in der Insel stand und ihr nachblickte.

Einmal und nicht wieder! dachte er. Ich ertrag es ja nicht!

Und sie jubelte: O wär nur jeden Tag ein Ball und dürft ich tanzen – tanzen, bis ich umfall!

In allen Augen, denen sie begegnete, war ein zärtliches Leuchten, jede Stimme klang schmeichelnd, sie war wie eingehüllt in eine rosige Wolke der Bewunderung und fühlte, daß ihr Anblick Freude weckte.

Gleich am Eingange des Saales hatte sie ihre Tanzkarte den heranstürmenden Herren überlassen, sie wußte kaum, wer ihr vorgestellt worden war, wer seinen Namen aufgekritzelt hatte. Eigentlich war es ihr gleich, wer sie holte, wenn er nur gut tanzte.

Nun kam ein Schottisch und ein junger Mann mit einem ernsten Gesicht und dunklen Locken verbeugte sich vor ihr und bot ihr seinen Arm. Erst erkannte sie ihn gar nicht. Dann besann sie sich: das war ja der Maler, der ihr nach der Sitzung im Atelier, damals, als der König dagewesen war, die Rose und das Gedicht in die Hand gedrückt hatte. Weil die Erinnerung an jenen Tag sie immer wieder freute, lächelte sie unbefangen zu ihm auf. Aber sie sah zu ihrem Befremden eine finstere Miene und der junge Mann flüsterte mit grollendem Ton: »Ist es wahr, ist es wahr, daß Sie sich verlobt haben?«

Er sprach norddeutschen Dialekt, der ihr fremd klang und seine düsteren Augen, seine leidenschaftlich vorwurfsvolle Frage brachten sie in Verlegenheit. Sie nickte bejahend.

»Mit dem Bräuerssohn!« knirschte er zwischen den Zähnen. »Er hat Sie sich erkauft mit Diamanten und Perlen! Auch die Jugend, auch die Unschuld tanzt um das goldene Kalb!«

So unerwartet war ihr nach all den lieben Worten, die sie gehört, dieses zornige Ballgespräch, daß sie verwirrt, verständnislos für seine Anklage, stammelte:

»Ich weiß gar net, was Sie wollen! Mein Bräutigam hat mich lieb, unendlich lieb!«

»Er darf Sie lieb haben!« raunte er ihr zu, sich zu ihrem Ohr herabbeugend. »Hatte ich Sie nicht auch lieb? Haben meine Verse Ihnen nicht gesagt, wie ich für Sie glühe! Aber er ist der Reiche! Er darf die Hände ausstrecken nach dem kostbaren Gut! Für mich haben Sie kein liebes Wort gehabt, keinen freundlichen Blick! Und Sie hätten sich abgewendet, wenn ich es gewagt hätte – – – Nur ein Maler! Nur ein Künstler! Man muß ein Haus haben, man muß mit Bier Geld verdienen, um Gnade zu finden.«

Gustel senkte die Augen und machte ein schmollendes Gesicht. Der ekelhafte Mensch! Was wollte er denn von ihr? Als ob sie je einen Preußen, einen Ausländer, hätt' heiraten dürfen! Wenn sie gewußt hätte, daß der Maler ihr eine unangenehme Szene machen wollte, dann würde sie die Tour einem anderen gegeben haben. Es waren ja so viele da, die einen Korb bekommen hatten! Sie wollte lustig sein! Lachen! Zum Glück waren sie nun an der Reihe und konnten den Schottisch beginnen und sie brauchte nichts zu erwidern, um mehr auf die reizende Melodie zu lauschen, sich zu wiegen in ihrem Takt.

Aber Adrian, dessen Blicke ihr folgten, hatte bemerkt wie leidenschaftlich ihr Tänzer sich zu ihr herabgeneigt, wie verlegen sie geworden war, und er trat nun auf diesen zu und stieß, ziemlich kurz angebunden, die Worte hervor: »Bitte um eine Extratour.«

Einen Augenblick kreuzten sich feindselig die Blicke der beiden Männer. Raudolf besann sich, ob er die Bitte nicht abschlagen könne. Aber er sah, wie erfreut Gustel dem anderen zulächelte und trat blaß und gekränkt zurück.

»Was hat es gegeben?« fragte Adrian beunruhigt, als er die Arme um sie geschlungen hatte. »Ist der Mensch frech zu dir g'wesen? Er soll es bereuen.«

»Nein, Schatzi! Frech war er net. Er hat nur so fad dahergeredet! Voll Zorn, daß ich mich verlobt hab! Daß ein Reicher alles haben könnt'! Vom goldenen Kalb hat er was g'sagt – – von Diamanten und Perlen! Ein recht dumm's G'schwätz. – – Ich weiß gar net, was er will, der Preuß', der eingebildete« – – –

»Ich werde dem Burschen meine Meinung sagen!« flüsterte Adrian mit aufblitzenden Augen. Sie sah zum ersten Male, wie zornig und leidenschaftlich sein Gesicht werden konnte, das sie bisher nur sanft und zärtlich gesehen hatte.

»Aber geh, Adrian! Verdirb mir doch net meine Freud! Schau, meinen ersten Ball! Wegen dem Menschen da! Ich kenn ihn ja kaum und ich versprech dir, daß ich nie wieder mit ihm tanz! Zuwider ist er mir! Gelt, du bist lieb und machst keine G'schichten!«

Ihrem süßen Geschmeichel, ihrem Kinderblicke konnt' er nicht widerstehen. Schweigend führte er sie ihrem Tänzer wieder zu; schweigend trat er zurück. Aber der Maler sah, wie sie Adrian zunickte, ihn anlächelte und sprach nun kein Wort mehr, führte sie stumm an ihren Platz neben der schon ein wenig schlummernden Mutter zurück und verbeugte sich in finsterem Ernst.

Eine Weile verdarb der Zwischenfall dem blonden Kind die strahlende Laune. Aber die Musik spielte einen Walzer, und Gustel flog wieder davon wie ein lustiger Schmetterling und war selig. –

Bei Obermeiers hatte man viel zu viel mit der Aussteuer, mit den eigenen Angelegenheiten zu tun, um auf die gärende Stimmung in der Stadt zu achten. Nur Konrad stand als Student mitten in dem aufgeregten Treiben; oft kam er zu Frieda hinaus auf den Hof, um doch mit einer verständnisvollen Seele über das zu reden, was er erlebte, da er in seiner Familie kein Gehör fand.

Die Spannung zwischen den Korps und den Alemannen, die sich in Lolas Dienst gestellt hatten, deren Gönnerin sie war, wurde immer erbitterter. Einmal brachte Konrad eine Nummer des »Punsch« mit und las der Cousine erregt die Verse vor:

> Ein Heer von dunkelroten Mützen
> Schart sich, um dieses Weib zu schützen!
> Der Burschen deutungsvolles Band
> Wird übles Zeichen, nichtiger Tand,
> Der Schläger, der dem Recht gebührt,
> Wird von entweihter Faust berührt!
> Da bricht der Unmut kochend los – –

Aber was soll denn jetzt g'schehn? Was wollt Ihr tun?« fragte Frieda, in das heiße Gesicht des jungen Vetters aufblickend.

Der alte Rektor Thiersch hat eine Rede gehalten, weißt, und wir haben ihm versprochen, daß wir Ruh halten wollen. Aber du wirst seh'n, lang dauert das nicht und es gibt schon noch was.«

Als Konrad in den Februartagen wieder nach Sendling hinaus kam, war er ganz geladen mit Nachrichten, kampflustig und flammend vor Entrüstung.

»Hast du gehört, Frieda«, rief er, »daß bei der Beerdigung vom alten Görres, der ein heftiger Gegner der Lola war, im letzten Augenblicke die Trauermusik und der Fackelzug verboten worden sind? Und am Abend sind einige Burschenschaftler der Lola begegnet und natürlich voll Widerwillen an ihr vorübergegangen. Das freche Weib fordert sie ja geradezu heraus. Da hat sie laut gerufen: »Wenn das Benehmen der Studenten sich nicht ändert, werde ich veranlassen, daß die Universität geschlossen wird!«

»Geh! Es ist gewiß auch net alles wahr, was man sich erzählt!« suchte Frieda den Erregten zu beruhigen.

»Du wirst schon seh'n! Die setzt ihren Willen durch! Wie's in der Universität zugeht, da machst du dir ja gar keinen Begriff! Jedesmal, wenn sich ein Alemanne blicken läßt, dann wird gejohlt. Was hilfts, daß der Fürst Wallerstein eine wunderschöne Rede gehalten hat, um die Studenten an den Dank zu erinnern, den sie dem Könige schulden! Fast geweint hat er, der alte Herr! Aber sobald man die »Lolamannen« sieht, da schwillt jedem die Zornader. Einmal haben wir sie mit Pfeifen und Johlen zur Universität hinausgedrängt und verfolgt bis zu den Arkaden. In ihre Stammkneipe zum Rottmanner haben sie fliehen müssen. Aber denk' dir, was passiert? Im Hofgarten, wo die Leut' auf die Wachparad' warten, bummeln ein paar Studenten herum. Da kommen einige Alemannen an ihnen vorbei und Graf Hirschfeld, einer von den allerfrechsten, dreht sich um und schlagt einem von den Studenten ins Gesicht! Der ist ein friedfertiger Mensch, für den alle Korps Partei nehmen. Jetzt ist aber auch unsere Geduld zu End! Die Studenten haben ein Memorandum an den Senat geschickt und gefordert, daß das Korps der Alemannen aufgelöst werden muß! Noch haben wir keine Antwort, aber das war eine Stimmung gestern abend auf der großen Kneip, die der S. C. im Ottosaal in der Au einberufen hat!

Ich sag dir: Ich freu' mich, daß ich das miterlebt hab'. Wie wir das schöne Lied gesungen haben: »Brüder zu den festlichen Gelagen«, da war allen ganz feierlich zumut und die alten Herren haben feuchte Augen gehabt vor Begeisterung!«

»Ich dank' dir, Konrad, daß du mir alles erzäblst!« sagte Frieda mit warmer Anteilnahme. »Ich hör' ja gar nichts da heroben in Sendling, und du weißt, daß ich ein lebhaftes Interesse für die Sachen hab'!«

»Ja, Frieda, du bist nicht so wie unsere Gustel, die dem König in allem recht gibt, weil er gesagt hat, sie sei ein schönes Mädel, oder wie die Mutter!« meinte Konrad lachend, aber mit einem warmen erregten Händedruck.

In den nächsten Tagen stand wirklich am schwarzen Brett zu lesen, daß die Universität geschlossen werde auf königlichen Befehl.

Nun konnte auch Obermeier sich nicht mehr vom allgemeinen Unwillen frei machen und seine Ruhe behaupten. Es kochte die Volksseele. Die Bürger sahen ein, daß diese strenge Maßregel auch sie schwer traf, denn die Gaststätten, die Zimmervermieter verloren ihre Einnahmen und der Geldsäckel von vielen war bedroht. Die Luft war mit Zündstoff geladen.

Vor dem Universitätsgebäude hatte sich am Morgen eine Abteilung Kürassiere aufgepflanzt. Aber der Rektor, der bei der herrschenden Erbitterung einen Zusammenstoß fürchtete, verlangte von dem Kommandanten, daß er sich mit seinen Leuten in entferntere Straßen zurückziehen sollte, und nachdem dies geschehen war, gelang es dem greisen Gelehrten auch durch gütige, warme Worte die jungen Gemüter zu beruhigen.

Später reihten sich dann die Studenten zu einem langen Zuge zusammen, dem sich auch verschiedene Bürger anschlossen und brachten dem Rektor vor dessen Hause eine Ovation. Er hielt vom Balkon herab eine Ansprache, versicherte auch, daß er für die ärmeren Studenten, denen es an Mitteln für die ihnen aufgezwungene Heimreise gebreche, nach besten Kräften sorgen wolle.

Dann zog man zum Fürsten Wallerstein, vom Karlstor zur alten Akademie, wo dieser wohnte. Man rief ein feuriges Lebewohl zu den Fenstern hinauf, man sang die alten Lieder »Frei ist der Bursch« und »Der Gott, der Eisen wachsen ließ, der wollte keine Knechte!«

Vielleicht wäre alles ruhig abgelaufen, aber von der Michaelskirche her kam Gendarmerie zu Fuß und zu Pferd, die auf Befehl ihres Hauptmanns, eines Freundes der Lola, sofort von der Waffe Gebrauch machte. Gerüchte liefen durch die Stadt von vielen Verwundeten und Toten und nun ergriff die Empörung immer weiter um sich. Lola wagte es, um die Mittagsstunde auf dem belebten Odeonsplatze zu erscheinen, weil sie um ihre getreuen Alemannen bangte. Wieder hatte Graf Hirschfeld einen Skandal heraufbeschworen, weil er, von einer lärmenden Schar verfolgt, mit einem langen Degenstock gegen einen Studenten stieß, den er aber zum Glück nicht traf. Die Waffe wurde ihm abgenommen, aber es steigerte die allgemeine Entrüstung, daß der Gendarm sich weigerte, ihn zu verhaften, und die Alemannen in ihre Stammkneipe entkommen ließ.

Als Lola, trotz aller Abmahnungen, jeder Gefahr trotzend, aus dem Wagen gestiegen war, trat ihr ein junger Student, ein Hüne von Gestalt entgegen, den sie schon lange als einen ihrer erbittertsten Gegner haßte. Sie wagte es, ihm mit einer Ohrfeige zu drohen. Er aber ergriff ihr Handgelenk und drückte es so fest, daß sie aufschrie vor Schmerz. Nun nahm auch das Volk eine gereizte Haltung ein. Man bewarf Lola mit Schmutz, schrie ihr Schimpfnamen zu und wollte zornig auf sie einstürmen, bis sie sich doch entschließen mußte, in der Kirche eine Zuflucht zu suchen.

Der Haß gegen die Tänzerin und ihren Einfluß hatte den Siedegrad erreicht. Es waren verschiedene Strömungen, die aus getrennten Lagern zusammenwirkten, aber sie wendeten sich gegen die Regierung und vereinten sich in der allgemeinen Unzufriedenheit. Die Bürgerschaft, die sich auf dem Rathause versammelte, forderte die Entfernung der Gräfin Landsberg, die Absetzung des Hauptmanns, der den Befehl zum Angriff gegeben hatte, und die Wiedereröffnung der Universität. Minister Berks stellte in Aussicht, daß die Vorlesungen im Sommersemester wieder beginnen dürften, »wenn die Bürger sich zufriedenstellend benähmen«. Mit dieser Antwort konnte man sich nicht abfinden lassen. In der Nacht ging es unruhig zu. Die Menge zog zum Hause der Lola, bewaffnete sich mit Latten von einem Gartenzaun und konnte nur mit Gewalt zurückgehalten werden, das Heim der Verhaßten zu erstürmen.

Am nächsten Tage wogte eine erregte Schar durch die Straßen, man zog vor die Residenz; eine Abordnung, die eine Adresse der Bürger zu überreichen hatte, verlangte zum König vorgelassen zu werden.

Bald kam der Bescheid: Es sei alles bewilligt. Die Universität würde am nächsten Montag wieder eröffnet werden, und die Gräfin Landsberg habe den Befehl erhalten, die Stadt zu verlassen. Das rief lauten Jubel hervor, auch auf der Universität, wo der Rektor in der großen Aula verkündete, den Alemannen seien ihre Pässe zugestellt worden. Aber die einmal erregte Stimmung ließ sich nicht sofort beruhigen. Vor dem Rathause fanden Kundgebungen statt: die Studentenschaft dankte den Bürgern für ihr Eintreten und vor dem Hause des Rektors erklangen wieder begeisterte Hochrufe aus Hunderten von jungen Kehlen.

Ein Volkshaufen war vor das Haus der Lola an der Barerstraße gezogen, um sich zu überzeugen, daß sie auch wirklich abreise. Sie erschien auf dem Balkon, zeigte eine Pistole und rief: »Tötet mich, wenn Ihr den Mut habt!« Man warf mit Steinen nach ihr, und die Trotzige mußte von ihren eigenen Leuten in den bereitstehenden Wagen gedrängt werden. An dem Fenster erschien noch einmal ihr Kopf und sie streckte zornig die Zunge heraus. Dann fuhren die Pferde in sausendem Galopp durch die Gasse, die das Militär durch die feindselige Menge bahnte. Nun war aber kein Halten mehr. Man drängte durch die geöffneten Türen in das Haus, zertrümmerte die Fensterscheiben, zerstörte den kleinen Wintergarten und war schon im Begriff, auch die Wohnräume zu durchwühlen. Da erschien der König, ohne Begleitung, ohne Schutz, allein. Seine Unerschrockenheit flößte der Menge Respekt ein. Freilich klang ihm manches böse Wort nach, ballte sich mancherlei Faust, griff auch der eine oder andere nach einem Straßenstein. Aber man wagte doch nicht, weiter vorzudringen, und die Menge zerstreute sich, murrend und schimpfend in den Straßen.

Während die Polizei genug zu tun hatte, um das erregte Volk in Schach zu halten und das sich breit machende Gesindel zu überwachen, verließ der Stadtrichter Romberger in seiner steifen gravitätischen Haltung das Gerichtsgebäude an der Augustiner Straße. Langsam und finster ging er dahin, hinter ihm der Hund, verdrossen und übellaunig wie der Herr.

An der Mauer des Dechanthofes stand ein Mann mit blassem Gesicht und tiefliegenden Augen. Aus diesen düsteren Augen schoß ein Blick leidenschaftlichsten Hasses auf den Vorübergehenden.

Tiras knurrte. Der Stadtrichter beachtete den blassen Menschen nicht, merkte auch nicht, daß hinter ihm Schritte kamen, dumpf, hart, wie ein unerbittliches Schicksal.

Romberger machte einen kleinen Umweg. Er ging durch die Maxburg, weil es hier ganz menschenleer war.

Die Schritte folgten ihm.

Als er unter den Torbogen an der alten Burg trat, flog vor die Füße seines Hundes ein Stück Fleisch. Tiras war bei aller Verdrossenheit kein Kostverächter. Er blieb an die Stelle gebannt, ließ seinen Herrn weiter gehen und beschäftigte sich mit dem guten Bissen, der ihm so unerwartet zugefallen war.

Mit ein paar rascheren Schritten war der Mann mit dem blassen Gesicht und den finsteren Augen an Rombergers Seite.

»Stadtrichter!« raunte eine heisere, zornbebende Stimme. »Auf diesen Augenblick habe ich mich seit Jahren gefreut! Nur damit ich diesen Augenblick erleben darf, habe ich mein Elend ausgehalten! Sechs Jahre war ich eingesperrt! Wegen Hochverrat. Nur wegen einer Schrift, die ich verfaßt habe. Und weil ich auch noch Protestant bin! Du warst schuld! Meine Frau ist gestorben! Meine Kinder sind wegen der Schande fort nach Amerika. Du bist schuld an allem! Du! Aber jetzt kommt auch die Vergeltung! Jetzt gehörst mir! Einem Menschen, der nichts mehr zu fürchten, nichts mehr zu verlieren hat! Ruf deine Spitzeln, wenn du Zeit hast! Ich schaff mir mein Recht!«

Schon krachte ein Schuß und Romberger stürzte, schwer getroffen, auf das Pflaster nieder. Der pflichtvergessene Tiras stürzte nun freilich mit wütendem Gebell auf den Fremden zu und wollte ihn angreifen. Ein heftiger Schlag auf den Kopf warf ihn zurück und winselnd kroch er an die Seite seines Herrn.

Niemand hatte den kurzen Auftritt bemerkt. Der Mörder konnte sich an dem Stück Stadtmauer, das hier noch erhalten war, entlang drücken, ohne gesehen zu werden und dann ohne besondere Hast das Tal erreichen, wo er sich in einen abgehenden Stellwagen setzte. Er war schon auf der Fahrt, weit draußen vor der Stadt, als man den Bewußtlosen fand, der neben dem toten Hunde lag.

Der Anschlag auf den Stadtrichter rief bei der herrschenden Stimmung natürlich große Beunruhigung hervor. Man flüsterte von einer Verschwörung, von heimlichen Verbindungen, von einem Zusammenhange mit den Umtrieben der italienischen Carbonari. Man mutmaßte und erzählte sich seltsame Gerüchte, schwelgte in abenteuerlichen, aufregenden Vorstellungen, während man doch sich heimlich befreit fühlte: Den sind wir los!

Aber der Stadtrichter war nicht tot. Man hatte ihn in seine Wohnung gebracht, einen Arzt geholt und er war wieder zu sich gekommen. Freilich, die Verwundung schien schwer und besorgniserregend.

Frieda saß in der großen Stube auf dem Hof und nähte bei der Kerze an den Kissenbezügen für Gustels Aussteuer. Sie schaute verwundert auf, als ein Wagen vor dem Hause hielt. In der späten Stunde? Sie erkannte gleich den Schimmel, fühlte sich aber doch beunruhigt, als Konrad eintrat. Sein Gesicht war so ernst.

»Du mußt dich gleich fertig machen, Frieda! Ich komm, um dich abzuholen. Zu deinem Vater – – Es geht ihm schlecht. Wie ich g'hört hab, daß er versehen worden ist, bin ich sofort in den Stall und hab selber den Schimmel eing'spannt. Sonst hätt' ich dir's erst morgen g'sagt. Aber wer weiß, ob er die Nacht überlebt. Es wär dir gewiß arg, wenn du ihn nicht mehr geseh'n hättest!«

Frieda war sehr bleich geworden. »Ist er krank, der Vater? Ich weiß ja von gar nichts.«

Konrad schüttelte den Kopf.

»Es nützt nichts, wenn ich dir's auch verheimlichen möcht. Man hat auf den Onkel geschossen. Wer's g'wesen ist, das weiß man nicht; auf der Straß' ist er g'funden worden.«

Frieda war gleich bereit. Schweigend saß sie im Wagen. Konrad kutschierte selbst. Er fühlte, daß sie in dieser Stunde keinen Anteil nehmen konnte an den Vorgängen in der Stadt, darum überließ er sie ihren Gedanken und schaute nur zuweilen mit einem warmen lieben Blick zu ihr zurück, gab ihr durch seine Miene zu erkennen, daß er ihr voll Mitleid nach fühlen konnte, was diese Heimkehr in das Haus des Vaters für sie bedeute.

»Glaubst du, daß der Vater mich seh'n mag?« fragte sie einmal angstvoll.

»Schau, Frieda! Ich mein, versuchen mußt du's halt, damit es dich nicht später reut. Darum hab' ich auch nicht lang überlegt und bin gleich heraus zu dir.«

»Vergelt dir's Gott, Konrad!« sagte sie herzlich beim Aussteigen und drückte ihm traurig die Hand.

Vor dem Hause des Stadtrichters standen müßige Neugierige, die zu der beleuchteten Wohnung hinaufschauten. Als der Wagen anfuhr, drängte man sich heran:

»Das ist die Tochter!« sagte einer.

Und eine böswillige Alte bemerkte: »Der schlagt's G'wissen!«

Man flüsterte und schwatzte.

»Eine Liebschaft soll sie ang'fangen haben und nachher hat der Vater sie davong'jagt.«

»Geh, wer weiß? Er war ein harter Mensch! Recht g'schicht's ihm!« meinte ein junger Bursche.

Tante Theres kam, verweint, an die Wohnungstüre, als Frieda klingelte.

»Du! Woher weißt denn? – – Du traust dich her?« stammelte sie, ratlos, ob sie das Mädchen einlassen oder fortweisen sollte.

Frieda fragte bewegt: »Lebt er noch?« Und da die Tante betrübt nickte, schritt sie auf die Schlafstube zu und trat leise über die Schwelle. Es roch nach Weihrauch; auf einem weißgedeckten Tischchen brannten ein paar Kerzen; eine Klosterfrau saß neben dem Bett und betete den Rosenkranz, leise die Lippen bewegend.

Frieda blieb schüchtern stehen, ergriffen von den fahlen spitzen Zügen, die schon den Todesstempel trugen.

Nach einer Weile schlug Romberger die Augen auf, schien die Tochter zu erkennen und machte ein Zeichen mit der Hand, das sie wohl so deuten konnte, als winke er sie zu sich heran.

Sie trat schluchzend näher.

»Nicht weinen!« sagte eine matte Stimme. »Bin froh, wenn's zu End ist!« Eine Weile murmelte er Unzusammenhängendes. Dann, wie sich erinnernd, fragte er mit einem wärmeren Ton, als ihn Frieda je von ihm vernommen hatte:

»Ist es wahr, daß sie unglücklich gewesen ist, deine Mutter?«

In tiefer Reue fühlte das junge Mädchen, wie grausam sie gewesen war, wie unverwischbar und unvergeßlich ihre Worte ihn getroffen hatten.

»Sie war traurig, weil sie krank war. Das Herz war ihr schwer. Aber sie hat nie über Sie geklagt. – Verzeihen Sie mir, Vater! – –«

»Ja, ja! Das Leben! Es ist nicht leicht!« seufzte er und wieder verwirrten sich ihm die Gedanken.

Frieda stand vor dem Bett des leise Wimmernden als eine Gerichtskommission eintrat, um, wenn es irgend möglich wäre, den Stadtrichter zu vernehmen. Vorläufig fehlte jeder Anhaltspunkt, wer den Mord an dem Beamten verübt haben könnte.

Haben Sie den Mann erkannt, Herr Stadtrichter?« fragte der Kommissär, als Romberger beim Eintritt der Männer die Augen aufschlug. Das spitze, fahle Gesicht nickte.

Können Sie uns den Namen nennen?«

Romberger schien sich zu besinnen. Aber das Gedächtnis versagte.

»Sechs Jahre war er eingesperrt, hat er gesagt. – – – Ich hab nur meine Pflicht getan. Wenn ich geirrt hab' – es ist nicht meine Schuld. Strenge – sie muß sein! Werden schon sehen, wohin man kommt mit der Nachsicht –«

Die Lider fielen ihm wieder zu. Unruhig tasteten die Hände über die Decke. Der Arzt kam und verbot, den Sterbenden noch weiter mit einem Verhör zu quälen.

Um Mitternacht, als im Wohnzimmer die Uhr zum Zwölfuhrschlag aushob, war es zu Ende.

In tiefer Ergriffenheit drückte die Tochter ihm die Augen zu und lange stand sie vor dem erstarrten Gesicht, das auch in der Todesruhe finster und hart blieb. Es war nicht der herzzerreißende Schmerz um den Verlust eines Nahestehenden, den sie empfand. Der Vater war ihr ja lange schon verloren gewesen, und sie hatte ihn immer nur gefürchtet, so weit sie sich auf ihre ersten Kindereindrücke besann. Es war mehr ein erschütterndes Mitleid mit ihm, der ein so dunkles Leben gehabt, sich und anderen keine Freude gegönnt hatte. Strenge! Strenge!

War es nicht fast sein letztes Wort gewesen? Aber das gallige schwere Temperament, das ihn zu seiner Lebensauffassung bestimmte, war es nicht mehr ein Fluch, der auf ihm lag, als eine Schuld?

Als am nächsten Morgen zu Obermeiers die Todesnachricht kam, hielt es Frau Nanni für ihre Pflicht, um den Schwager zu weinen, als wenn ihr der liebste, teuerste Angehörige weggestorben wäre.

Ihr Mann, den dieses heftige Schluchzen das Behagen beim Frühstück störte, sagte schließlich ungeduldig:

»No, hör nur auch wieder einmal auf! Ärger könnst ja net flennen, wenn ich umbracht worden wäre! Und du hätt'st keine Ursach, dich um den Stadtrichter gar so z'grämen, nachdem er deine Schwester und ihre Tochter grad net zum besten behandelt hat!«

»Laß mich aus mit der Frieda! Ich hab's gleich g'sagt, das ist kein Benehmen nicht, wie die ihrem Vater davong'laufen ist! Jetzt wird's wohl Reu und Leid machen. So ein Ungehorsam kann ihr kein Glück bringen! Aber Ihr habt ihr immer die Stang gehalten.«

Eben kam Konrad zum Frühstück herein, ein wenig verkatert, aber zugleich in erregter und gereizter Stimmung, denn er war erst nach Mitternacht von der großen Studentenversammlung heimgekehrt, die im Prater stattgefunden hatte.

Kampflustig brauste er auf.

»Auf die Frieda laß ich nichts kommen!« schrie er ungewöhnlich heftig die Mutter an. »Warum soll sie Reu und Leid machen? Der Stadtrichter hat sie selber aus dem Haus g'wiesen. Hätt sie sich vielleicht ins Kloster sperren lassen sollen? Sie ist das gescheiteste und beste Mädel, das ich kenn!«

»Jetzt da muß ich bitten!« ereiferte sich Frau Nanni. »Man wird doch noch bei sich daheim seine Meinung sagen dürfen! Mir ist allerlei zu Ohren kommen, warum mein Herr Schwager die Frieda in eine Zwangserziehung hat geben wollen. Er wird schon seine guten Gründ g'habt haben! Man erzählt sich manches – – –«

»Ich fordere von jedem Rechenschaft, der über die Frieda ein unrechtes Wort sagt!« rief der Student. »Sag mir, wer etwas über sie vorbringt. Er soll mir Red steh'n, wenn er die Schneid dazu hat.«

»Ja was geht denn dich die Frieda an?« schrie Frau Nanni mit ihrer höchsten Stimme. »Was hast denn du dich um ihren Ruf zu bekümmern?«

»Ich bin ihr Vetter und ich wäre stolz darauf, wenn ich als ihr Beschützer für sie eintreten dürft!« Der junge Mann sprach's mit pathetischer Geberde und seine Augen blitzten.

»Jetzt, da schau her!« grollte die Mutter. »Man könnt wahrhaftig meinen, du wärst verliebt in die Frieda!«

Für Konrad gab es in seiner Stimmung keine Hemmungen.

»Ich hab sie auch lieb, und wenn sie mich will, so soll sie meine Frau werden!«

Obermeier lachte dröhnend.

»Du bist wohl net bei Trost!«

Aber Nanni nahm die Sache nicht so leicht.

»Da siehst es jetzt, da hörst es jetzt, Obermeier! Ich hab's gleich g'sagt: Man soll des Mädel net aufnehmen. Dem Buben hat sie ganz den Kopf verdreht. Mit Händ und Füß wehr ich mich dagegen! Ein Student und heiraten und sie ist noch dazu ein paar Jahr älter als er –«

»Reg dich doch net auf, Nanni«, meinte Obermeier gleichmütig.

»Hast sie denn schon g'fragt, ob sie dich mag, Konradel?«

»Nein – ich weiß doch, daß ich warten muß und überhaupt –«

Die Mutter brummte ungehalten weiter. Du wirst schon seh'n, – – es kommt noch dazu. Der Frieda tät das passen – – Den Buben kann sie ja um den Finger wickeln.«

»Meine Ruh will ich jetzt haben!« Obermeier war die Geduld gerissen, und wenn er einmal zankte, dann erschrak Frau Nanni. »Kein Wörtel wird mehr geredt über diese Dummheit! Die Frieda wird dem Konrad schon den Kopf zurechtsetzen, und es g'fallt mir von ihm, wenn er nichts auf sie kommen laßt! Der Stadtrichter war ein unausstehlicher Kerl, das sag ich auch, wenn er tot ist, und ich bin zufrieden mit der Frieda! Sie ist fleißig und tüchtig nnd damit basta!«

Aber gerade, weil sie einmal nicht das letzte Wort behalten hatte, blieb Nanni recht verdrossen. »Geh, was haben's denn, Mutter?« schmeichelte Gustel, die etwas verspätet am Frühstückstisch erschien und nun erst erfuhr, daß der Onkel verschieden war. Ihr Eindruck war nur: O je. Jetzt muß ich ein paar Wochen lang schwarze Kleider anziehen und der Adrian mag doch das rosa und das blaue so gern! –

Scharen von Menschen drängten sich neugierig zu der Beerdigung des Stadtrichters; es gab auch finstere Mienen, feindselige Gesichter.

Frieda kniete beim Gottesdienst in der Dreifaltigkeitskirche vorne im Betstuhl. Dann versammelten sich die Verwandten in der Sakristei.

Gustel fiel ihr zärtlich um den Hals, auch Adrian drückte ihr herzlich die Hand, aber die Tante Nanni zeigte sich fremd und kalt, schaute höchst ungnädig über die Nichte hinweg.

In der freudlosen Wohnung, bei dem Gebrumm und Gekeif der Tante Theres, die zwischen Tränenströmen doch immer wieder mit der Magd zankte, überkam Frieda wieder der ganze Jammer ihrer ersten Jugendjahre und sie begrüßte den Onkel, der sie aufsuchte und ohne lange Einleitung in seiner geraden Weise, gleich fragte: »No was ist's? Gehst wieder 'naus auf den Hof?« wie einen Erlöser.

»Aber freilich! Ich laß doch meine Arbeit net im Stich!«

Theres fing wieder zu weinen an. »Und ich – ich soll allein in der Wohnung bleiben?« schluchzte sie auf.

»Mamsell Romberger, wenn Sie mögen, laß' ich Ihnen auf dem Hof ein Zimmer heizen und Sie können draußen wohnen, so lange Sie wollen«, sagte Obermeier gutmütig.

Aber ein Aufenthalt außerhalb der Stadt, int Winter, schien dem alten Mädchen eine Unmöglichkeit.

»Ich mach' meine ergebene Danksagung – – Ich kann doch die Urschi net allein in der Wohnung lassen und draußen ist die Kirch' so weit weg. Ich möcht auch net fort vom Herrn Benefiziaten, g'rad jetzt, wo ich einen geistlichen Zuspruch so nötig hab'.«

So fuhr Frieda allein mit Obermeier nach Sendling hinaus, und unterwegs faßte sie sich ein Herz und fragte:

»Was hat denn die Tant' Nanni gegen mich, Herr Onkel? Ich weiß wirklich net, was ich ihr zu leid getan hab'?«

Obermeier lachte. »Ja schau, unser Konradel, der Spitzbub, der hat neulich g'sagt: Dich möcht er heiraten! Und das ist ihr halt in die Nas' g'fahr'n. Des derfst ihr net verdenken. Er ist ja auch wirklich noch z' jung.«

»Der Konrad – mich!« rief Frieda. »Aber die Frau Tant' kann doch net glauben, daß ich von dem Unsinn was weiß! Er ist ein lieber Kerl, aber doch noch ein Bub'!«

»Das hab' ich ja auch gleich g'sagt, daß das nur von ihm so ein dummer Einfall ist! Mußt ihm halt vernünftig zureden. Die Studenten, die sind jetzt ganz aus dem Häusel mit ihre Versammlungen und Kommers und meinen, ihnen g'hört die Welt, weil sie ihren Willen durchg'setzt haben!«

»Der Konrad ist wie ein jüngerer Bruder für mich. Um zehn Jahre älter komm' ich mir vor!« sagte Frieda traurig. »Richten's das der Frau Tant' aus, Herr Onkel! Das bissel Zuneigung, das er für mich hat, darf sie mir wohl vergönnen!«

In der noch winterlichen Landschaft, unter dem schweren Himmel überflutete Frieda ein tiefes Gefühl der Verlassenheit.

Obermeier, der ihre ernste Miene sah, tröstete mit seiner gewohnten Gemütsbehaglichkeit:

»Nur net den Kopf hängen lassen! Meiner Alten, der werd' ich schon ein Licht aufstecken, und es wird alles wieder recht. Am Montag geht der Konrad wieder auf die Universität und nachher gibt's in der Stadt auch wieder Ruh'.«

*

So rasch, als Obermeier meinte, kehrte in München aber die alte Gemütlichkeit nicht ein, um die es ihm und vielen anderen braven Bürgern hauptsächlich zu tun war.

Die Nachricht von der März-Revolution in Paris erregte die erhitzten Gemüter. Die Lola war allerdings fort, aber der Minister Berks, ihr Günstling, blieb noch am Ruder. Man brachte vor seinem Hause eine Katzenmusik. Von Nürnberg her wurden größere wichtige Forderungen erhoben, die an die Regierung gestellt werden sollten. Man verlangte gleiche Rechte für alle Glieder des Volkes, Aufhebung der Standesprivilegien, Freiheit der Presse und Öffentlichkeit des Gerichtsverfahrens.

In einer Bürgerversammlung auf dem Rathause war eine neue Adresse an den König beschlossen und von vier Münchener Bürgern »knieend« überreicht worden. Vor der Residenz stand Kopf an Kopf die Menge und als keine Antwort kam, die Abgesandten nicht zurückkehrten, wurde ein gefährliches Murren laut. Hetzer und Streitlustige schürten die Ungeduld. Schließlich stürmte man auf das Zeughaus und bewaffnete sich mit Hellebarden, Flinten, Morgensternen und Degen. Auch die Bauern aus der Umgegend zogen mit Heugabeln und Sensen heran, um das Chevaulegerregiment, das, wie man hörte, von Augsburg hergerufen sei, aufzuhalten. Es wurde Generalmarsch geschlagen, und Fürst Wrede ließ vor der Residenz Kanonen auffahren.

In dem Augenblick der höchsten Spannung, kurz bevor es zu einem blutigen Zusammenstoß kam, sprengte Prinz Karl heran und verkündete mit lauter, über den dicht besetzten Platz hin dröhnender Stimme:

Der König habe die Bitte der Bürger bewilligt, es sollte den Wünschen des Volkes Rechnung getragen und die Kammern einberufen werden.

Nun erscholl allgemeiner Jubel; auf Schubkarren fuhr man die Waffen wieder zurück ins Zeughaus. Das Revolutiönchen war beendet.

In München herrschte Feststimmung, alles bummelte durch die beflaggten Straßen und genoß die schöne Gelegenheit zum Feiern; Männer und Frauen trugen die Nationalfarben.

Aber Ende März gab es ein neues politisches Ereignis, das zuerst eine gewisse Unruhe hervorrief: König Ludwig hatte zwar der Zeitströmung nachgegeben, aber er konnte sich mit dem neuen Geiste, der im Volke lebendig geworden war, nicht befreunden und entschloß sich, zugunsten seines Sohnes Maximilian abzudanken.

Nun erinnerte man sich in München doch wieder dankbar an alles, was der König für die Stadt getan, wie populär er gewesen, wie man ihn als deutschgesinnten Fürsten verehrt hatte, und gerade sein stolzer Verzicht auf den Thron gewann ihm die Herzen wieder.

Unter den Vielen, die treu zu ihm hielten und es kaum glauben wollten, daß sie ihren guten König Ludwig verlieren sollten, befanden sich auch die Frau Nanni Obermeier und ihre Tochter, die gewisse Hofbeziehungen zu besitzen meinten, seit Gustels Bild in der Residenz hing und sie durch die Majestät so freundlich ausgezeichnet worden waren.

»Schau, Adrian!« sagte Gustel zu ihrem Bräutigam. »Wer weiß, – wenn der König mich net hätt malen lassen, wenn ich damals net das Riegelhäubchen aufg'habt hätt, nachher wär ich dir gar net aufg'fallen. Also verdanken wir unser Glück doch dem König Ludwig!«

Aber er flüsterte lächelnd ihr ins Ohr: »Ich mein, ich hätt dich immer g'funden, Schatz! Du warst schon für mich bestimmt! Ich kann mir das Leben ja gar net denken ohne dich!«

Frieda hatte einen Brief von Kuno bekommen, der sie schmerzlich verstimmte. »Eben lese ich in der Zeitung, daß ein Unbekannter an deinem Vater zum Rächer geworden ist für alle Unterdrückten, auch für dich! Heil dir! Nun bist du frei von dem Tyrannen!«

Die Worte taten ihr weh. Fühlte er denn nicht, daß die Tochter, trotz aller Entfremdung, von dem jähen Ende des Vaters erschüttert sein mußte? Hatte er jedes Verständnis für ein weibliches Herz, jede Fähigkeit des Mitempfindens verloren? Vielleicht nie besessen?

Er selbst höhnte voll Entrüstung über seine Eltern: »O diese Philisterseelen, die keine Ahnung haben von dem Geiste der Zeit. Ich bin ihnen ein Bummler, ein Nichtstuer! Als ob ich nicht Tag und Nacht arbeitete für den großen Kampf, der nun endlich begonnen hat! Ich schreibe, schreibe! In das Volk hinaus fliegen die Blätter und streuen Freiheitsgedanken aus! Ich darbe, denn mein Vater will mich durch Versagen aller Geldmittel zur Heimkehr zwingen. Aber ich hungere mit dem Volk und verlier den Mut und die Begeisterung nicht! Schon tagt die große Befreiung: Metternich ist geflohen; die alte Zeit, das alte Österreich ist gewesen! Wir haben den Sieg errungen! Wir, die Jugend, die Studenten!

Die Stunde ist des Lichts gekommen,
Was wir ersehnt, umsonst erfleht,
In jungen Herzen ist's erglommen
Der Universität!
Du wirst mitfühlen, mitjauchzen!«

War sie eine andere geworden in diesen einsamen Wochen, in der stillen ländlichen Arbeit? Sie konnte nicht mehr mit Kuno schwärmen wie ehedem und vermochte ein banges Gefühl, als berauschte er sich mit klingenden Worten, mit dem Nachreden fremder Gedanken, nicht los werden. Dämmerte wirklich in den Umwälzungen, die sich allenthalben vorbereiteten, die von tausend heißen, jungen Herzen ersehnte Freiheit? Wie ein tiefer Schmerz war es ihr, daß sie die Begeisterung nicht mehr finden konnte, die, so lange sie Kuno liebte, sie so mutig und zuversichtlich gemacht hatte. Sie gestand sich ja, daß es echt weiblich sei, wenn sie mit dem Vertrauen auf den Einen auch ihren ganzen Glauben an die große Sache verloren habe! Aber sie kam nicht darüber hinweg: Es schien ihr nun so vieles Schlagwort, zielloses, wirres Gestammel. »Er macht halt Sprüch'«, hatte Konrad gesagt, und der Satz klang ihr immer wieder im Ohr. Hatte im Grunde der Vater nicht recht, wenn er ihn einen Bummler, einen Nichtstuer nannte? Er saß wohl auch in Wien im Kaffeehause oder in der Kneipe und wartete auf das, was kommen sollte. Wie konnte er in dieser Unruhe die nötige Sammlung zu einer dichterischen Arbeit finden? Oder träumte er von einer großen politischen Rolle? Was sollte aus ihm werden, wenn seine ehrgeizigen Wünsche sich nicht erfüllten?

Ach, sie hatte ja ihre Liebe für ihn begraben, aber in einem Frauenherzen bleibt immer noch eine warme Stelle für den Mann, der ihm einmal teuer war. Mitjauchzen konnte sie nicht. Aber Mitleid hatte sie mit ihm. Er sollte nicht hungern, nicht darben! Ohne Begleitschreiben sandte sie eine kleine Summe an die angegebene Adresse nach Wien. Sie hatte von ihrem Vater nur ein recht bescheidenes Kapital geerbt. Bei der schlechten Besoldung der Beamten, bei seiner Unbestechlichkeit war der Stadtrichter nicht imstande gewesen, viel zu ersparen. Einen Teil des Vermögens hatte er gerechterweise für seine Schwester bestimmt, die ja für sein Studium einmal Opfer brachte. Theres hatte sich entschlossen, in ihre kleine Heimatstadt, nach Plattling, zurückzukehren. Die Möbel und die Einrichtung waren in einem von Obermeier zur Verfügung gestellten Raum untergebracht worden. Frieda hätte sich niemals entschließen können, die alte Wohnung, an der für sie nur traurige Erinnerungen hingen, zu beziehen. Aber wenn sie auch nur wenig besaß, sie wollte kein müßiges Leben führen und konnte immer verdienen, was sie brauchte. Ein Geldopfer traf sie demnach nicht schwer. Wie gerne würde sie alles hingegeben haben, wenn sie vermocht hätte, den begeisterten Glauben sich zurückzukaufen, mit dem sie einmal in Kunos feuriges junges Gesicht geblickt hatte!

Es kam bald eine Antwort aus Wien:

»Geehrte Mamsell Romberger!

Da Sie mir auch nach dem Tode Ihres Vaters kein Wort der Anrede mehr gönnen, muß ich wohl glauben, daß Sie sich ganz von mir abgewendet haben. Auch Sie sind jetzt im Lager der Satten, der Zufriedenen, der Spießbürger, die nur ihre Ruhe haben wollen, was den Münchnern ja stets die Hauptsache gewesen ist! Nachdem Sie mir und der großen Sache der Freiheit treulos geworden, würde ich mich schämen, von Ihnen etwas anzunehmen. Ich habe die gesandte Summe an die Kasse unserer Vereinigung angewiesen und lege Quittung bei. Der Freiheit soll sie dienen! Wer dürfte jetzt an sich denken? Vom Stefansturm weht die schwarz-rot-goldene Fahne in der Morgenluft! Großes wird! Alles frohlockt! Die Zensur ist aufgehoben. Man wird endlich schreiben und reden dürfen in Österreich! Was liegt in solchen Zeiten daran, ob man reich oder arm ist! Aber Sie gehören ja nicht mehr zu uns! In tiefem Schmerz über Ihren Verrat an der Liebe und an dem heiligen Kampfe.

Kuno.«

Im Grunde gefiel es Frieda ja, daß er zu stolz war, ihre stumm angebotene Hilfe anzunehmen. Aber war es nicht ein seltsames Verdrehen der Tatsachen, wenn er sie der Treulosigkeit, des Verrates beschuldigte? Hatte er sie nicht im Stiche gelassen, er sie nicht fortgeschickt, mitleidlos abgeschüttelt, als sie verzweifelt bei ihm einen Halt gesucht? Nun paßte es ihm, den Gekränkten zu spielen, sich selbst rein zu waschen und sie als Abtrünnige hinzustellen!

Unwahr, unecht war dies alles! Sie war zu nüchtern geworden, um sich noch von seinen Worten blenden zu lassen!

Aber die Einsamkeit lastete auf ihr, jetzt, da so Aufwühlendes in der Welt geschah und sie wie abgeschnitten blieb von all den großen Ereignissen, nur ab und zu ein Blatt erhaschte, das Kunde gab von den Aufständen in Wien, in Berlin. Nie hatte sie sich so verlassen gefühlt wie in diesen Frühlingswochen.

Es war ein stiller Sonntagnachmittag. Die alte Wally saß mit ihrem Gebetbuch in der Sonne, ihr Mann rauchte zufrieden auf der Hausbank seine Pfeife. Die Knechte und Mägde waren in der Stadt. Jedes hatte seine kleinen Feiertagsfreuden. Nur in ihr war eine Unruhe, daß ihr auch die Bücher keinen Trost boten.

»Grüß Gott, Frieda!« rief plötzlich eine helle Stimme zum offenen Fenster herein. Draußen stand Konrad mit der Studentenmütze auf dem blonden Kopf. Es tat ihr wohl, sein junges Gesicht zu sehen.

»Lieb, daß du kommst!« sagte sie herzlich. »Wenn es dir recht ist, gehn wir miteinander spazieren!« Sie kam mit dem Hut und der Mantille zu ihm heraus und streckte ihm die Hand entgegen. Aber er schien nicht so fröhlich wie sonst, und seine Begrüßung war steif und fremd.

So schön war's unter dem blauen Himmel mit den zarten silbernen Wolken, in dem Hellgrün der blumigen Wiesen. Als sie mit dem ausgespannten Sonnenschirm neben dem Studenten herging, hob sich vor ihnen eine Lerche empor, Amseln jubelten in den knospenden Sträuchern; von ferne klangen Kirchenglocken.

Der gewohnte vertrauliche Ton wollte sich nicht finden lassen. Ernst und schweigsam schaute er vor sich hin. Nun erinnerte sie sich an die Worte des Onkels. Lieb hatte er sie! Und so rührend ernst war es ihm mit seiner Neigung, daß er gleich an Verloben und Heiraten dachte und sogar vor den Eltern den Entschluß bekannte! Und sie sollte ihm vernünftig zureden! Er stimmte sie ganz wehmütig! Nein, sie wollte dieses junge Herz nicht verlieren, das ihr zugetan war und ihn mit keinem Lächeln über seine kindische Schwärmerei verletzen.

»So dankbar bin ich dir, daß du gerad heut gekommen bist, Konrad!« sagte sie warm. »Als ob du's geahnt hättest, wie einsam mir zu Mut war.«

»Geh, was liegt dir denn an mir?« rief er, grollend, mit trotzigen Augen. »Du lachst ja nur über mich! Ich bin nur ein Bub, gelt! – – Der Vater hat es zu Haus gleich erzählt. Ich wär auch net herauskommen, aber ich habe mich zum Freikorps gemeldet. Morgen muß ich auf die Wachtstub. Wer weiß, ob ich so bald freie Zeit hab. Da hab ich dir doch noch Adieu sagen wollen. Vielleicht wer kann heutzutag sagen, was noch kommt. Vielleicht – – – gibts doch auch in München noch einen Kampf! In Berlin da waren ja viele Tote auf den Barrikaden. Wir sollen eintreten für die Ruh und Ordnung.«

Er sprach es mit finsterem Gesicht, ohne sie anzusehen und sie hörte aus seiner Stimme den Schmerz einer tiefen Gekränktheit. Sie hätte es sich ja denken können, daß der Onkel auch dem Sohn ihre Antwort erzählen würde, daß er in seiner derben Art keine Rücksicht habe für die zarten Empfindungen eines jungen verliebten Herzens. Wie leid er ihr tat, der liebe Kerl! Nichts traf ja in diesem Alter einen jungen Menschen härter, als wenn er nicht für reif gehalten, als Bub behandelt wurde.

Sie legte sanft ihre Hand auf seinen Arm.

»Schau, Konrad. Was dein Vater erzählt hat, weiß ich net; ich weiß nur, daß manches Wort aus einem dritten Munde ganz anders klingt, als es g'meint war. Ich komm mir ja wirklich alt vor gegen dich. Du und die Gustel, Ihr habt es immer so gut g'habt und seid in rechtem Frohsinn aufg'wachsen. Bei uns, da war's dunkel und trübselig. Ich kann mich gar net erinnern, daß ich als Kind hätte einmal übermütig sein dürfen. Da wird man frühzeitig ernst, net wahr? Aber wie kannst glauben, daß ich lach' über dich. Wen hab ich denn außer dir, der wirklich an mir hängt? Gewiß, dem Herrn Onkel muß ich dankbar sein, daß er sich um mich angenommen hat und die Gustel ist immer recht lieb! Aber sie hat ihren Bräutigam, sie hat so viele Menschen, denen sie freundlich zulachen muß! Du aber! – Weißt, schon an dem Abend, als ich ganz trostlos zu euch kommen bin, wie du mir die Tür aufg'macht hast, da war mir gleich leichter um's Herz. »Der Konrad hilft mir! Der Konrad, der meint's gut mit mir!« das hab' ich sofort gefühlt, und seitdem bist auch wie ein Bruder zu mir g'wesen. Wie kannst denn glauben, daß ich dich net ernst nähm! Meinen besten, meinen einzigen Freund auf der Welt!«

Er war rasch versöhnt von ihrer warmen lieben Stimme und wendete ihr sein glühendes junges Gesicht wieder zu.

»Gelt, das bleibst auch? Auf dich kann ich mich immer verlassen?« bat sie ihn anlachend. »Wir zwei verstehn uns und lassen uns net auseinanderbringen!«

»Ich geh durchs Feuer für dich!« gelobte er, stolz auf ihr Vertrauen, geschmeichelt in seiner jungen Männlichkeit.

Unter einer schon leicht grünenden Birke wuchsen Veilchen. Ihre ernsten Gespräche vergessend, bückten sie sich und sammelten in kindlicher Freude über den Fund einen Strauß; der Duft umschwebte sie, als sie langsam zurückschlenderten auf den Hof. In zartem Blau standen die Berge, die Stadt lag unter ihnen mit schimmernden Dächern und Kirchenkuppeln, überragt von den alten zwei Türmen. Über den Westhimmel zog sich leuchtendes Gold hin und, weich gestimmt von der Abendschönheit, nahmen sie Abschied voneinander.

Am andern Tag begann Konrads Dienst beim studentischen Freikorps, und Frau Nanni nickte befriedigt, wenn er von dem lustigen Leben in den Wachtstuben erzählte, wo es nie an Bier und Essen mangelte und die Nächte fröhlich verspielt wurden. Die achte Kompagnie Bavaria, der Konrad angehörte, vollbrachte sogar eine Tat und trieb die Volksmassen auseinander, als auf das Gerücht, Lola wäre wieder in der Stadt, eine aufgeregte Menge wieder das Zeughaus stürmen wollte. Begeistert kam er nach Hause und die Eltern Obermeier erzählten allen Bekannten von ihrem heldenmütigen Sohn und freuten sich, daß er die Liebes- und Heiratsgedanken vergessen zu haben schien.

Konrads elegische Stimmung verflog allerdings in dem Soldatentreiben, und bald hatte er ein Erlebnis, das ihm deutlich zeigte, wie schön doch die Freiheit sei, und wie wenig er noch zur Treue reif war. Er war mit den Kameraden auf den Zacherlkeller hinausgewandert, wo sich in den Frühlingstagen die Münchener in Scharen zusammenzufinden pflegten. Der Ausschank des Salvatorbiers! Es war immer ein Volksfest, das man mit Behagen und voll Heiterkeit genoß. Aber in diesem Jahre herrschte ein weniger gemütlicher Ton als sonst. Es wurden politische Reden gehalten, verschiedene Hetzer verschafften sich Gehör, der berauschende Trunk erhitzte die Gemüter und man war rasch bereit zu lärmender Auflehnung. In den heißen Saal voll Tabaksdunst fiel ein zündender Funke:

»Die Maß Salvator soll heuer 11 Kreuzer kosten? Das lassen wir uns net g'fallen!« schrie eine zornige Stimme.

»Recht hat er! Des lassen wir uns net g'fallen!« brüllten Hunderte ihm nach. Unter wüsten Lärmszenen wurde eine Adresse an den Brauer Zacherl verfaßt und aus der Menge eine Deputation gewählt, die sie ihm überreichen sollte; lauter handfeste, schneidige Männer, die den Volkswillen energisch zum Ausdruck bringen konnten.

Mitten in dem Tumult klammerte sich ein hübsches junges Mädel, schutzsuchend, an Konrads Arm. Sie hatte in dem Gedränge ihre Eltern, mit denen sie gekommen war, aus den Augen verloren, und die groben Stimmen, die erregten Gesichter flößten ihr einen heillosen Schrecken ein. Konrads helles Kindergesicht mochte ihr an dem Tische der Studenten am vertrauenerweckendsten erscheinen. Fast weinend bat sie ihn: »Führen Sie mich nach Haus! Ich fürcht mich so!«

Es stellte sich heraus, daß ihr Vater, als einer der größten und stärksten der anwesenden Männer, zum Zacherl gesandt worden war. Die Mutter fand sie nicht' und es herrschte solches Gewirr in dem Saal, daß die geängstigte kleine Münchnerin gar nicht daran denken konnte, allein bis zum Ausgang zu gelangen. Konrad suchte sie zu beruhigen; die Studenten versicherten der Mamsell, daß sie sich als unter ihrem Schutze stehend betrachten dürfe. So ließ sie sich überreden, unter den jungen Leuten Platz zu nehmen, bis der Vater zurückgekehrt war. Das dauerte auch nicht sehr lange. Man hatte den Brauer, der sich erst weigerte, das Bier herabzusetzen, gebeutelt, ihn mit Gewalt zum Nachgeben gezwungen. Unter markerschütterndem Beifall und Halloh wurde verkündet: Die Maß sollte wie früher neun Kreuzer kosten.

Die Männer der Deputation, die so erfolgreich den Volkswillen durchgesetzt hatten, mußten nun mit allen anstoßen und wurden so gefeiert, daß die kleine Münchnerin immer ängstlicher nach dem Vater hinschielte, der schon zu taumeln begann und, wieder leise weinend, ihrem Nachbar Konrad zuflüsterte:

»Führen's mich doch heim!«

Während die Kameraden sich ihre Maßkrüge frisch füllen ließen und einige sich auch um einen Redner scharten, der mit lallender Stimme von Freiheit und Brüderlichkeit sprach, gelang cs Konrad, sich mit dem Mädchen, das fest an seinem Arm hing, einen Weg zu bahnen. Eine Türe, die ins Freie führte, stand offen.

Nach der Hitze, dem Qualm und Lärm, umfing die beiden die Stille des Gartens, reine, weiche Frühlingsluft.

In einer gewissen Betäubung gingen die jungen Menschenkinder auf der Höhe weiter, Arm in Arm, unter ihnen die Stadt in leichtem Dunst. Es war ein ziemlich weiter Weg bis in das Tal, wo die Münchnerin wohnte. Sie hieß Lieserl Schwarzmeier nnd war von zärtlicher Gemütsart. In ihrer Dankbarkeit für den Beschützer kargte sie nicht mit freundlichen Worten und Blicken und als sie in die einsamen Anlagen unter dem Gerichtsgebändc einbogen, ließ sie sich auch ohne viel Sträuben von dem Studenten küssen.

Ein baldiges Wiedersehen wurde verabredet und glühend vom Salvatorbier, beglückt von dem Abenteuer, verschlief Konrad ein paar Stunden, ehe er auf die Wache mußte. Die Mutter, die ihn weckte, hörte, wie er zärtlich: »Lieserl! Liebs Lieserl!« vor sich hinmurmelte. Sie schüttelte zwar den Kopf über den Buben, aber sie war doch beruhigt, daß er nicht von der Frieda träumte.

Nun hatte sie auch wieder den Mut, die Nichte vom Hof hereinzuberufen. Sie brauchte deren Hilfe jetzt, da die Hochzeit immer näher rückte.

Das junge Paar sollte in das Sollbachersche Haus an der Sendlinger Straße ziehen und künftig im zweiten Stock wohnen, während die Eltern im ersten blieben. Adrian hatte alles neu herrichten lassen mit hellen, golddurchwirkten Tapeten und frisch gestrichenen Böden. Die Zimmer blinkten von Glanz und Farbe. Teppiche mit großen Rosenmustern lagen unter den Tischen, blaue Möbel, in Gustels Lieblingsfarbe, standen im Salon; an den Wänden hingen große Spiegel in breiten Goldrahmen. Im Wohnzimmer mit dem roten Rippssofa und dem runden Eßtisch davor war ein hübscher Fensterantritt, auf dem Gustels Nähtischchen seinen Platz finden sollte. Ein Blumenbrett wartete schon auf die Töpfe mit blühenden Stöcken und ein sogenannter Spion, ein Spiegel, in dem man alles überschauen konnte, was sich auf der Straße ereignete, hing vor den Scheiben mit den neuen Vorhängen.

Frieda brachte nun in jeder Woche ein paar Tage in der Stadt zu, begleitete das Brautpaar bei seinen Ausgängen und Besuchen, nähte seine Spitzchen an Taschentücher, stickte Wäsche ein und machte sich in jeder Weise nützlich. Wegen der Trauer um den Vater konnte sie ja nicht als Brautjungfer bei der Hochzeit sein, aber Gustel bestand darauf, daß Frieda am Mahl teilnehmen müsse, und Frau Sollbacher meinte auch: »Aber natürlich. Die Frieda, die muß dabei sein!«

Die rührige Frau mit dem Schnurrbartanflug auf der Oberlippe hatte auch Haare auf den Zähnen und machte gern eine boshafte Bemerkung. Es freute sie, wenn Frieda dann lachte. Mit Wohlbehagen zeigte sie dem jungen Mädchen ihr schönes »Sach«, die großen alten Eichenholzschränke voll Leinen, das Kupfer in der Küche, das alte Zinn auf der Kredenz. Besonders stolz war sie auf die Porträts der Eltern von Ettlinger, überhaupt auf die hübschen Bilder in der Wohnstube.

»Das mußt dir anschauen, Frieda! Das kleine Bilderl von einem gewissen Spitzweg! Ist das net lustig? Wie der alte Junggesell seine Blumen gießt? Der Adrian hat den Maler ausfindig g'macht und ich möcht' schon lang, daß er mir noch was von ihm kauft. Weißt, der Adrian hat überhaupt eine besondere Freud' an die Bilder und ich glaub', wenn er die Erlaubnis g'habt hätt', nachher wär er am liebsten selber Maler ,worden. Aber davon hat der Sollbacher natürlich nix hören wollen. Jetzt ist er freilich bloß in seine Gustel vergafft, und ich bin froh, wenn er verheiratet ist, damit man wieder ein vernünftiges Wort mit ihm reden kann.«

»Ihm glänzt das Glück aus den Augen!« sagte Frieda gerührt. »Ich mein', es tut wohl, so einen Menschen anzuschauen!«

»Ja, ja!« meinte Frau Josepha wesentlich kühler. »Die Gustel ist ja ein liebes Kind. Aber manchmal, wenn ich sie so seh' mit ihrem hellblauen Kleidl, dann mein' ich, man könnt' sie g'rad auf ein Hausaltarl setzen, und sie wär' ganz zufrieden, wenn sie da ihre Ruh' hätt' und nur immer ein lieb's G'sichtel zu machen bräucht! Uns zwei, dir und mir, tät das net taugen. Wir müssen schon was zum schaffen haben und weißt, Frieda« – sie deutete auf die Stirne des jungen Mädchens – »in deinem Hirnkastel da ist mehr drin als bei ihr.«

»Sie ist ja auch noch so jung. Sie wird schon nachdenklicher werden mit der Zeit«, warf Frieda ein mit einem gewissen Erschrecken. Sollte die Schwiegermutter der lieben Gustel das Glück trüben?

»Wollen wir's hoffen!« murmelte Frau Josepha. »Ich glaub's net!«

* * *

Wenn in der Sendlinger Straße und Umgebung die Frauen auf dem Wege zum Markt oder die Köchinnen in Gruppen beisammen standen, dann schwatzten sie noch nach Wochen von der großen Hochzeit beim Sollbacherbräu. »Die vielen Kutschen, die's g'habt hab'n! Und die Madam Sollbacher hat ihren teuern Schmuck tragen, daß es nur so blitzt und g'funkelt hat auf ihrem grauseidenen Kleid. Aber das Allerschönste, das war halt doch die Gustel Obermeier! Wissen's, Frau Nachbarin, die muß man g'sehn hab'n mit dem Myrthenkranz ober die Locken! Grad wie ein Engerl hat's ausg'schaut!«

»Und das ganze Haus ist 'ziert g'wesen!« erzählte eine andere. »Die Bräuknecht, die sind in der Nacht 'naus in Wald um Daxen und Laub und überall waren Kränz und Guirlanden.«

»Ja, aber erst im Saal, wo die Tafel g'standen ist! Wissen's, ich kenn die Köchin und die hat mich ein bissel 'neinschauen lassen! Lauter Maiglöckerln und Vergißmeinnicht und wo das Brautpaar g'sessen ist, die Stühl mit Blumenkränz.«

»Haben Sie dös schon g'hört, daß sie den Spargel eigens vom Rhein hab'n kommen lassen? Und daß es einen Indian geben hat mit Trüffeln? Ja und das G'frorne, das warn lauter weiße und rosa Rosen in einem Blumenkorb!«

»Bis um Mitternacht hat man die Musik spielen hören! Jetzt, des muß ich sagen, wenn des wahr ist, daß die Mamsell Romberger auch tanzt hat, wo es doch noch so kurz her ist, daß ihr Vater erschossen worden ist – des g'fallt mir net.«

»Ich hab 's Brautpaar einsteigen sehn! O, Sie, des war schön! Die Musik hat einen Tusch blasen und in einem neuen Einspänner sind's g'sessen die jungen Leut und selig 'nausg fahren auf die Hochzeitsreis' und der Himmel war ganz goldig, als wie ein Freudenfeuer.«

Aber eine Alte schüttelte warnend den Kopf.

»Kein Tränerl hat's vergossen, die schöne Gustel! Eine Braut darf net lachen! Werd's es sehn: des bringt kein Glück net!«

In München war es ganz still und friedlich in diesem Sommer 48, in dem so viel geschwärmt, gekämpft und gerungen wurde, immer neue Erschütterungen das alte Österreich durchbebten, in dem heiße Herzen an die nahe Erfüllung aller ihrer sehnsüchtigen Wünsche glaubten: Ein geeintes Deutschland, ein freies Volk! Die Münchner waren froh, daß sie ihre Revolution hinter sich hatten und daß sie sich nicht mehr um Politik zu kümmern brauchten, ihr Kellerleben genießen und ihre vergnügten Landpartien machen konnten. Die Freikorps der Studenten und Künstler erschienen wie eine lustige Soldatenspielerei.

Obermeiers hatten einige Wochen auf dem Hof in Sendling zugebracht, da es ihnen zu einsam in der Stadtwohnung erschien, aber Frau Nanni sehnte sich bald wieder heim. Das junge Paar kam von der Hochzeitsreise ins Gebirge zurück, strahlend vergnügt.

Nun färbten sich schon die Bäume gelb, in feurigem Rot hing der wilde Wein an der Laube. Die Jäger gingen über die Stoppelfelder und auf den Bergen lag der erste Schnee. Frieda hatte das Obst geerntet, eingekocht, getrocknet und verwahrt; nun dachte sie in der großen Stille mit leisem Bangen an den langen Winter und ihre Einsamkeit.

An einem Oktobermorgen kam ein Knecht aus der Stadt, der Kartoffeln abholen mußte, und erschreckte sie mit der Nachricht:

»Heut gibts einen Krawall! Die Maß Bier ist wieder um einen Kreuzer 'naufg'setzt worden! Die Leut sind ganz ans dem Häusel und jetzt geht's die Brauer schlecht.«

Wally schlug entsetzt die Hände zusammen, der alte Gröber murmelte:

»Können's denn gar kein Ruh geben, die verrückten Menschen?«

Auch Frieda konnte sich einer wachsenden Angst nicht erwehren und entschloß sich endlich, in die Stadt hinunter zu eilen, um Sollbachers zu warnen.

Ganz erhitzt von dem raschen Gehen und von der inneren Aufregung kam sie in die Sendlinger Straße.

Frau Josepha lag an einem gastrischen Fieber zu Bett, aber als sie hörte, daß gegen die Großbräuer etwas im Werk sei, ließ sie sich nicht halten und wollte um jeden Preis aufstehen.

»Ich räum' meine guten Sachen weg! Nein, da könnt' ich net liegen bleiben – da brächt mich die Wut um! Sie soll nur kommen die Bande! – Ich nehm' selber ein G'wehr und schieß auf den ersten, der in meine Wohnung 'reinmöcht.«

Adrian suchte sie zu beruhigen. Er war gefaßt und behielt den Kopf oben. Gustel mußte zu den Eltern. Er hätte auch Frieda mitschicken wollen, aber sie weigerte sich. »Ich bleib da! Vielleicht kann ich doch der Mutter nützlich sein. Sie sollt ja net aufstehn – – aber sie laßt sich net zureden.«

Schon hörte man wüstes Geschrei, das Toben nnd Schimpfen einer wütenden Menge.

Es waren meist junge Burschen, müßiges Gesindel, das sich mit Soldaten zusammengeschart hatte, von einem Schanklokal zum andern zog und, berauscht und zerstörungslustig, halb im Zorn über den erhöhten Bierpreis, halb als »Gaudi« sich nun gegen die Bräuhäuser wendete. Kreidebleich kam eine Frau in den großen Hausflur bei Sollbachers hereingestürzt.

»Beim Pschorr haben's die Türen einbrochen, die Fenster eing'schlagen! Plündern tun's! O heilige Maria und Joseph, ist das eine Zeit!«

Man sah in der Tat, wie in dem nicht weit entfernten Hause bei Pschorrs Möbel, Spiegel, Sessel, allerlei Hausgerät zum Fenster hinaus auf die Straße flogen, mit triumphierendem Geschrei begrüßt. Wie Schnee wirbelte es plötzlich nieder. Man hatte die Betten geöffnet und die Federn flogen wie Flocken herab. Was nicht zertrümmert auf dem Pflaster anlangte, wurde mit vandalischem Geschrei zertreten, zerrissen, zerschlagen.

Adrian hatte die Bräuknechte, große, kräftige Gestalten, zu sich gerufen und ihnen leise seine Befehle erteilt. Sie sollten sich im Hintergrunde halten und erst zur Stelle sein, wenn er sie rief.

»Ich will's erst im Guten versuchen« erklärte er dem todblassen Vater, der fiebernden Mutter, die geraten hatte, das Haus zu versperren und aus den Fenstern hinauszuschießen. »Wenn es mir nicht gelingt, dann sollen sie mich kennen lernen!«

Frieda freute sich über seine Ruhe und Unerschrockenheit. Sie sah mit Bewunderung, welche Kraft in dem jungen Manne steckte, den sie bisher nur sanft und verliebt gesehen, für nachgiebig und fast ein wenig verweichlicht gehalten hatte. Er zwang auch der energischen Mutter seinen Willen auf: sie mußte in den oberen Stock hinauf und sich da still halten. Frieda redete ihr zu, daß sie sich auf ein Sofa niederlegte: sie selber aber huschte wieder hinaus auf die Treppe. Vom Stiegengeländer aus wollte sie beobachten, wie es weiter ging.

Schon kam das Geschrei näher, schon zog die tobende Menge, die bei Pschorr nichts mehr zu zerstören fand, vor das Sollbachersche Anwesen. Als sich nun die Sinnlosen durch die breiten Tore hereindrängten, stand Adrian allein all diesen bösen Gesichtern gegenüber. Er stieg auf ein Faß und rief ihnen mit einer klaren, lauten, furchtlosen Stimme zu.

»Was wollt ihr eigentlich, ihr Leute? Was fallt euch denn ein? Seid ihr Münchner? Bisher sind wir doch stolz drauf gewesen, daß wir in unserer Stadt gut miteinander auskommen? Gemütlich ist's bei uns immer gewesen, und auf dem Keller, im Hofbräuhaus, da sitzt alles an einem Tisch und es gibt keine Reichen und Armen. Es geht allen recht gut! Jeder, der ein bissel arbeiten mag, der hat sein Auskommen! Arbeitet mein Vater vielleicht net? Steht net mein' Mutter jeden Tag in der Küch' und teilt jedem bei uns sein gut's Essen aus? Und wenn einer in Not ist, kommt er dann net zu uns, und hat einer wieder fortgehn müssen, ohne daß wir ihm g'holfen haben? Glaubt ihr vielleicht, es wird besser, wenn ihr unsere Möbel auf die Straß' werft und unsere Betten zerschneidt? Was habt ihr davon? Nix! Besinnt's euch doch! Wegen dem Bierpreis lassen wir ja mit uns reden! Aber abtrotzen lassen wir uns kein Pfennig! Seid's g'scheidt! Gehts heim zu eure Weiber und ihr Weiber zu eure Kinder! Mit der Bosheit, da richtet ihr nix aus; des reut euch bloß hinterher, wenn ihr wieder einen klaren Kopf habt!«

Seine Worte waren oftmals von Gejohl und Widerspruch unterbrochen worden, aber man ließ ihn doch reden und unwillkürlich nickte der eine und andere zustimmend. Es schien, als übte diese junge klare Stimme eine beruhigende Macht auf die älteren, die noch einer vernünftigeren Überlegung fähig waren.

Und während nun die Wage schwankte, die jungen Hetzer vorstürmen wollten, die andern überlegten, kamen auf einen Wink Adrians aus der offenen Halle eine ganze Schar riesiger Bräuknechte mit kräftigen nackten Armen, die wohl die nötigen Muskeln hatten, um sich auch gegen eine Überzahl zu wehren.

»Fragt's die Leut, die bei uns arbeiten, ob ihnen bei uns ein Unrecht g'schieht.«

»Hoch Sollbachers!« klang's. »Auf den Sollbacherbräu lassen wir nix kommen!« Kampfbereit umstanden die großen Menschen ihren schlanken Gebieter, der vom Faß heruntergesprungen war und sich auf die ersten Treppenstufen stellte, um den ersten, die ins Haus drängten, den Eingang zu verwehren.

Es war nicht bloß der Anblick der mächtigen Arbeitergarde, der die schon halbwegs gewonnenen Gemüter ablenkte: Ein Anblick zog die Aufmerksamkeit auf sich, der zerstreuend auf die Aufgeregten wirkte, denen nach dem stundenlangen Toben der Magen knurrte. Es wurden Körbe mit Würsten, Geräuchertem und Broten an ihnen vorbeigetragen. Da stürzten sie sich darauf und da die Bräuknechte mit den Eßvorräten sie immer mehr der Türe zudrängten, folgten sie hungrig den Körben auf die Straße hinaus und balgten sich da um die Würste und geräucherten Haxen und die frischgebackenen Brote. Es schien, als wäre ihre Zerstörungswut ermattet in der Gier nach dem Essen.

Murrend zogen die einen ab, die andern brüllten noch: »Ein Bier wollen wir! Umsonst soll er's geben! Aber man hörte draußen die Alarmtrommel, die die Bürger zusammenrief. Es kam endlich auch Militär, und da die Freikorps sich sammelten, hielten es die meisten doch für klüger, sich aus dem Staube zu machen.

Frieda war die erste, die Adrian mit leuchtenden Augen die Hand drückte.

»Das hast gut g'macht!« sagte sie. »Deine Gustel, die darf wirklich stolz sein auf dich.«

Als sie den Namen seiner jungen Frau nannte, wurde sein eben noch so kühnes und entschlossenes Gesicht zärtlich und lächelnd.

»Gehst du zu Obermeiers, Frieda?« fragte er. »Dann begleit ich dich und hol' die Gustel ab. Ich glaub, es wird jetzt wieder Ruh. Ich will nur schnell noch zur Mutter hinauf.«

Als Frieda sich bei den Sollbachers verabschiedete, saß Frau Josepha frierend, aber mit glühend heißem Kopf am Ofen, ihr Mann rauchte eine Beruhigungspfeife und hatte ein Glas Wein vor sich stehen.

»Sie sollten sich wirklich gleich zu Bett legen, Madam Sollbacher!« riet sie.

»Ja, ja, ich geh schon! Es ist mir gar net gut«, sagte diese, ganz ungewöhnlich niedergeschlagen.

Frieda klopfte noch das Herz von der Aufregung der letzten Stunde, während sie dann mit Adrian durch die Straßen ging, in denen man jetzt die Patrouillen marschieren sah. Es war ein Gefühl in ihr, wie sie es nie gekannt: eine heiße, erschütternde Sehnsucht, sich an einen starken Arm lehnen zu dürfen. Nie hatte sie nur eine Regung des Neides auf die schöne Verwandte verspürt, auch nicht während sie alle die Schätze von Wäsche und Kleidern, all den reichen Besitz einräumen half. Nun dachte sie fast schmerzlich: Wußte Gustel auch, wie glücklich sie war, einen Mann an der Seite zu haben, auf dessen Schutz sie vertrauen durfte, wie geborgen sie sich fühlen konnte? Es schien ihr plötzlich wieder so traurig, das Leben allein tragen zu müssen.

Bei Obermeiers war man noch voll Angst und Unruhe und Frau Nanni bestand darauf, daß Frieda über Nacht bei ihr blieb, denn ihr Mann wollte natürlich ins Wirtshaus hinunter, und Gustel ging mit ihrem Gatten heim. Seit die Tochter nicht mehr bei ihnen war, fühlte sich das Ehepaar ganz verlassen. Konrad kam nicht viel nach Hause, nur das Lenerl mußte meist der Frau Gesellschaft leisten. So spielte denn Frieda geduldig Domino mit der Tante und übernachtete in Gustels Mädchenstübchen, in dem sie einmal so bitterlich über ihre Liebe geweint hatte. Wie fern ihr das nun lag!

Von der Zerstörung und Plünderung war das Haus Sollbacher ja verschont geblieben, aber die Sorge hielt doch ihren Einzug. Frau Josepha hatte am Abend noch einen heftigen Schüttelfrost bekommen und lag mit starken Schmerzen zu Bett. Der Arzt war sehr ungehalten, daß sie sich mit dem Fieber zum Aufstehen entschlossen, sich angestrengt und aufgeregt hatte, sprach von einer »Gliederkrankheit«, die sie wohl lange zum Stilliegen zwingen würde.

Gustel hatte es bis jetzt sehr gut gehabt, sich nur um ihren kleinen Haushalt kümmern müssen, in dem eine gute Köchin die Hauptarbeit tat und war recht vergnügungssüchtig geworden. Wenn sie ihren Mann schmeichelnd bat: »Gelt, Schatzi, wir gehn ins Theater! Gelt, wir machen am Sonntag eine Landpartie!« dann konnte er nicht »Nein« sagen. Es war sein Vergnügen, ihr Lachen zu hören, ihre Freude zu sehen. An jeder Posse im Schweigertheater hatte sie ihren Spaß, jede leichte Melodie suchte sie am andern Tag nachzuträllern und wenn sie, schön angezogen, mit ihrem Mann zur Stadt hinauswanderte oder im Wagen mit ihm hinausfuhr, wenn sie, das Körbchen mit Eßvorräten am Arm, mit ihm auf den Keller ging, dann gab es kein fröhlicheres, zufriedeneres Geschöpf in der ganzen Stadt. Wenn auch die Eltern Sollbacher Adrian Vorwürfe machten, er verwöhne seine Frau und so dürfe es nicht weitergehen mit Allotria und ewigem Festtag, er sagte lachend: »Laßt mir doch die Freud! Wenn wir einmal Kinder haben, dann bleiben wir schon zu Haus.«

Und nun senkte sich plötzlich eine Last der Pflichten auf Gustels zarte Schultern.

Frau Josepha war sonst um 6 Uhr aufgestanden und hatte sich den ganzen Vormittag in Küche, Keller und Vorratskammer zu tun gemacht. Sie bestellte den Küchenzettel, sie rechnete, kaufte ein und mittags stand sie mit der großen Küchenschürze da und schnitt für die siebzig Bediensteten das Fleisch. Es war nun einmal so der Brauch, daß alles in ihren Händen lag. In ihrem Bett fand die tätige Frau nun kaum Ruhe und beschäftigte sich trotz ihrer Schmerzen immerwährend mit der Wirtschaft, bäumte sich trotzig auf gegen die Krankheit, die sie niederzwang und war von unleidlicher Laune. Gustel zeigte freilich anfänglich den besten Willen, ging auch mit dem großen Schlüsselbund und der weißen Schürze im Haus herum und suchte die Schwiegermutter zu ersetzen. Aber sie mußte immer wieder fragen, fand es sehr schwer, die Fleischportionen gleichmäßig zu verteilen, vergaß manches und bekam dann an dem Krankenbett einen zornigen »Rüffler!« Die ungewohnte Arbeit machte sie müde und wenn sie aus der Wohnung im ersten Stockwerk kam, waren ihre Augen meist rot von Tränen. Der Anblick ihres blassen, verweinten Gesichtchens raubte Adrian ganz die Fassung, er eilte dann zur Mutter, warf dieser vor, sie sei viel zu streng, es wäre doch unmöglich, daß seine junge Frau in ein paar Tagen lerne, was sie sich in vielen Jahren angeeignet hatte, wurde auch angebrummt, wenn Frau Josepha auch in milderen Stunden zugab, daß sie keine Geduld habe.

»Siehst es ja, daß ich schier verzweifeln möcht! Ich kann mich halt net immer beherrschen, wenn die Gustel so zerstreut und vergeßlich ist! Die Mägd tanzen ihr ja auf dem Kopf herum! Natürlich; ich hab's ja gleich g'wußt. So ein Heiligenbild! – – das ist keine Hausfrau!«

Der schöne Friede, der zwischen den Alten und den Jungen geherrscht, die Behaglichkeit im Hause Sollbacher drohte schon in die Brüche zu gehen. Da hatte Frau Josepha in einer schlaflosen Nacht einen Einfall, der sie etwas aufrichtete.

»Weißt, Adrian«, sagte sie zu dem Sohn, den sie gleich in der Frühe zu sich rufen ließ. »Die Frieda muß her! Red nur mit dei'm Schwiegervater. Auf den Hof 'naus findt er schon jemand andern. Und Ihr richtet ein nettes Zimmer her für das Mädel. Die lernt sich bald ein. Dann braucht sich dein Porzellanpupperl net so zu plagen, und ich reg mich net auf. Ach, ich fürcht', so schnell wird die G'schicht net besser! Ich kann mich ja gar net rühren. Grad, als wenn meine Füß net zu mir g'hören täten.«

Obermeiers waren gleich mit dem Vorschlag einverstanden; denn bei den Eltern hatte Gustel natürlich geklagt über die viele Arbeit und den schlechten Humor der Schwiegermutter.

Frieda schien nun einmal dazu da, daß alle Mühsal auf sie abgeladen wurde. Sie zögerte auch gar nicht, hilfsbereit, wie sie war, ja es schien ihr ordentlich willkommen, daß sie nicht in der winterlichen Einsamkeit auf dem Hof bleiben mußte.

Mit Wohlbehagen überließ Gustel der Cousine ihre Schlüssel und fand es köstlich, wieder in ihrem warmen Wohnzimmer am Fensterplatze zu sitzen, eine feine Handarbeit zu nehmen und durch den »Spion« die Vorübergehenden zu betrachten.

Frieda wußte sich bei Frau Sollbacher in besondere Gunst zu setzen, weil sie ihr gleich bekannte: »Ich muß halt alles von Ihnen lernen« und genau alle Anweisungen ausführte, nie eine Anordnung vergaß und mit frischer Kraft sich der neuen Arbeit hingab.

Gustel fand es sehr nett, daß sie nun an den Nachmittagen, wenn ihr Mann nicht zu Hause war, auch eine Gesellschaft hatte und mit Frieda ausgehen durfte. Adrian sah es nicht gern, daß sie sich allein auf den Straßen herumtrieb; so hatte sie immer nur die Eltern aufsuchen müssen. Nun konnten sie zusammen die Auslagen anschauen, einkaufen, sich schon allerlei Geschenke für Weihnachten ausdenken. Auch die Abende zu dreien gefielen der jungen Frau. Adrian hatte ihr zuweilen vorgelesen, aber dabei bekam sie Schlaf; auch die vielen Bände mit Kupferstichen nach berühmten Bildern in Rom oder Paris, die er so gerne anschaute, langweilten sie eigentlich. Nun war es ihr ganz angenehm, daß er sich mit Frieda unterhalten konnte, daß die beiden von allerlei Dingen redeten, die sie im Grunde nur wenig interessierten. Sie drehte dann Brotkügelchen, warf sie ihnen ins Gesicht, wenn sie gerade recht ernsthaft über ein Buch sprachen, setzte sich Adrian auf den Schoß, wenn er eine Viertelstunde lang zu sehr von ihr abgelenkt wurde, trieb kindische Possen und gähnte auffällig, sobald sie zu Bett gehen wollte.

Es machte sich ganz von selbst, daß Frieda, die sich immer mehr in der großen Wirtschaft einlebte, und die einkaufen, bestellen, rechnen mußte, in geschäftlichen Fragen mit ihm zu verhandeln hatte, daß er sich an sie wendete, wenn er etwas wissen wollte, sie beauftragte, ihren Rat verlangte, daß sie im Hause eine immer wichtigere Stellung einnahm. Aber Gustel gönnte ihr das von Herzen, kannte keine Eifersucht und freute sich über die Freundschaft zwischen Frieda und ihrem Mann. Er war ja auch ein so verliebter Gatte, daß er in der jungen Verwandten nur den Kameraden sah und nicht die leiseste sinnliche Regung sich in ihre wachsende Vertraulichkeit mischte. Aber geistig stand sie ihm nahe, und es war wie eine Ergänzung einer Lücke, die er ohne die Anwesenheit der dritten wohl allmählich empfunden hätte; denn er war ein regsamer Mensch, dem die Arbeit in dem Bräuhaus nur als Pflicht erschien und der in seinen freien Stunden sich weiterbilden und von anderen Dingen als von Maische, von Faßverpechungen, von Ober- und Untergährung und dergleichen reden und hören wollte. So fehlte ihm durch die Anregung, die er Frieda verdankte, nichts zu seinem vollen häuslichen Glück und es gefiel ihm, daß Gustel, auch als Frau, das liebe schalkhafte Kind blieb mit unbeschwerter Heiterkeit. Frieda hatte in ihrer Einsamkeit auf dem Hofe viel gelesen und Adrian, der sie erst auf Kunst aufmerksam machte, erschloß ihr eine neue Welt. So oft sie freie Zeit hatte, ging sie in die Pinakotheken und in die Glyptothek und sie plauderten miteinander von den Meisterwerken und versuchten umsonst, auch Gustel, die nur die neueren Bilder liebte und den Hofmaler für den größten Künstler hielt, für die alten Meister zu erwärmen.

Frau Josepha konnte zwar nach Monaten wieder aufstehen und am Stock im Zimmer herumhumpeln. Am Sonntag trug ein Brauknecht, der sie wie eine Puppe auf den Arm nahm, sie in den Wagen, in dem sie in die Kirche fuhr. Die Beine blieben gelähmt und es war keine Hoffnung, daß sie je wieder ihre Tätigkeit im Hause übernehmen könnte. Anfangs hatte sie sich aufgebäumt gegen das Schicksal, das sie getroffen, in wilder Empörung. Aber wie der Mensch sich schließlich an alles gewöhnt, so fand auch sie Ergebenheit und fügte sich allmählich in das Unabänderliche. Die Familie saß viel bei ihr in dem gemütlichen Wohnzimmer mit den Ettlingerschen Bildern. Nachmittags kamen Verwandte und Bekannte zum Kaffee und einem Kartenspiel und im Sommer zog ihr Mann, der das Geschäft immer mehr dem Sohne überließ, mit ihr in eine Villa am Starnbergersee, wo sie auf der Altane im Freien liegen konnte.

Seit Frau Sollbacher sich nicht mehr über das Ungeschick und die Vergeßlichkeit der Schwiegertochter ärgern mußte, ward auch das Verhältnis zwischen dem jungen und dem älteren Haushalt wieder besser und friedlicher.

Ungefähr ein Jahr nach der Hochzeit konnte Adrian, freudestrahlend, seiner Mutter anvertrauen daß sie im nächsten Winter Großmama werden würde. Nun wetteiferte sie mit dem Sohn in der Verhätschelung Gustels und holte einmal das mit echten Spitzen besetzte Taufgewand aus dem Schrank, das für den kleinen Adrian angeschafft worden war, zum Entzücken der jungen Frau, die lachend rief:

»Nein, das herzige Hemderl und die Schuherln, das Jopperl!« und sich gar nicht mehr von den Sachen trennen wollte wie von einem wunderlichen Spielzeug.

Das kindliche, blonde Weib, das von allen auf Händen getragen wurde, durfte sich nun erst recht als Mittelpunkt des Familieninteresses fühlen. Im Sommer brachte sie einige Monate auf dem elterlichen Hof in Sendling zu. Adrian fuhr jeden Abend hinaus und Frieda blieb in der Stadtwohnung bei der Arbeit, die allein auf ihr ruhte. Sie beklagte sich nicht, war zufrieden und hatte schon manchem einen Korb gegeben, dem die fleißige Frau in seiner Wirtschaft erwünscht gewesen wäre.

Warum ihr der Gedanke, fortzugehen, so fern lag? Sie wollte sich nicht fragen, nicht tiefer nach ihren Beweggründen forschen, verschleierte sich gerne selbst, was sie so fest an dieses im Grunde doch eintönige und aufopfernde Leben knüpfte.

»Ich bin halt wie eine Katz', die net ans dem Haus fort mag, wo sie sich eing'wöhnt hat!« sagte sie manchmal lachend.

Von Kuno Ehrwardt hatte sie nichts mehr gehört. Aber zuweilen träumte sie von ihm und dann ward ihr beim Erwachen schwer zumute, nicht aus Sehnsucht nach ihm, aber aus Sorge um sein Los.

Was mochte aus ihm geworden sein? Die Freiheit, der er so freudig zugejauchzt hatte, war ja in der Kaiserstadt längst zertreten. Das Militär herrschte und statt der deutschen Lieder hörte man die Tschechen ihr »Schuselka nam pice« singen.

Schon im Spätherbst, als Adrian mit ernsthaftem Gesicht erzählte, der sächsische Abgeordnete Blum, der begeisterte Redner und Schriftsteller, der mit Fröbel nach Wien gegangen war und dort mitgekämpft hatte, sei erschossen worden, wurde sie totenblaß. Gerade Blum, das war Kunos Vorbild gewesen! Ihm hatte er nachgestrebt in seinem zuversichtlichen Ehrgeiz, von sich reden machen zu wollen! Und nun waren so viele Opfer gefallen und das neue Jahr ging weiter, ohne daß je wieder eine Nachricht von ihm kam. Auch Rosine hatte nichts mehr von ihm gehört und ihre Augen standen in Tränen, wenn nur sein Name genannt wurde.

Hatte er, wie so viele Studenten und Freiheitskämpfer, schon bei den Aufständen im Herbst sein Leben hingeben müssen? Oder drohte ihm jetzt, bei der Reaktion, wie allen, die gewagt hatten, eine politische Meinung zu äußern, das unerbittliche Urteil? War er mit den vielen anderen im Gefängnis? Sie hatte schaudernd gelesen, wie damals die Toten, auf schmutzigem Boden hingestreckt, im Leichenhofe gelegen hatten, wie die Angehörigen ihre Söhne, ihre Gatten, ihre Brüder gesucht, in Todesbangen in die starren Gesichter geblickt hatten. Und er! Er wäre vielleicht unerkannt in das Grab gelegt worden?

Im Spätherbst ging sie an einem Vormittag durch die enge Fingergasse, als ein bärtiger Mann sie grüßte. Da er ihr fremd schien, nickte sie nur ganz gleichgültig. »Kennen Sie mich wirklich nicht, Mamsell Romberger? Oder wollen Sie mich nicht kennen?« fragte er, stehen bleibend.

Diese Stimme! Sie erschrak bis ins Herz! Das war Kuno Ehrwardt! Das war aus ihm geworden! In diesen zweieinhalb Jahren, seit sie ihn zum letztenmal gesehen hatte!

Jung und stolz, voll Selbstbewußtsein und kühnem Vertrauen auf feine Zukunft, stand er damals vor ihr mit seinen leuchtenden Augen, mit hocherhobenem Haupt. Und nun: wie gebeugt, mit grauem, fahlem Gesicht und mattem Blick, gealtert durch den breiten Bart, eine unheimliche Erscheinung, fast verwildert, in schlechten Kleidern mit einem verwegenen Kalabreser über dem langen Haar.

»Sie sind's!« stammelte sie. »Ich hab – nein wirklich – ich hab Sie net erkannt – – Solang hab ich nichts g'hört. Manchmal hab ich geglaubt, Sie wären tot.«

»Es hat mir nahgestanden. Wie ein Wunder ist's, daß ich noch lebe. Ich war monatelang im Gefängnis – mit ein paar andern bin ich davon – und jetzt meine ich, es wäre vielleicht besser gewesen, man hätt' mich erschossen wie so viele von den Kameraden.«

Er ging neben ihr her und das war ihr peinlich trotz alles Mitleids mit dem vom Leben so schwer Darniedergebeugten.

Ein junges Mädchen, das mit einem Mann auf der Straße ging, der nicht ihr Gatte oder ein Verwandter war, erregte immer Aufsehen und seine Erscheinung war ganz dazu angetan, die Blicke auf sich zu ziehen. Seit die Stimmung in Deutschland umgeschlagen hatte, schienen diese Menschen mit den großen Bärten und Hüten geradezu verdächtig als Revolutionäre und Volksaufwiegler.

Und nun wollte noch ein Zufall, daß sie schon von weitem Adrian kommen sah, der auch durch die Fingergasse ging, ihr entgegen, dem sie mit ihrem Begleiter gar nicht entgehen konnte.

»Ich habe Sie auf dem Hofe in Sendling aufg'sucht, Mamsell Romberger«, sagte Kuno, »und dort g'hört, daß Sie jetzt in der Stadt sind bei dem Großbräuer. Da habe ich mich nicht hindrängen wollen. Man wird scheu – – wenn man ein armer Teufel ist. Aber wer das durchgemacht hat, was ich habe erdulden müssen, der hat Zeitlang nach einem lieben Gesicht, nach einem Wesen, das einmal gut zu ihm gewesen ist.«

Sie ward immer verlegener, denn nun kam Adrian an ihnen vorüber, grüßte und schaute sehr verwundert auf den Fremden, der neben ihr herschritt.

»Ich muß in den Laden«, sagte sie. »Es geht nicht, auf der Straß' zu reden.«

»Aber ich möchte Sie doch sprechen. Ich habe ja keine Freunde mehr! Besuchen darf ich Sie doch auch nicht? – – Man sieht nicht gut aus, wenn man sich wochenlang auf der Flucht durchgeschlagen hat«, sagte er bitter. Frieda besann sich. Sie mochte den Unglücklichen, der so zerfallen mit der Welt erschien, doch nicht schroff abweisen und stand doch zu sehr im Bann der Sitte, um länger in dieser Begleitung weiter gehen zu wollen.

»Kommen Sie zu Ihrer Verwandten, zur Rosine. Ich will sehen, daß ich morgen – nein, besser übermorgen, am Nachmittag hinkommen kann. Dann sollen Sie uns erzählen.«

Hastig sich abwendend, trat sie in den Schweinmetzgerladen, um sich von ihm zu befreien. Sie zitterte, als sie da stand, und mußte sich erst besinnen, was sie kaufen sollte, als die Ladnerin sagte:

»Was schaffen's, Mamsell?«

Natürlich fragte Adrian, als sie zum Mittagessen kam, sehr befremdet:

»Was war denn das für ein unheimlicher Mensch, mit dem ich dir heut' im Fingergassel begegnet bin, Frieda?«

Sie ärgerte sich, daß sie rot wurde, und konnte es doch nicht hindern, daß ihr eine rasche Hitze in die Wangen stieg.

»Ein Verwandter von der Frau Tangl, wo ich in der Nähschul' war … Er hat die Revolution in Wien mitg'macht und war lang eing'sperrt. Es ist ihm recht schlecht 'gangen … Er ist fast gar net mehr zum kennen.«

»So! So!« sagte Adrian und dann nach einer Weile: »Wie kommt die fromme Frau Tangl zu so einem Verwandten, und was hat der junge Mensch in Wien zu tun g'habt?«

Diesem geringschätzenden Ton gegenüber regte sich doch wieder Friedas freiheitliche Gesinnung, ihr Mitgefühl für die begeisterten Kämpfer.

»Er hat eben geglaubt an die neuen Ideen! Er hat dem Volke helfen wollen! Darum ist er nach Wien, als es den Anschein gehabt hat, daß es in Österreich anders werden soll!« erwiderte sie, ungewöhnlich heftig. »Sein Vater, ein wohlhabender Geschäftsmann in Regensburg, hat deshalb ganz die Hand von ihm abgezogen. Hungern hat er müssen, aber er hat sich nicht irr machen lassen in seiner zuversichtlichen Begeisterung! Wie so Viele andere, die es gut gemeint haben, ist er dann verfolgt und bestraft worden!«

Adrian schaute neugierig auf Friedas bewegtes Gesicht, als gäbe ihm diese warme Verteidigung des jungen Mannes einen Einblick in ihr Herz.

»Ja, ja! Die Revolution hat ein trauriges End' genommen!« sagte er. »Aber du mußt doch zugeben, daß sie eigentlich alle selber net recht g'wußt haben, was sie wollen!«

Frieda atmete auf, als er sich dann wieder zärtlich seiner Frau zuwendete, die nun schon recht rundlich geworden war und die zuweilen, trübselig, verstimmt, weil sie sich nicht mehr gefiel, das Köpfchen hängen ließ. Befreiung war's, daß seine Augen nicht mehr auf sie gerichtet waren.

Sie empfand es als ein Opfer, daß sie am übernächsten Tage ihr Versprechen halten und in die Tangl'sche Wohnung hingehen sollte. Aber es wäre ihr grausam erschienen, wenn sie sich von dieser Begegnung weggedrückt hätte.

Ach, als sie Kuno in demselben kleinen Stübchen gegenübersaß, in dem sie die ersten glückseligen Liebesstunden durchlebt hatte, da fühlte sie mit schmerzlicher Klarheit, daß jede Neigung für ihn erstorben war, daß die Erinnerung sie nur mehr quälte und beschämte. Doch ihre Anteilnahme konnte sie ihm nicht versagen, als sie hörte, wieviel er ausgestanden hatte.

»Meine besten Freunde habe ich fallen sehn!« erzählte er mit einem starren Blick und ein Schauder flog ihm über den Rücken. »Was wir für grauenhafte, herzbewegte Szenen erlebten, das kann ich gar nicht schildern! Wochen im Gefängnis, mit dem Tod vor Augen, das zermürbt! Aber die jungen Studenten, die Literaten, die der Windischgrätz hat erschießen lassen, die haben jetzt wenigstens ihre Ruh! Wir hätten nicht fliehen sollen! Ein elendes Durchfretten war's, ein scheues Verstecken, ein armseliges Wandern von Dorf zu Dorf. Und jetzt! Alles ist aus und vorbei was wir gehofft und erwartet haben! Wo soll man denn noch Lebensmut hernehmen? Ich bin ein gebrochener Mensch.«

Die gute kleine Rosine weinte helle Tränen, auch die brave Frau Tangl war gerührt. Die gefühlvollen Wesen schauten Frieda ganz vorwurfsvoll an, als diese mit einer gewissen Härte sagte: »Sie müssen halt jetzt tun, was Sie bisher nie getan haben, Herr Ehrwardt: Arbeiten! Das Redenhalten, das Schreiben für die Zeitung, das geht nimmer und ich begreif recht gut, daß Sie nach all dem Traurigen auch net zum Dichten Lust haben. Aber irgend etwas muß ein junger Mensch doch anfangen.«

Er seufzte und ließ den Kopf hängen. »Ich wollt, ich wär tot!« warf er traurig hin. »Ich kann nichts, ich weiß nichts, ich besitz nichts – an allem bin ich irre geworden. Was soll ich denn arbeiten?«

»Wenn Sie meinen Rat hören wollen, dann söhnen Sie sich mit Ihrem Vater aus. Von ihm wird es dann abhängen, ob Sie weiterstudieren können oder was aus Ihnen werden soll.

Kuno schüttelte den Kopf. »Er will nichts mehr von mir wissen! Er hat seine Hand ganz von mir abgezogen! Betteln kann ich nicht! Hätten Sie Ihren Vater um Erbarmen gebettelt?«

»Frau Tangl soll sich hinsetzen und ihm schreiben!« fuhr Frieda lebhaft fort, »wie schlecht es Ihnen gangen ist, und in welcher trostlosen Lage Sie hier sind. Und dann tun Sie den abscheulichen Bart weg, sonst erschrickt er gleich, wenn er sie sieht.«

Kuno lachte grimmig auf. »Soll ich es auch machen wie die feigen Tröpfe, die gleich, als der Wind anders wehte, sich rasiert haben und im Zylinder mit Glacéhandschuhen herumgegangen sind, daß man ja nicht glauben soll, sie hätten auch zu den Demagogen gehört?«

»Es heißt noch net seine Überzeugung verleugnen, wenn man sich nicht verwildern laßt wie ein Räuberhauptmann!« antwortete Frieda ungeduldig.

»Aber Mamsell Frieda!« warf der Bucklige ein. Frau Tangl jedoch nickte zustimmend und holte gleich Feder und Papier, und mit Friedas Hilfe verfaßten sie einen Brief an Kunos Vater, der erst sorgsam aufgesetzt und dann ins Reine geschrieben wurde. Ehrwardt saß versunken da, in einer stumpfsinnigen Gleichgültigkeit und murmelte nur verdrossen:

»Sie meinen es gut. Aber der Alte ist bös auf mich. Alles umsonst! Er laßt mich zugrunde gehen – er hat es mir ja immer angedroht!«

Frau Tangl drängte nun ängstlich den Besuch fort. »Weißt Kuno, bei uns, in deinem früheren Zimmer, da wohnt jetzt ein Herr von der Polizei. Ich mein, es ist besser, wenn der dich net sieht. Man ist so streng jetzt mit die Fremden. Um sechs Uhr kommt er heim!«

Frieda stand zuerst auf.

Sie winkte Rosine zu sich, drückte ihr eine kleine Börse mit Geld in die Hand.

»Geben Sie das Ihrem Verwandten so, als wenn es von Ihnen wär! Von mir möcht' er's wohl net nehmen, und ich fürcht', er ist in der Not.«

»Dank' schön, Mamsell Frieda – für ihn! Sie sind gut! Aber net wahr? Sie haben ihn jetzt gar net mehr lieb, den Kuno?«

»Nein! Ich hab ihn net mehr lieb! Das ist lang vorbei!« gestand diese mit einem Aufatmen. In den großen hübschen Augen des armen verwachsenen Mädchens glänzte ein wehmütiger Schimmer. Sie dachte im stillen: Ich habe nie aufgehört, ihn lieb zu haben. Aber was liegt ihm an mir?

Ein paar Tage später sagte Adrian zu Frieda, als er mit ihr allein war: »Du! Nimm dich in acht, daß man dich net wieder mit diesem Demagogen auf der Straße sieht! Weißt, man paßt jetzt scharf auf auf solche Leut. Heut früh ist einer von der Polizei dag'wesen und hat sich nach dir erkundigt.«

»Nach mir!« rief Frieda erschrocken.

»Ja, du scheinst mit dem gewissen Herrn Ehrwardt bei der Frau Tangl zusammengetroffen zu sein, und das hat man schon g'wußt, und weil er für verdächtig gilt, hat man g'fragt, ob du vielleicht auch zu die aufwieglerischen Personen g'hörst? Ich hab natürlich für dich gutg'standen. Aber es wär schon besser, wenn du dich von deinem Mitleid net zu weit treiben lassen tätest.«

Frieda merkte wohl, daß Adrian das Wort »Mitleid« ganz seltsam spöttisch betonte, und wieder schoß ihr ein glühendes Rot in die Wangen. Peinlich war ihr dieses Verhör, so quälend der Gedanke, daß er glauben konnte, Kuno stünde ihr noch nah. Aber sie brachte es nicht über die Lippen, ihm zu sagen: Was ich einmal für ihn empfunden hab, das ist vorbei!

Es war eine tiefe Scheu in ihr, gerade ihn in ihr Herz schauen zu lassen.

Nach all den heimlichen Aufregungen und traurigen Eindrücken, die das Wiederauftauchen Ehrwardts in ihr hervorgerufen, erlebte sie doch auch noch eine heitere Stunde. Am Sonntag war sie eben im Begriff, in die Küche zu gehen, um die Eßportionen auszuteilen, als ein älterer Mann nach ihr fragte und dann mit einem steifen Kompliment auf sie zutrat.

»Hab ich die Ehr', Mamsell Romberger?« fragte er.

Er sah altmodisch aus, trug noch einen Vatermörder und eine hohe Binde und goldene Ohrringe.

»Ich komm', um meine Danksagung zu machen, daß Sie meinen bösen Buben zur Räson gebracht haben. Ich bin der Adolf Ehrwardt aus Regensburg. Wie ich den Brief von meiner Frau Bas kriegt hab, bin ich gleich herg'reist, um den Kuno heimz'holen und sie hat mir g'sagt, daß Sie ihm so gut zugeredet haben.«

»Das freut mich wirklich von Herzen!« sagte sie, dem Manne ihre Hand reichend. »Ihr Sohn hat gemeint, Sie möchten nichts mehr von ihm wissen!«

»Verdient hat er's wohl!« rief der Mann seufzend. »Was mir der Bub seit viele Jahr schon Ärger und Kummer g'macht hat, das ist gar net zum sagen. Aber schauen's, Mamsell! Ich hab' mein' Ältesten verloren, der in mein Geschäft hätt' sollen. Er ist uns zu Weihnachten am Typhus g'storben, und wie wir jetzt so lang nichts von Kuno g'hört haben, da haben meine Frau und ich g'fürcht, daß er auch tot ist. Unserem Herrgott müssen wir dankbar sein, daß er uns das erspart hat! Vielleicht, daß der Kuno jetzt doch vernünftiger worden ist, weil er erfahren hat, was es heißt, ohne Geld in der Welt daz'stehen und weil es ja doch mit seiner Dichterei nix ist. Die Freud an der Revolution, die muß ihm doch auch vergangen sein? G'weint hat er, wie er mich g'sehn hat!« Dem braven Manne liefen bei der Erinnerung auch die Tränen über das Gesicht herunter.

»Ich pack ihn heut noch auf und fahr mit ihm heim und ich hoff', daß er jetzt bei uns bleibt. Ich brauch' ihn ja so notwendig in mein' G'schäft! Weil ich jetzt auch schon auf die Jahre komm! Aber Ihnen hab' ich noch meine Aufwartung machen wollen und ich soll Ihnen auch respektvolle Grüße von Kuno ausrichten. Zuerst bin ich freilich erschrocken an ihm. Er hat mir gleich zum Bader müssen und sich den Bart abschneiden lassen; ich hab' ihm auch einen neuen Paletot gekauft, damit die Mutter net die Händ' über den Kopf zusammenschlagt und man in Regensburg net ins Gerede kommt. Und jetzt empfehl ich mich halt, Mamsell.« Er machte noch ein steifes Kompliment und warf dann einen befriedigten Blick in die Küche, wo eben die großen Bratenstücke aus dem Ofen genommen worden waren und Frieda vor dem Transchierbrett stand.

»Fleißig! Tüchtig!« murmelte er, mit dem Kopf nickend vor sich hin: »Des wär schon das Rechte!«

Und in die Erinnerung an Frieda mischte sich ihm von nun an immer der leckere Bratengeruch mit einem Eindruck häuslichen Wohlbehagens. Frieda aber wars zu Mut, als wäre ihr ein Stein vom Herzen gefallen, weil Kuno fort war, und sie sagte auch zu Adrian: »Also du brauchst net mehr fürchten, daß ich mit dem Revolutionär g'sehn werd'. Er ist heim mit seinem Vater nach Regensburg. Er wird halt jetzt ins G'schäft eintreten und Wachszieher werden.«

»Das ist g'scheit!« rief Adrian und schaute sie erfreut und gütig an, als knüpfe er an diese Wandlung für sie eine glückliche Lösung. »Da kann's ja sein, daß er wieder ins Gleis kommt und ein ordentlicher, arbeitsamer Mensch wird. Das kann ich ihm und dir nur wünschen!«

»Mir!« sagte sie abwehrend mit einem ganz trotzigen Gesicht. »Was geht es mich an?«

Er lachte nur.

Es kam ein kalter Dezember, aber im Hause Sollbacher war es warm und gemütlich. Gustel saß viel oben bei der Schwiegermutter und nähte mit ihr an zierlicher Kinderwäsche und die beiden Frauen sprachen zärtlich von dem kommenden kleinen Wesen, das sie jetzt schon lieb hatten. Frieda hatte sich lange besonnen, welche Freude sie Adrian, der sie wohl zu Weihnachten reich beschenkte, auch ihrerseits machen könnte, und eine Überraschung für ihn ausgeheckt, von der sie sich viel versprach. Sie ließ für ihn eine Miniatur von Gustel malen und diese war heimlich schon einige Male mit ihr bei dem ersten Künstler Herrn Kriechhammer gewesen, der die reizendsten Köpfchen auf Elfenbein hinzuzaubern wußte. Das Bildchen wurde ganz entzückend, Gustels süßes Gesicht hatte sich so gar nicht verändert, war rosig und glatt und der Kinderblick hatte etwas Herzbewegenderes wie je.

Rührend war's, wie Adrian sich über das Geschenk freute. Gustel konnte nicht mehr um den Gabentisch herumtanzen wie vor einem Jahr, aber sic war »selig« über alle die schönen Dinge, die sie bekam, und man hatte einen recht vergnügten Christabend mit einem Baum über der Krippe, die der Vater Sollbacher jeden Winter aufstellte und für die er wieder neue künstlerisch gearbeitete Figuren angeschafft hatte.

Nach dem Dreikönigstag tanzten in diesem Winter in München die Schäffler, wie sie es nach einem alten Brauch, alle sieben Jahre taten. Als 1517 die Pest so schlimm in der Stadt gewütet hatte, daß sich niemand mehr aus dem Hause wagte, und Handel und Gewerbe darniederlagen, hatte die Schäfflerzunft die geängstigten Münchener aufzuheitern und aus ihrer traurigen Scheu aufzurütteln versucht, indem sie nach dem Klange der Schwegelpfeifen einen alten Tanz aufführten, der sich noch erhalten hat. Sie kamen mit grünumwundenen, mit Bändern geschmückten Reisen, aus denen sie Gänge und Lauben schufen, um, tanzend, unter ihnen durchzuschlüpfen. Zuletzt stellte sich einer auf das mitgetragene Faß, während die anderen einen Kreis um ihn bildeten, hing einen geschlossenen Faßreifen an den Finger, stellte ein Glas Wein hinein und schwang ihn, ohne einen Tropfen zu verschütten, über den Kopf und durch die Beine durch. Dann brachte er ein Hoch auf die Familie aus, die vor ihrem Hause die Schäffler tanzen ließ.

Zuerst geschah das natürlich vor der Residenz, vor den Palästen der Prinzen, dann vor den Häusern der höchsten Würdenträger und der reichen Bürgersleute, Sollbachers hatten sich als die ersten unter diesen gemeldet, denn Adrian lag daran, daß seine junge Frau noch diesen Karnevalsspaß haben sollte.

Es war ein klarer, milder Wintertag, an dem durch die Sendlingerstraße die Buben liefen und schrien: »D' Schäffler kemma!« Da rannte alles, was sich nur irgend frei machen konnte, zur Stelle, denn noch hatte man sich nicht satt gesehen an dem Tanz. Die schlanken jungen Leute zogen mit der lustigen Musik von Pfeifern und Trommlern heran, in roten Jacken, mit grünen Käppchen und mit kurzen, schwarzen Sammethosen, weißen Strümpfen und Schnallenschuhen.

Man hatte im Sollbacherschen Hause die Fenster geöffnet. Gustel stand im ersten Stock neben den Schwiegereltern, sie war in einen langen Mantel gehüllt, der ihre Gestalt verbarg. Über dem dunklen Pelz wirkte das helle Gesicht mit den blonden Locken so lieblich, daß alle die Menschen, die unten auf der Straße versammelt waren, bewundernd zu ihr hinaufschauten. Voll Kindervergnügen lachte sie über die Späße des Hanswursten und nickte und grüßte dankbar, als dann der Vortänzer auf dem Faß mit lauter Stimme rief: »Hoch, Herr Nepomuk Sollbacher und seine Frau Josepha! Hoch, Herr Adrian Sollbacher und seine schöne Frau Gustel!«

»Hoch, die schöne Münchnerin!« rief man aus der Menge.

*

Nach dieser heiteren Huldigung kam dann in der Nacht der Ernst für die junge Frau.

Das ganze Haus geriet in Aufregung. Man schickte nach der Hebamme, nach dem Arzt, nach der Mutter Obermeier, die Frieda das Versprechen abgenommen hatte, daß sie benachrichtigt werden würde »wenn's los ging«.

Adrian litt so schwer mit seinem geliebten Weib, daß die Frauen ihn immer wieder aus dem Zimmer schickten. Frieda, die seine seelischen Qualen fast mehr erschütterten als Gustels Schmerzensschreie, brachte ihm Kaffee, beruhigte ihn, so gut sie konnte. Sie war auch die erste, die ihm die Freudenbotschaft verkünden durfte, als er, den Kopf in die Hand gestützt, zitternd vor Erregung und Angst in seinem Zimmer saß: »Der Bub ist da! Ich gratuliere!«

Er wußte kaum, was er tat in seinem Glück. Er umarmte das Mädchen, er war wie berauscht vor Seligkeit, stürzte vor der Mutter nieder, die im Wohnzimmer auf dem Sofa wartete und barg weinend den Kopf in ihrem Schoß. »Gott sei Dank! Gott sei Dank! Es ist vorüber!«

Drei Tage lang herrschte Freudenstimmung im Hause, wenn man auch nur auf den Zehen schlich und die Stimmen dämpfte.

Gustel lag ein wenig müde und blaß, aber lächelnd und glücklich in ihren schöngestickten Kissen, freute sich über den Brillantschmuck, den Adrian ihr gebracht hatte und schaute wie auf ein liebes kleines Wunder auf das winzige Wesen, das schon einige blonde Härchen hatte und von dem alle Frauen versicherten, es sähe ihr »heruntergerissen« ähnlich. Am vierten Tage aber glühten ihre zarten Wangen plötzlich in dunkler Röte. Fieber! Das Wort, das der Arzt leise gesprochen, machte die Runde im Hause und weckte bangen Schrekken.

Adrian wich nun nicht mehr von dem Lager, hielt die heißen Hände in den seinen und lauschte mit Jammer im Herzen auf die immer wirrer werdenden Worte: »Durst! Durst!« Das war das einzige, was er verstand. Es zerschnitt ihm die Seele, wenn die Kranke ihn dankbar anlächelte, so oft er ihr das Glas an die Lippen hielt. O wie war das geliebte schöne Gesicht verändert! Aufschreien hätte er mögen über den seltsamen Ausdruck der Züge und mußte doch Kraft behalten, um mit dem Arzt, den er kaum mehr aus dem Hause ließ, zu kämpfen gegen die Grausamkeit, die ihn treffen wollte. Aber alle seine Liebe war ohnmächtig gegen den Unerbittlichen.

In einer winterlichen Morgenfrühe kam das Ende. Sanft und milde näherte sich der Tod dem jungen Geschöpf und ließ es hinüberdämmern in einen gütigen Schlaf, daß noch ein Lächeln auf dem blassen Mund lag bei seinem letzten Atemzug. Es war, als hätte der erste Ernst das kindliche Weib erdrückt, als sollte das sonnige Dasein erlöschen wie das einer schönen Blume, die bei einem scharfen Windhauch das Köpfchen neigt und herabsinkt.

Die Kunde von Gustels Tod erregte Trauer und Bestürzung bis in die weitesten Kreise der Stadt, als wäre allen ein Sonnenstrahl, ein Stückchen Schönheit, auf das sie stolz waren, geraubt worden. Ströme von Menschen pilgerten hinaus zu der Leichenhalle, wo unter weißen Blumen die junge Mutter lag: »Wie ein Engel!« Aus fremden Augen flossen Tränen. Stundenlang stand vor dem Fenster ein junger Mann mit schwarzen Locken und starrte auf das blasse süße Gesicht, auf das der Kerzenschimmer fiel. Manchmal versuchte er zu zeichnen, aber der Bleistift entfiel immer wieder seiner Hand.

Die armen Eltern vermochten sich kaum zu fassen, nur einmal hörte Frau Nanni auf zu schluchzen, als ein Lakai einen Kranz brachte, den der frühere König für die verstorbene schöne Münchnerin schickte. Im vereinsamten Schlafzimmer lag ein Mann mit wildem Herzweh und drückte die heißen Augen in die Falten des Kleides, das die Tote am letzten Tage getragen hatte. Von ferne erklang wieder die Musik der Schäffler. Da schrie er auf in wahnsinniger Verzweiflung. Er faßte es nicht, daß der Tanz, das Leben, weiterging, erbarmungslos weiter.

Im ersten Stockwerk saßen die Frauen bei Frau Josepha und weinten bei den Kaffeetassen. Nebenan schrie das kleine Kind. Die Großmutter hatte das Würmchen mit der Amme zu sich genommen. In aller Stille war die Taufe vollzogen worden; Gustel hatte noch den Namen bestimmt:. »Gelt, Ludwig soll er heißen, Adrian? Wie der König g'heißen hat!« Am Tage nach der Geburt des Kleinen war sie noch so fröhlich und guter Dinge gewesen.

Frieda wohnte nun im ersten Stock bei den Alten.

»Es schickt sich net, daß du allein droben bleibst!« hatte die Mutter erklärt. »Aber ich hoff', daß du uns net im Stich laßt! Es wird ein nettes Zimmer für dich herg'richt und alles bleibt sonst beim alten!«

So hörte auch Frieda in mancher Nacht das Kinderweinen und in all dem fremden Jammer und der eigenen Trübsal fühlte sie schlaflos die Qual des rätselhaften Lebens. In ihrem Mitleid mit dem herzzerreißenden Schmerz des jungen Witwers sagte sie sich immer wieder: Warum hat die Geliebte, das Sonnenkind, fort müssen aus der Welt? Warum nicht ich, die kaum einer vermißt hätte? Sie meinte, daß sie gerne gestorben wäre, um Adrian sein Glück zu retten, um ihm den furchtbaren Abschied zu ersparen.

Schwer und düster lag die Trauer über dem früher so glücksfrohen Hause. Auch wenn sich wieder Lebensmut regen wollte, so genügte ein Blick auf Adrians verstörtes, schmerzzerwühltes Gesicht, um jede frohere Stimmung niederzuhalten. Täglich ging er auf den Friedhof. Er saß allein in seiner einsamen Wohnung, oder wenn er einmal den Bitten der Eltern nachgab und zu ihnen kam, dann blieb er schweigsam, hörte kaum, was die andern sprachen. Nur einmal hatte Frieda wieder eine lebhaftere Anrede von ihm vernommen, als er ihr sagte: »Das einzige, was mich freut von allem, was ich hab, ist das kleine Miniaturbildel, das du mir hast malen lassen! Gott segne dich für den Einfall!«

Sein heißester Wunsch war eine Kopie nach Gustels Bild in der Schönheitsgalerie. Der Hofmaler, den der Tod der jungen Frau auch tief betrübt hatte, zweifelte allerdings, daß es ihm gestattet würde, es noch einmal zu machen, hoffte aber die Erlaubnis zu einem Brustbild erwirken zu können. Er war ja der einzige, der die Ähnlichkeit treffen, die für immer entschwundenen Züge auf die Leinwand bringen konnte. Während Adrian ihn anflehte, ihm dieses Andenken zu verschaffen, stand im Atelier vor einer Staffelei ein junger Mann im Sammetrock mit dunklen Locken. Adrian hatte kaum auf ihn geachtet. Aber als er dann die Treppe hinunterging, kam dieser ihm nach und sagte bewegt:

»Herr Sollbacher! Ich gesteh' es Ihnen, ich habe Sie gehaßt wie keinen andern Menschen auf der Welt! Aber jetzt, jetzt möchte ich Ihnen die Hand drücken, denn keiner kann wohl mit Ihnen fühlen wie ich. Auch ich habe die Holdselige geliebt, die Ihre Frau geworden ist!« Versucht habe ich wohl, sie zu malen – und wenn ich Ihnen eine der Skizzen schicken darf – ach, es ist ja nur ein armes Machwerk!«

Adrian konnte nicht anders, als dankend die Hand nehmen, und so standen die beiden Männer dann in stummem, gemeinsamem Schmerz vor einander, von ihrer Trauer hinausgedrückt über die Eifersucht, die sie noch vor wenigen Wochen zu bitteren Feinden gemacht hätte.

Auf seinem Heimwege erinnerte sich Adrian auch, wo er den jungen Maler gesehen hatte: Gustels grollender Tänzer auf ihrem einzigen Ball! Unwillkürlich flog ein wehmütiges Lächeln um seinen Mund, als er sich auf ihre Worte besann. »Er hat so fad geredt, so ein Preuß, ein eingebildeter!« O, wie war sie damals lebensvoll, strahlend, hinreißend gewesen in ihrem jungen Übermut!

Über Glück und Leid geht die Zeit hin wie eine große Walze, verflachend, niederzwingend, erstickend.

Auf dem Grabe Gustels blühten die herrlichsten Blumen. Aber nun vergingen Tage, an denen es niemand aufsuchte. Der rasendste Schmerz muß allmählich ruhiger werden, wenn nicht das Gemüt unter seiner Wucht zusammenbricht. Der junge Witwer ging nun zuweilen abends aus, um unter Freunden Vergessenheit zu suchen.

Ach, die lieben Abende, an denen sie zu dreien in dem warmen Wohnzimmer gesessen waren und über Bücher und Kunst geplaudert hatten, während Gustel ihre kleinen Neckereien trieb; sie kamen auch für Frieda nicht wieder.

Bei den Eltern war nicht die rechte Lust für ein Gespräch, das über das Alltägliche hinausging. Wenn Adrian einmal zum Nachtessen da blieb, spielte sie mit ihm Schach, um ihn ein wenig zu zerstreuen. Sie hatten ja freilich oft miteinander zu tun, denn immer mehr hatte sich Frieda unentbehrlich zu machen gewußt; sie mußte sogar zuweilen das Bier probieren, da sie wirklich eine feine Zunge hatte und sich auf den Geschmack verstand, obwohl oder vielleicht gerade, weil sie für gewöhnlich nichts trank außer Wasser. Aber es blieb dann bei geschäftlichen Beratungen und Verrechnungen und die alte wärmere Vertraulichkeit schwand immer mehr. Adrians Wesen wurde verschlossen, als habe sein Unglück ihn förmlich scheu gemacht, als wollte er niemand erraten lassen, wie es in ihm aussah.

Im Winter machte er einmal eine längere Reise und er kam verändert heim. Frieda sagte ein heimliches Gefühl: Nun hat er die Treue gebrochen, die er ein volles Jahr der Toten hielt. Aber er schien finster, unzufrieden, reizbar, als schämte er sich der wieder erwachenden Wünsche, als verbitterte es ihn, daß auch der Schmerz nicht standhält, daß das Leben seine Rechte fordert und Stunden der Vergessenheit kamen, die er in anderen dann wie einen Verrat am einstigen Glücke bereute.

Frau Josepha, die bei ihrer Gefangenschaft im Hause, bei ihrem vielen Stillsitzen genug Muße hatte nachzusinnnen, die mit ihren scharfen Augen immer noch alles sah, was in ihr Bereich kam, beobachtete aufmerksam den Sohn. Auch sie bemerkte wohl, daß sich ein Wandel in ihm vollzog.

»Der Adrian muß bald heiraten!« sagte sie eines Abends, als sie zu dritt beim Essen saßen. »Wegen dem Kind ist's besser, wenn es bald eine Stiefmutter kriegt. Dann weiß es gar net, daß es net die rechte Mutter ist. Und überhaupt –«

»Das kommt schon mit der Zeit«, meinte ihr Mann. »Man darf nix übers Knie abbrechen wollen. Am besten ist's, man mischt sich net ein.«

»Das find ich net!« ereiferte sich seine Frau. »Einmal hat man dem Adrian sein eignen Willen lassen. Da sag ich ja gar nichts. Aber jetzt, wo's einmal so kommen ist, da soll er das zweitemal eine vernünftige Partie machen! Eine Frau, die ins Haus herpaßt und die auch was arbeiten mag!«

Frieda schaute auf ihren Teller, sagte kein Wort, aber das Herz klopfte ihr mit heißen Schlägen. Sie war es ja gewohnt, daß Frau Sollbacher ohne viel Rücksichten herausredete, was ihr gerade durch den Kopf ging; es durfte also auch nicht überraschen, daß sie in ihrer Gegenwart diese Frage berührte. Sie konnte mit ihren Heiratsplänen ja doch nur an die Hausgenossin denken, die seit Jahren schon die Wirtschaft führte, die immer ihr Liebling gewesen war. Darin mochte die Mutter wohl recht haben: Für den Witwer, dem so grausam sein Glück genommen war, kam nur eine Wahl aus Vernunft in Frage. Aber mußte die neue Ebe auch nüchtern und kühl bleiben, wenn er eine Frau fände, die ihn heiß und leidenschaftlich liebte? War nicht ein zweites Glück für ihn möglich?

Das Kind gedieh prächtig, ein lieber, lustiger, kräftiger Bub, den Frieda oft mit scheuer Zärtlichkeit in den Armen hielt. Aber es gab häufig Schwierigkeiten mit den Kindermädchen, die das herrische Wesen der Großmutter nicht vertrugen und als wieder einmal Adrian einen Streit schlichten sollte, sagte Frau Josepha ärgerlich: »Ich bin eine kranke Frau und kann auch nichts dafür, wenn ich manchmal eine schlechte Laune hab! Du mußt halt heiraten nnd deinen Buben zu dir nehmen!«

»Davon mag ich nichts hören, Mutter!« erwiderte Adrian rasch. »Es käm' mir vor, als wäre meine arme Gustel schon vergessen!«

»A was!« stieß sie ungeduldig hervor. »Deswegen brauchst sie ja net vergessen, wenn du tust, was fürs Haus und das Kind notwendig ist.«

Wieder hatte der kleine Auftritt in Friedas Gegenwart stattgefunden. Sie mußte lernen, ihre Züge zu beherrschen, mit keiner Miene zu verraten, was in ihr vorging, welche Wünsche, Hoffnungen, welche Sehnsucht sie bewegten.

An einem Frühlingstag kam einmal, als sie in der Küche beschäftigt war, das Lenerl von Obermeiers zu ihr, das gleich nasse Augen bekam, wenn es das Sollbachersche Haus betrat.

Eine schöne Empfehlung vom Herrn und der Frau soll ich ausrichten«, sagte sie, sich das Gesicht abwischend. »Und Mamsell Romberger möcht heut abend zum Essen kommen, weil ein Gast eing'laden ist und sie ein bissel helfen könnt, ihn zu unterhalten.«

Frieda sagte verwundert zu. Der Onkel und die Tante, die seit dem Tode der Tochter fast menschenscheu geworden waren, gaben eine Abendgesellschaft! Welch eine Bewandtnis mochte das haben? Ohne besonderen Grund übten sie, als echte Münchner, ja kaum Gastfreundschaft!

Als sie sich einfand, war der Fremde schon da. Ein Mann, Anfang der vierziger Jahre, der einen recht angenehmen, gebildeten Eindruck machte und dem man anmerkte, daß er viel in der Welt herumgekommen war. Er wurde ihr als Herr Franz Oswald vorgestellt und aus dem Gespräch ergab sich, daß er ein großes Hotel in Frankfurt besaß. Obermeier hatte ihn einmal auf einer Reise getroffen und sich mit ihm angefreundet, schien stolz auf die Bekanntschaft und behandelte den Gast mit der unverkennbaren Ehrerbietung, die er nur einem Reicheren, Höhergestellten zu zollen pflegte. Der Abend verlief sehr angeregt, Konrad, der nun schon Rechtspraktikant war und immer für Frieda die herzlichste Anhänglichkeit an den Tag legte, auch wenn er wahrscheinlich mittlerweile schon für manche andere geglüht hatte, gab sich Mühe, die erst etwas steife Stimmung zu beleben. Der Frankfurter erzählte viel von der Zeit des Vorparlaments und der Nationalversammlung, was bei Frieda großes Interesse erweckte und die Zeit ging rasch vorüber. Die beiden Herren begleiteten dann das junge Mädchen zurück in die Sendlingerstraße. Ein paar Tage später kam der Onkel mit ganz erregtem Gesicht zu ihr.

Er müsse mit ihr reden, habe ihr was recht Erfreuliches mitzuteilen.

»Also der Herr Oswald hat um dich angehalten«, platzte er gleich heraus mit dem Bewußtsein, eine sehr beglückende Nachricht zu verkünden. »Er kennt mich ja kaum!« erwiderte Frieda und wurde blaß wie in einem jähen Erschrecken.

»No, du hast ihm g'fallen und er braucht eine Frau für sein Haus. Er ist Witwer, aber seine Tochter ist schon verheiratet. Sonst hat er keine Kinder. Weißt, das ist wirklich eine Partie, wie du dir's kaum im Traum hättest wünschen können. Ein sehr vermöglicher Mann, hochang'sehn in der Stadt! – In dem Hotel »Reichsstadt« verkehren nur die feinsten Leut. Und von seinem Charakter hört man nur das allerbeste. Schöner kannst du's gar net kriegen.«

Frieda war so betroffen, daß sie nicht gleich wußte, was sie antworten sollte. Natürlich hatten sich Obermeiers nur zu der Einladung aufgerafft, um dem Mann Gelegenheit zu geben, sie kennen zu lernen. Er hatte sich um eine Frau umgesehen und sie war ihm empfohlen worden: Eine von den Verwandten voraus eingefädelte Verbindung! Schon dagegen wehrte sich ihr Empfinden, auch wenn sie sonst keinen Grund gehabt hätte, dieses ihr so nüchtern dargebotene »Glück« abzuweisen! Sie hätte sofort sagen können: Ich will nicht fort von München! Ich will nicht heiraten! Ich kann mich nicht entschließen! Aber um den Onkel nicht zu kränken, der sich offenbar wie ein Gnadenspender erschien, weil er diese Partie für sie zustande gebracht hatte, meinte sie nur verlegen:

»Ich muß es mir zuerst überlegen. Das kommt so unerwartet – – ich bin so überrascht.«

»Dagegen hab' ich nichts. Es schaut auch besser aus. wenn man net sogleich zugreift. – – Das g'hört sich sogar. Ich werd dem Herrn Oswald also sagen, daß ich ihm in drei Tagen die Antwort bring. Eine lange Bedenkzeit brauchst ja net, denn ich wüßt wahrhaftig net, was du an einer solchen Partie auszusetzen haben könntest.«

Frieda dankte dem Onkel und drückte ihm die Hand. Ihre Blässe, ihre verlegene Miene erschien ihm nur als mädchenhafte Verwirrung und so sagte er, als er heimkam zu seiner Nanni:

»Ganz verhofft ist sie g'wesen die Frieda! An so was hat sie gar net denkt! Aber natürlich kriegt er ihr Jawort!«

Es erregte dann bei den Eltern Obermeier heftigen Unwillen, ja geradezu Bestürzung, als am dritten Tage ein Brief von Frieda kam, in dem sie Herrn Oswald für seinen ehrenvollen Antrag ihren Dank aussprechen ließ und ihn bat, ihr nicht zu zürnen, wenn sie es nicht über das Herz brächte, von ihrer Heimatstadt fortzugehn.

»Die ist ja net g'scheit, die Frieda! So einem Manne gibt sie einen Korb? Ja, was meint denn das Mädel? Andere täten sich alle Finger abschlecken, wenn sie eine so gute Partie machen könnten«, rief der Onkel zornig.

»Wer weiß, was sie für dumme Liebesg'schichten im Kopf hat«, brummte die Tante. »Ich hab's ja immer g'sagt! Ihr kennt die Frieda net! Die hat schon ihre Heimlichkeiten!«

Nur Konrad nahm die Cousine in Schutz.

»Sie hat den Mann ein einzigesmal g'sehen. Mein Gott, daß er Geld hat, das ist doch noch kein Grund, daß sie ihn gleich gern haben muß. Jung ist er auch nicht, hat schon graue Haar.«

»Ein Mann in die besten Jahr!« ereiferte sich die Mutter. »Ein Mädel, das kein Vermögen hat, sollt doch froh sein, wenn sie in ein wohlhabendes Haus einheiraten kann!«

Natürlich vertraute Frau Nanni auch Frau Sollbacher ihre Enttäuschung an und klagte vor ihr über Friedas sinnlose Abweisung einer Heirat, die sie so liebevoll für die Nichte ermöglicht hatten.

Am Abend nach dieser Kaffeevisite, in der zumeist von Frieda und ihrem Eigensinn die Rede gewesen war, sagte Frau Josepha:

»Ja, schau, Frieda! Für uns wärs ja wirklich ein rechter Schlag, wenn wir dich jetzt verlieren müßten. Aber deinetwegen begreif ich's schon net, warum du net Ja g'sagt hast. Du bist jetzt auch schon fünfundzwanzig Jahr alt. Da hast die schönste Zeit schon hinter dir. Ich weiß net, auf was du eigentlich noch warten willst, wenn dir ein solcher Antrag net g'fallt.«

Die scharfen Augen, die auf ihrem Gesicht lagen, als wollten sie ihr jeden Gedanken ablesen, waren Frieda unsäglich peinlich. Leise regte sich eine feindselige Empfindung gegen die Frau, deren Worte sie befremdeten, überraschten, verletzten. Auch sie redete ihr zu, zu gehen, auch sie, der sie unentbehrlich zu sein glaubte, schien sie fortschieben zu wollen! Klang durch die derbe Aufrichtigkeit nicht deutlich genug der Rat: Mach dir nur keine Hoffnungen, meine Liebe, auf meinen Sohn!

Diese erste Haßempfindung wuchs, wurde zu leidenschaftlichem Groll, als Frau Josepha einmal beim Mittagessen, wahrscheinlich mit einer gewissen Absicht, in ihrem Beisein bemerkte:

»Du, Alter! Hat eigentlich net der Filcherbräu eine Tochter, die jetzt so um die zwanzig herum sein muß? Mir könnten doch wieder einmal Besuch machen bei der Madam Filcher. Ich mein halt, ein Mädel aus so einem Haus, die tät am besten für unsern Adrian passen und die Fischers, die müssen sich auch ein schönes Vermögen zusammeng'haust haben.«

»Wenn er doch net heiraten mag, der Adrian!« wehrte Sollbacher jede Einmischung ab. »Laß ihm doch seine Ruh!«

»I, du willst immer alle Fünfe grad sein lassen! Bis er uns nachher eine rechte Dummheit macht!« rief Frau Josepha ärgerlich.

Frieda war das Blut in die Wangen gestiegen. Also das war die »vernünftige Heirat«, die für den Sohn gewünscht wurde: ein reiches Mädchen! Geld, immer mehr Geld zu dem vielen, das sie schon besaßen!

An sie, die sich nun schon jahrelang in diesem Haushalt abmühte, die pflichtgetreu und gewissenhaft alle Arbeit tat, an sie dachte diese Frau gar nicht! Sie galt ihr offenbar nur als eine Angestellte, eine Dienerin, – die arme Verwandte, die man bezahlte für ihre Leistungen. O, sie war darauf gefaßt gewesen, entsagen zu müssen, ihre Neigung tief, tief im Herzen zu verbergen und niemals an eigenes Glück denken zu dürfen! So lange Gustel lebte, wäre es ihr sündhaft, wie ein häßlicher Verrat erschienen, nur mit dem leisesten selbstischen Wunsch an den Frieden dieser Ehe zu rühren. Daß sie Adrian lieb hatte, eigentlich seit jener Stunde, da er sich mutig und gefaßt, der wilden Schar, die in sein Haus stürzen wollte, gegenübergestellt hatte, das wußte sie längst. Wie ihr Schicksal war es ihr erschienen, in das sie sich ergeben, das sie still und ohne Klage tragen wollte: Es mußte ihr genügen, für ihn, mit ihm zu arbeiten, ihm geistig nahe zu stehen, als dritte in seinem Heim sich an dem fremden Glück zu freuen, einmal eine gute Tante für seine Kinder zu werden. Wenn sie ihm hätte retten können, was ihm so teuer war, sie würde ihr Leben geopfert haben, ohne Zögern! Das hatte sie gefühlt, während sie ihn zermartert sah von Schmerzen, das fühlte sie auch heute noch mit fester Überzeugung. Aber die dunkle Macht, die unsere Wege leitet, hatte es anders beschlossen. Gustel lag draußen im Friedhof. Er war frei! Er brauchte eine Frau, eine Mutter für sein Kind! War sie nun nicht berechtigt, der Liebe, der Sehnsucht Raum zu geben? Sie, die ihm schon lange die geistige Gefährtin gewesen, die seinen kleinen Sohn in der ersten Stunde in den Armen gehalten, die seiner Frau so nahe gestanden hatte, daß auch ihr das Andenken an das holde Geschöpf nie verblassen konnte!

O so viel glühender, so viel leidenschaftlicher wollte sie ihn lieben als das kindliche Weib es je getan! Heißer, verzehrender verlangte sie nach seinen Küssen!

Er ging an ihr vorüber, sah das Herz nicht, das sich nach ihm sehnte und seine Mutter schaute nach einer Schwiegertochter aus, die eine große Mitgift ins Haus brachte! Sie war nur dazu gut, den Reichen die Arbeit zu tun, um dann den Platz zu räumen, wenn die zweite Frau ihren Einzug hielt!

Wenn sie nicht gefürchtet hätte, ihr Geheimnis zu verraten, wenn ihr Mädchenstolz ihr nicht Schweigen und Geduld auferlegt hätte, sie würde der Frau Josepha noch am selben Tage ihre Schlüssel vor die Füße geworfen haben, so tief war sie erbittert.

Adrian war wenig mehr zu Hause. Die Mutter bemerkte mit Mißbehagen, daß er sich immer mehr einer Gesellschaft von jungen Lebemännern anschloß, seine Abende im Weinrestaurant verbrachte und sich das Spielen angewöhnte. Alle ihre Versuche, ihn zu einer neuen Heirat zu bestimmen, scheiterten an seiner starren Abneigung und allmählich ging er dem elterlichen Heim förmlich aus dem Wege, um nur nicht wieder mit solchen Vorschlägen gequält zu werden.

Arme Frieda! Sie litt heimliche Qualen der Eifersucht und durfte ihre Schmerzen nicht zeigen, mußte gelassen bleiben, täglich mit gleicher Ruhe und Umsicht über dem großen Haushalt walten und abends der Frau, die sie im stillen nun haßte, die Zeitung vorlesen oder mit ihr Domino spielen. Adrians Augen irrten zerstreut über sie hinweg. Er sah nicht froh aus, hatte seine gleichmäßige gute Laune verloren und zankte oft mit ungerechter Schärfe, nur weil ihn eine verkneipte Nacht reizbar und ungeduldig machte.

Sie wußte: lange konnte sie dieses Leben nicht ertragen. Zuweilen, wenn sie sich über eine Unbotmäßigkeit, eine Nachlässigkeit, wie sie in dem großen Betriebe, unter den vielen Bediensteten, unvermeidlich war, heftig ärgerte, dann dachte sie an die brummige Tante Theres und mit heimlichem Grauen: Ich werd doch net auch eine böse alte Jungfer werden!

Aber sie empfand dann ein gewisses Mitleid mit der Verwandten, verstand, wie eine Reihe von Enttäuschungen einen Charakter herbe und scharf machen können und schickte der Tante einen Gruß in ihr kleines Nest.

Konrad, der nun auf dem Rentamt in Regensburg praktizierte, hatte ihr bei einem Besuch in München wieder einmal von Kuno Ehrwardt erzählt und bei ihr ein Lachen hervorgerufen, kein frohes, mehr ein empörtes, bitteres:

»O, der hat sich verändert, Frieda! Er, der einstige Demagog und Redner, der einmal so heftig gegen die Tyrannei gewettert hat, ist jetzt der devoteste Untertan und neben der Wachszieherei dichtet er für fromme Kalender salbungsvolle Lieder und Gesänge, ganz im Stil der Amaranth von Oskar von Redwitz, über die alle Jungfrauen gerührt sind. Für das Mittelalter scheint er jetzt zu schwärmen, hat alle einstigen Freiheitsgedanken vergessen und sagt wohl auch: Ruhe und Geldverdienen ist des Bürgers erste Pflicht!«

Ein Duckmäuser war aus ihm geworden! Frau Tangl, die sie einmal besuchte, behauptete mit Tränen in den Augen: Sie habe die Wandlung, die mit Kuno vorgegangen war, auf einer Wallfahrt nach Altötting erfleht, die sie eigens für seine Besserung gelobt hatte. Rosine schwieg, aber sie bekam immer heiße Wangen, wenn Kunos Name genannt wurde und sie schaute Frieda anklagend an, als wollte sie sagen: Ihr Weltkinder seid flatterhaft und eure Liebe hat keinen Bestand!

Bald nach dem zweiten Geburtstage des kleinen Ludwig Sollbacher bekam die Großmutter Nanni, die noch am Nachmittage am Grabe der Tochter gewesen war, einen Schlaganfall und starb wenige Stunden darauf. Frieda war bei Obermeiers in Ungnade gefallen, seit sie sich deren Heiratsplänen widersetzt hatte. Nun fühlte sie doch großes Mitleid mit dem Onkel, der seine treue Lebensgefährtin verloren hatte und ging oft zu ihm, um ihm Gesellschaft zu leisten, ihn zu trösten. Zur größten Bestürzung der Familie Sollbacher erklärte sie eines Tages:

Sie halte es für ihre Pflicht, zu dem Onkel hinzuziehen, der so allein sei. Er habe sich ihrer auch angenommen, als sie nicht aus und ein gewußt und sie bringe es nicht übers Herz, ihn nun im Stiche zu lassen.

Es war ihr eine Genugtuung, daß ihre Kündigung, zu der sie jetzt endlich den erwünschten Anlaß gefunden hatte, große Ratlosigkeit hervorrief und auch Frau Josepha im ersten Augenblicke aufs schwerste traf. Allmählich aber bemerkte sie, daß sich die kleine Frau mit der Wendung aussöhnte. Sie dachte jedenfalls, daß nun ihr Sohn sich doch ihren Plänen willfähriger zeigen müsse, daß ihm nichts anderes übrig bliebe, als eine Frau ins Haus zu holen. Adrian aber schien ganz fassungslos. »Verdenken kann ich's dir ja nicht, Frieda«, sagte er traurig. Bei uns ist's net mehr schön, seit die Gustel tot ist. Mir kommt's vor, als wär es förmlich finster worden in unserm Haus und ich lauf ja selber fort, sobald ich nichts mehr zu tun habe. Aber ich habe doch g'hofft, daß du's bei uns aushalten wirst, bis« – – Er sprach den Satz nicht zu Ende, denn die wuchtige

Gestalt des Bräumeisters wälzte sich eben mit ungewohnter Eile auf ihn zu.

In der Brauerei nebenan war ein Kessel geplatzt, man rief nach dem Herrn; er mußte rasch hinüber und so erfuhr Frieda nicht, bis zu welcher Frist er ihr Bleiben erwartet hatte.

»Bis er heiratet«, ergänzte sie mit schmerzlicher Selbstverhöhnung seine Worte.

Es mußte nach einer fremden Kraft gesucht werden, und als Frieda die neue Beschließerin eingewiesen hatte, packte sie ihre Sachen zusammen.

Frau Josepha tat es nun offenbar doch leid, daß sie die Hausgenossin verlor, und sie bat mit ihrem freundlichsten Ton: »Gelt, aber du kommst doch manchmal herüber! Es wird ja recht einsam für uns zwei Alten!« Sollbacher senior, der nicht viel sagte, brachte Frieda ein Etui mit einem kostbaren Schmuck, auf das er in goldenen Lettern hatte drucken lassen: Aus Dankbarkeit von der Familie Sollbacher.

Das rührte das Mädchen tief, und als sie dann von dem kleinen Buben Abschied nahm, der jetzt, um die Streitigkeiten mit den Kinderfrauen zu vermeiden, oben bei dem Vater wohnte, da überkam sie ein so tiefer, leidenschaftlicher Schmerz, daß sie in dem stillen Wohnzimmer in wilde Tränen ausbrach. Sie wußte selbst kaum, weinte sie um Gustel, deren Bild von der Wand herablächelte, um das fremde Glück, das einmal hier eine Heimstätte gehabt oder über ihre eigenen verlorenen Wünsche. Als Frieda fort war, kam Adrian, der sich gar nicht in den Verlust finden konnte, wieder einmal zur Mutter:

»Wir hätten der Frieda vielleicht doch noch mehr zureden sollen, daß sie dableibt! Ich weiß gar net, warum sie eigentlich um jeden Preis zu dem Onkel hin will? Hat es beim zwischen ihr und Ihnen etwas 'geben, Frau Mutter? Ich versteh's gar net.«

Frau Josepha lächelte boshaft.

»Ich hab ihr nix zu leid 'tan! Aber du vielleicht!« sagte sie. »Warum sie 'gangen ist, des kann ich mir schon denken. Weil sie sich halt auf dich Hoffnungen g'macht hat und weil sie jetzt eing'seh'n hat, daß da nix draus wird.«

»Auf mich?« rief Adrian rasch. »Nein, da bist auf einem ganz falschen Weg. Das weiß ich ganz g'wiß. Sie hat einen ganz andern im Kopf! Deswegen ist sie net fort.«

»So weißt du des? Wenn'st dich nur net irrst! Ich glaub, da kenn ich mich besser aus«, behauptete die Mutter. »Aber jetzt ist auch Zeit, daß du vernünftig wirst und eine Frau nimmst. Soll ich die Tochter vom Filcherbräu einmal einladen? Sie ist ein sauberes Mädel.« Adrian sprang auf. »Jedesmal kommen Sie mir jetzt mit dem!« rief er zornig. »Ich mag schon gar net mehr herein geh'n in die Wohnung.« Und mit unwilligem Gesicht lief er hinaus.

*

Zu Frau Josephas Mißbehagen munkelte man in der Stadt einige Monate später von einem auffallenden Wohlgefallen, das der junge Sollbacher für eine hübsche Schauspielerin an den Tag legte. Die Frau Basen, die zum Kaffee kamen, wußten allerlei zu erzählen und jede vertraute unter dem Siegel der Verschwiegenheit der beunruhigten Frau an, was man ihr erzählt hatte.

»Ich will ja nix g'sagt haben«, flüsterte die Frau Hausapotheker mit unheilverkündendem Gesicht. »Aber mir ist zu Ohren ,kommen, das Fräulein Hilga – – was das schon für ein überspannter Nam' ist – – ja Hilga Birkwald heißt sie sich, obwohl sie sich eigentlich Krampflinger schreibt – die hätt' zu einer Freundin g'sagt: Sie freu' sich schon drauf, wenn sie einmal in einer Chaisen bei ihr vorfahren und sie zum Spazierenfahren einladen könnt'. Denn so dumm wär sie net, daß sie sich in ein Verhältnis einlaßt! Nein, nein! Sie tät schon keine Dummheiten machen.«

Die Frau Kanzleirat, die als Nachbarin von Sollbachers auch zuweilen nachmittags kam, wußte zu berichten: »Fräulein Birkwald bekäme so schöne Buketts; so oft sie in der Theaterloge sei, hätte sie einen Rosenstrauß in der Hand und die Frau Kanzleirat lächelte sehr vielsagend: »Ja, ja! Diese Damen vom Theater, die sind gefährlich!«

Frau Sollbachers Schwester Anna, die Frau Zolleinnehmersgattin, rückte schon deutlicher heraus.

»Weißt, Josepha, der Sach' müßt Ihr ein Ende machen! Ihr werd't seh'n: der Adrian bringt Euch sonst die Theatermamsell als Schwiegertochter ins Haus! Nachher habt Ihr's! Sie soll so weit ein anständiges Mädel sein und immer ist die Mutter und der Vater bei ihr. Aber grad deswegen geht der Adrian ein, wenn er so fort fahrt mit sein'm Hofieren.«

Josepha klagte vor ihrem Mann und seufzte und wollte, daß er mit dem Sohn reden sollte, denn bei ihr ließ sich dieser gar nicht mehr blicken. Aber Sollbacher schüttelte mit seiner immer mehr zunehmenden Gelassenheit den Kopf.

»Abreden ist das Schlechteste, was man tun kann! So ein Narr ist der Adrian net! Aber wenn man ihm Vorschriften machen möcht', nachher wird er bloß eigensinnig.«

»Mit dir ist nichts anz'fangen!« brummte die Frau und ward immer sorgenvoller. Sogar als Frieda sie einmal wieder besuchte, schüttelte sie ihr schweres Herz aus.

»Hast du auch schon was reden hören? Der Adrian, der soll in eine Mamsell vom Theater verliebt sein! Wär das ein Unglück! Nein, wenn er mir die ins Haus bringt, nachher sind wir g'schiedene Leut!«

Frieda erwiderte mit einem Beben um den Mund, aber mit ruhiger Stimme: Sie wisse von nichts. Aber sie empfand eine heimliche Schadenfreude, da sie die Angst in dem Gesichte der Frau beobachtete. O, diese Unruhe gönnte sie ihr! Fast schien es, als regte sich nun ein Gefühl der Reue in dem Herzen der Gelähmten, daß sie dem Sohne nicht zugeredet hatte, die bewährte treue Kraft festzuhalten mit beiden Händen.

»Wenn nur du noch im Hause wär'st, Frieda! Da ist er doch noch ein paarmal in der Woche zu uns kommen und hat mit dir Schach g'spielt. Zu dir hat er auch immer ein großes Zutrauen g'habt. Jetzt sieht man ihn gar net mehr!« sagte sie. »Ich schlaf keine Nacht vor lauter Verdruß.«

Auch Frieda konnte, durfte ja keine Klage laut werden lassen. Aber ihr brannte es wie Feuer durch die Adern; sie rannte wie gejagt durch die Straßen nach der Unterredung, wußte kaum, wo sie ging. Sie hätte aufschreien mögen vor Qual. Wie es in der Art der Eifersucht liegt, sich in Schmerzen einzuwühlen, suchte sie auf dem Theaterzettel nach dem Namen Hilga Birkwald und nahm sich sofort eine Eintrittskarte für den Abend, nur um die Beglückte zu sehen, die Adrians Wohlgefallen erweckte.

Eine hervorragende Schauspielerin war sie allerdings nicht, hatte auch nur eine unbedeutende Rolle, aber Frieda mußte zugeben, daß sie hübsch sei. Eine üppige große Erscheinung, ein weiches Gesicht, recht geeignet, auf die Sinne eines Mannes zu wirken.

Konrad, der nun wieder in München war, hatte der Cousine versprochen, sie abends abzuholen; er redete ihr ja immer zu, sich ein wenig Vergnügen zu gönnen, nicht immer zu Hause zu sitzen, und da Frieda nicht gerne das kleine alte Lenerl zu längerem Aufbleiben veranlaßte und ein Alleingehen in der Nachtstunde für weibliche Wesen gegen die Sitte verstieß, war sie sehr froh über die Begleitung des Vetters. Wie gerne hätte sie mit Konrad über die Flamme seines Schwagers gesprochen. Ganz vorne im Parkett war Adrian gesessen und hatte unverwandt durch das Opernglas auf die Bühne geschaut, so lange die etwas mit der Zunge anstoßende Schöne sich zu betätigen hatte. Zufällig fuhr dann, als die beiden langsam nach Hause schlenderten, der Theaterwagen an ihnen vorüber und Konrad blickte neugierig hinein. Auch ihm mußte etwas über Adrians »Passion« zu Ohren gekommen sein, denn er sagte lachend:

»Den Geschmack meines verehrlichen Herrn Schwagers kann ich nicht begreifen! Ich finde, diese Mamsell Birkwald sieht gewöhnlich aus! Überhaupt – so eine geschminkte Grete – die könnt mir nie gefallen –«

Konrad fühlte sich nach seinen bisherigen Erfahrungen schon als gewiegter Frauenkenner.

»So!« sagte Frieda und bemühte sich, einen möglichst gleichgültigen Ton zu finden. »Seine Mutter hat eine Heidenangst, Adrian könnte sie heiraten.« Es war Nacht, und da brauchte sie nicht zu fürchten, daß ihre Miene verraten würde, wie nahe ihr die Sache ging.

»Geh, Unsinn!« meine Konrad. »Er wird sich doch nicht einfangen lassen! Ich glaub', es ist mehr die Eitelkeit im Spiel, als eine besondere Zuneigung. Unter den Lebemännern, unter denen er jetzt so viel verkehrt, gehört es förmlich zum guten Ton, diesem Fräulein Birkwald den Hof zu machen, gerad, weil es heißt, sie sei sehr tugendhaft und unnahbar. Und es schmeichelt ihm, daß sie ihn auszeichnet.«

»Sie weiß wohl warum«, warf Frieda ein.

»Natürlich! Der reiche junge Mann tät ihr passen. Und jeder ist dann so dumm, daß er meint, es gilt ihm persönlich.«

Frieda fand den Vetter wirklich sehr klug und sehr lieb und drückte ihm besonders warm die Hand, als sie ihm Gute Nacht sagte. Sobald sie dann in ihrem Zimmer war, wunderte sie sich freilich, warum ihr mit einem Male so leicht und froh zumute geworden war. Was ging es sie an, ob Adrian ernstlich verliebt sei, oder sich nur zum Narren halten ließ? Es war doch gleichgültig für sie – mußte ihr gleichgültig sein! Sie murmelte das Wort immer wieder vor sich hin und kam doch nicht zur Ruhe, sah immer wieder den jungen Mann vor sich, der so unverwandt auf die Bühne, auf die große üppige Erscheinung starrte und fand keinen Schlaf.

Zufällig wohnte die gefeierte Mamsell Hilga ganz in ihrer Nähe, am Rochusbergl, und eines Tages kam das Lenerl, lachend, herein und sagte:

»Mamsell Romberger! Da müssen's einmal horchen, wie's da drüben bei der Schauspielerin zugeht! Das ist grad lustig zum Anhören.«

An der Obermeier'schen Wohnung war rückwärts eine Art Anbau, ein mit breiten Fenstern abgeschlossener Vorplatz, in dem Vorräte aufbewahrt wurden. Von hier aus konnte man auf das kleine Haus am Rochusbergl herüberschauen und man hörte über dem stillen Hof die Stimmen. Offenbar war da drüben ein heftiger Streit los. Türen wurden zugeschlagen; eine Frau kreischte zornig in den höchsten Tönen; ein Männerbaß schimpfte. Nach einer Weile erschien eine dicke Person in der Nachtjacke mit unfrisiertem Haar am Fenster.

»Das ist die Mutter von der Schauspielerin!« flüsterte das Lenerl, »die Madam Krampflinger«.

Sie schien sich nach einem Auftritte mit ihrem Gatten hier abkühlen zu wollen, sah immer noch sehr erhitzt und aufgeregt aus.

»In dem Zimmer, das auf den Hof herausgeht, da wohnt die Hilga«, erzählte das Lenerl. »Ich hab schon oft zug'hört, wie sie was auswendig g'lernt hat. Neulich ist sie immer auf- und abgangen und hat g'rufen:

»Erfreue unsern Vater: Nimm ein Beispiel
Laß diesen Tag drei frohe Bande schließen!«

Es war so drollig, wie die kleine Köchin mit Handbewegungen und Augenverdrehen das nachmachte, daß Frieda laut auflachen mußte. Aber von nun an trieb es sie doch öfter an diesen Auslugposten, als für ihre Seelenruhe gut war. Ein paarmal sah sie auch, daß Adrian die beiden Damen nach Hause begleitete und sich sehr warm verabschiedete. Wenn die Mutter mit der schönen Tochter spazieren ging, war sie sehr gut gekleidet und niemand hatte dann denken können, welch zigeunerhaften Eindruck sie in der Morgenfrühe mit der Nachtjacke und dem wirren Haar machte.

Frieda, die sich bisher so wenig um das Theater gekümmert hatte, wußte nun genau, wann ein Schauspiel aufgeführt wurde, wann

Mamsell Birkwald zu tun hatte oder nicht. Sie war eines Abends wieder bei Sollbachers gewesen, nur bei den Eltern.

»Der Adrian ist wieder einmal net z'haus!« hatte die Mutter ärgerlich gesagt. Als Frieda heimkam, ging sie noch leise hinaus auf den Vorplatz und schaute hinüber zu dem kleinen Haus, um das jetzt so oft ihre eifersüchtigen Gedanken flogen. Es war dunkel in der Wohnung; nur durch die Vorhänge an dem Zimmer der Schauspielerin schimmerte noch Licht. Und sie durchzuckte ein wilder Schmerz, wie eine folternde Ahnung: Adrian ist da drüben! Sie konnte sich von dem Fenster nicht losreißen, stand da mit brennenden Augen, mit einem Druck auf der Brust, der ihr das Atmen schwer machte und wartete. Worauf? Sie wußte es selbst kaum. Auf den Moment, da sie den Mann, den sie liebte, dort drüben heraustreten sehen würde, auf die Gewißheit, daß er einer anderen gehörte!

»Du bist ein Narr!« sagte sie sich und blieb doch stehen. Nie hatte sie sich so unglücklich, so gottverlassen elend gefühlt wie in dieser Stunde. Was hatte ihr denn bisher das Leben gebracht? Nichts – nichts als Enttäuschung und Entsagung. Immer nur Opfer für andere! Sollte es immer so weitergehen, daß sie bei den Alten saß, an deren Kummer teilnahm, deren Grämlichkeit mit anhören mußte? So heiß, so leidenschaftlich wie einst, da sie empört dem Vater gegenübergestanden war, regte sich wieder das Verlangen nach Freiheit, ein überwältigendes Sehnen in ihr nach Glück. Warum war sie nicht lieber fortgegangen in die Fremde, irgendwohin in die Welt, nur heraus aus der Verwandtensippe, in der man sie ausnützte, es sich gerne gefallen ließ, wenn sie arbeitete und schaffte und sie doch nur als eine Untergeordnete betrachtete, weil sie nicht reich war, wie diese auf ihren Geldsack pochenden Spießbürger! All' die Jahre der Jugend hatte sie nun hier verloren und für sie gab es kein Ziel, keine Aussicht, nur langsames Versanden, bis einmal alle Wünsche in ihr tot waren und sie ein überflüssiges altes Möbel geworden war wie die Tant' Theres!

Während sie so verzweifelt vor sich hinsann, die Augen immer auf das erleuchtete Fenster gerichtet, verschwand der Lichtschimmer; man sah, wie er herabrückte auf die Treppe, als käme jemand mit der Kerze in der Hand die Stiege herunter. Dann wurde die Haustüre geöffnet, man schien hinauszuspähen in das Dunkel. Ein Mann trat auf die Schwelle. Nur einen Augenblick lang fiel die Helle auf ihn. Aber der Augenblick hatte genügt!

Es war nicht Adrian, der in der heimlichen Stunde aus dem Hause der Schauspielerin auf die Straße schlüpfte! Eine viel größere Gestalt! Ein scharfes Gesicht mit einem Schnurrbart.

Frieda war's, als müßte sie auflachen mit einem Gefühle der Erlösung, wie in einem köstlichen Rausche der Freude. Aber sie schlich leise, auf den Zehenspitzen, zu ihrem Zimmer. Als sie durch den Flur ging, wurde eben die Türe bei ihnen aufgesperrt und Konrad kam heim, sah mit Erstaunen, daß sie noch wach war.

»Du geisterst um Mitternacht in der Wohnung herum!« flüsterte er.

»Ich hab net schlafen können, da bin ich ein wenig da draußen gewesen, um die Stern anzuschauen. Aber man sieht auch sonst allerlei bei der Nacht! Wär sehr lehrreich für manche Leut', wenn sie das beobachtet hätten, was ich da im Dunkeln mit ang'schaut hab!«

»Geh'! Was denn?« fragte Konrad neugierig.

Frieda war so erregt, so aufgeheitert, daß sie mit leisem boshaftem Lachen sagte:

»Das laßt sich die schöne Mamsell Birkwald net träumen, daß man von unserem Vorplatz aus ihre Heimlichkeiten ausspionieren kann, wenn man g'rad noch die Stern' anschauen will.«

»Erzähl' doch!« bat Konrad. Aber sie eilte mit einem raschen »Gute Nacht« in ihr Zimmer.

Ein paar Tage später war's. Dem Vater Obermeier mußte nun auch allerlei über Adrians Beziehungen zu der Schauspielerin zu Ohren gekommen sein. Eines Abends, als auch Konrad zu Hause war, sagte er mit seinem pfiffigen Gesicht, nachdem er sich die Pfeife angezündet hatte:

»Heut hab ich den Adrian einmal zur Red' gestellt. Die Gustel tät sich im Grab umdreh'n, hab ich g'sagt, wenn es wahr wär', daß du dich mit so einer einlaßt! No, wenn er von der Gustel was hört, da wird er immer gleich ganz wehmütig. Ich glaub' gar net, daß an der ganzen Sach' was Ernsthaftes d'ran ist. Mir scheint halt, diese Mamsell Birkwald, die tut ihm recht schön und macht ihm weiß, daß sie sterbens in ihn verliebt ist, und er ist ein so gutmütiger Mensch, daß er sie net kränken möcht'. Aber du lieber Gott! Wie er in unsere Gustel verschossen war, da hätt' ihm einer abraten sollen! Den hätt' er ausg'lacht, oder er wär' ihm an die Gurgel g'sprungen! No ja, des ist ja auch net zum Vergleichen. Aber jetzt hat er mir versprochen, daß er nimmer ins Theater geh'n will und daß er sich zurückzieht, damit das

Gered ein End' nimmt. Jetzt wollen wir halt sehn, ob er's auch halt!«

Eine Woche später gab es in der ganzen Nachbarschaft heftige Aufregung. Aus der Wohnung am Rochusbergl hörte man Schreien, lautes Weinen; Leute sammelten sich vor dem Hause. Alles lief neugierig zusammen. Was hat's denn geben?«

Allmählich verlautete: die schöne Mamsell Birkwald habe Selbstmord begangen aus unglücklicher Liebe und läge sterbend in ihrem Zimmer. Ein Doktorwagen hielt vor dem Hause. Es wurde auch ein Name genannt. Man murrte über den jungen Sollbacher und ein paar böse Stimmen riefen: »Man soll ihm die Fenster einschlagen, dem Großbräuer!«

Als aber nach einer Weile verlautete, die Sache wäre gar nicht so ernsthaft, Mamsell Birkwald sei schon wieder zu sich gekommen und trinke jetzt ihren Kaffee, war man in dem vor dem Hause versammelten Publikum gleich geneigt, die Geschichte scherzhaft zu nehmen, und mancher schlechte Witz machte die Runde. Man ging lachend auseinander.

Es war zu Adrian geschickt worden, und er war sofort gekommen, erschrocken und betroffen. Rosen wurden gebracht. Er schien von Reue erfüllt und nach allem, was das Lenerl erhorchte, was auch in der Familie Sollbacher mit beunruhigender Miene erzählt wurde, hatte der Selbstmordversuch die gewünschte Wirkung getan: Ein Mädchen, das um seinetwillen sterben wollte, ließ der warmherzige Mensch nicht im Stich! Das Schlimmste drohte: Nun würde er wahrhaftig die Komödiantin heiraten! Der Konrad zuckte die Achseln.

Er hatte Frieda über ihre Beobachtungen in der stillen Nachtstunde noch weiter ausgehorcht, und als er einmal mit ihr durch die Residenzstraße gegangen war, weil sie für den kleinen Ludwig einen Osterhasen und schöne Eier einkaufen wollten, da stieß sie ihn leise von der Seite an.

»Du, Konrad! – Dort, der große junge Mann! ... Der ist neulich um Mitternacht aus dem Hause gekommen! Du weißt ja wo« – –

»Was! Der!« rief Konrad und blieb vor Überraschung einen Augenblick stehen. »Der junge Baron Falkenmeister! Das ist ja einer von den besonderen Freunderln, mit denen der Adrian jetzt immer kneipt und spielt.«

Einige Tage nach dem Selbstmordversuch der Schauspielerin hörte Frieda, als schon alles in der Wohnung schlief, daß Konrad die Türe aufsperrte; aber er kam offenbar nicht allein. Es wurde draußen noch geflüstert und jemand schien im Dunkeln an den Schrank angestoßen zu sein, der im Flur stand.

War das nicht Adrians Stimme gewesen?

Sie lauschte hinaus. Schritte, die an ihrem Zimmer vorüberkamen! Sie gingen weiter. Plötzlich erriet sie: Konrad führte den Schwager auf ihren Beobachterposten. Er sollte sich mit eigenen Augen überzeugen, daß die glühende Liebe, die ihm die Komödiantin vorspielte, eben nur eine Komödie sei.

Frieda zitterte vor Aufregung. Ob es glückte? Ob die Unvorsichtige es wieder wagte? Lange blieb es ganz still. Aber wie hätte sie schlafen können, wenn sie ihn in der Nähe, in der Wohnung wußte!

Gegen Mitternacht meinte sie ein Auflachen zu hören, ein Flüstern, einen hastigen Schritt.

Und nun packte sie eine Todesangst. Wenn Adrian am Ende dem Manne nacheilte, der da drüben aus der Wohnung geschlichen war? Wenn es zu einem zornigen Streite zwischen dem beglückten Nebenbuhler und ihm käme! Sie überlegte, ob sie nicht rasch in die Kleider schlüpfen, ihn anflehen sollte, keinen Skandal zu machen? Wenn es ihr nur gelang, ihn aufzuhalten, so war schon viel gewonnen. Dann handelte er doch nicht in der ersten Glut des Zornes!

Aber sie sagte sich, daß sie sich nicht als Mitwisserin bekennen dürfe, daß ihn das beschämen, die Enttäuschung, die er wohl erlitten hatte, nur erschweren würde. Es hieß schweigen für sie, schweigen wie immer!

Konrad blieb gänzlich verschlossen in den nächsten Tagen. Er hatte offenbar dem Schwager versprochen, daß keine Menschenseele etwas von der Sache erfahren dürfe.

In den Familien Sollbacher-Obermeier gab es ein Aufatmen. Es hieß plötzlich: Adrian sei fort auf eine längere Geschäftsreise nach Wien und Pest.

Die dunklen Augen der Frau Josepha, die eine Weile recht umflort gewesen, bekamen nach einigen Wochen wieder einen ganz frischen Glanz: In der Zeitung stand eine Nachricht, die ihr das schwerbetrübte Mutterherz um Zentnerlast erleichterte: »Wie wir hören, wird Mamsell Birkwald, unsere gefeierte Liebhaberin, leider wegen ihrer Verheiratung der Bühne entsagen.«

Der Bräutigam war nicht der junge Sollbacher, es war auch nicht der junge Baron Falkenmeister, sondern ein sehr unansehnlicher, aber sehr reicher Pferdehändler, der mehrere Zinshäuser in guter Lage besaß und ihr gleich einen eleganten Wagen schenkte, in dem sie stolz mit der ganz neu ausstaffierten Mutter spazieren fuhr.

Frau Josepha lachte wieder, wenn sich die Bekannten um ihren Lehnstuhl versammelten. Nun, da diese Gefahr an ihr vorübergegangen war, hoffte sie auch in bejahendem Sinne ihre Wünsche durchzusetzen. Adrian blieb ein paar Monate fort, und sie ersehnte nun sein Heimkommen, bereit, nicht bloß ein Kalb schlachten zu lassen für den Sohn, der ihr schon eine Weile als ein verlorener erschienen war, sondern mit einer viel üppigeren Gasterei seine Rückkehr zu feiern, wenn sie ermächtigt wurde, die von ihr ins Auge gefaßte Bräuerstochter dazu einzuladen.

Aber wieder erlebte sie eine Enttäuschung. Adrian blieb nicht bloß allen ihren Vorstellungen unzugänglich, er war nun überhaupt von einer Menschenscheu und einer Melancholie, die seine Eltern sehr »überspannt« fanden. Wenn er vor der Reise jeden Abend ausgegangen war und sich eine Weile darin gefallen hatte, mit den reichen jungen Leuten zu verkehren, das »Rädel laufen zu lassen«, so daß sich der Vater schon beunruhigt hatte, so saß er jetzt wie ein Einsiedler in seiner einsamen Wohnung und war nicht dahin zu bringen, irgendwelchen Verkehr zu suchen. Sein junger Schwager Konrad war der einzige Mensch, zu dem er sich noch hingezogen fühlte, vielleicht mit einer gewissen Dankbarkeit, daß dieser ihn von einer großen Dummheit zurückgehalten hatte.

Es mochte ihn schwer getroffen haben, wie er hinters Licht geführt werden sollte. Er schämte sich offenbar, daß er fast auf eine Komödie hereingefallen wäre und daß es gerade einer seiner intimsten Bekannten war, auf dessen Freundschaft er sich etwas zu gut getan hatte, das verschärfte wohl noch den Eindruck seiner Erfahrung.

Frau Sollbacher lud nun manchmal Frieda zum Abendessen ein, nur um den Sohn mit der Aussicht auf ein Schachspiel in ihre Wohnung zu locken; sonst bekam sie ihn kaum zu Gesicht. Adrian begleitete dann das junge Mädchen nach Hause und auf demn kurzen Weg hatten sie wohl auch wieder eine etwas vertraulichere Aussprache.

Auch Frieda bemerkte mit Wehmut, wie sehr sein Gemüt verdüstert war. Er saß jetzt meist des Abends über ernsten Büchern und vertiefte sich in Dichtungen voll Weltschmerz und Menschenverachtung. Was hat man denn vom Leben? Das klang durch alle seine Worte. Frieda versuchte, ihn abzulenken, ihn auf heitere Gedanken zu bringen. »Hast du denn net eine rechte Freud' an deinem Buben?« sagte sie. »Der Ludwigerl ist doch ein so lustiger Kerl! Ich mein, wenn man ein so herziges Kinderlachen hört, dann kann man das Leben net gar so traurig finden.« Ein Lächeln überflog sein ernstes Gesicht. Sein Vaterherz fühlte sich angenehm berührt von dem Lobe des Kleinen.

«Ja der lacht noch!« meinte er dann mit einem Seufzer. Aber gerad, wenn man so ein Kind anschaut, dann denkt man: Was wird es noch alles durchmachen müssen? Was werden ihm die Menschen noch antun? Was trifft ihn für ein Schicksalsschlag?«

Frieda kam selbst ganz verstimmt nach Hause und doch war sie dankbar, wenn sie ihm beim Schachbrett gegenübersitzen durfte, und diese Viertelstunde, da sie neben ihm durch die stille Straße ging und er ihr einen Einblick in sein Gemüt gab, schien ihr ein wehmütiges Glück. Aber es war ja einmal ihr Los, daß sie sich anderen fügen mußte und daß niemand nach ihren Wünschen fragte, ja niemand sie überhaupt kannte: Der Onkel Obermeier hatte die Übersiedlung nach dem Sendlinger Hof beschlossen; es blieb ihr nichts übrig, als ihm zu folgen. Nun war sie wieder ganz zur Einsamkeit verurteilt, die ihr drückender schien als früher, weil die Arbeit, die ihr einmal auf dem Gute zugefallen war und die sie zerstreut hatte, von einem jungen Verwalter getan wurde, der, schwächlich von Gesundheit, auf dem Hofe einen recht willkommenen Posten gefunden hatte.

Obermeier füllte seine Zeit mit Essen und Schlafen aus. Zuweilen, wenn Konrad kam, ging er auf einige Stunden mit ihm ins Jagdrevier. Sonst trieb er sich im Hause herum, rauchte seine Pfeife und verlangte von Frieda, daß sie mit ihm Domino oder Sechsundsechzig spielte, ohne zu merken, wie das sie langweilte.

Eines Nachmittags, als der Onkel noch seine lange Siesta hielt, kam zu Friedas Verwunderung Adrian auf den Hof.

»Dein Schwiegervater schlaft noch!« sagte sie und hatte ganz heiße Wangen vor Überraschung, ihn so plötzlich vor sich zu sehen.

»Um so besser!« sagte er. »Laß ihn nur! Ich bin zu dir gekommen, um dir von einem merkwürdigen Besuche zu erzählen, den ich gestern gehabt hab'.« Sie setzten sich in den Obstgarten, in dem es schattig und still war. Ein starker frischer Geruch des hier wuchernden Krautes umwehte sie und lustige Sonnenlichter fielen durch die Bäume, an denen schon die Früchte angesetzt hatten. »Also, gestern kommt ein älterer Mann zu mir, der mich sprechen möcht', mit Ohrringeln und einem altmodischen Vatermörder. Ich heiß' »Ehrwardt« hat er g'sagt und hab ein Wachsziehergeschäft in Regensburg.«

Frieda wurde unwillkürlich rot.

Kunos Vater! Was wollte der bei Adrian?

»Du kennst ihn, gelt?« fragte Adrian.

»Ich hab' ihn einmal g'sehn. Ja.«

»No, er hat jedenfalls eine sehr gute Erinnerung an dich, denn er hat mir gleich versichert, daß er dir wirklich zu Dank verpflichtet wär', weil du seinen Sohn, der eine Weil' recht dumme Streich' gemacht und ihm viel Kummer verursacht hat, dazu gebracht hast, daß er sich mit ihm aussöhnt. Nun wäre der Kuno wieder ein recht brauchbarer Mensch. Da könnt' er gar net mehr klagen, und er, der Vater, meint, daß es Zeit für ihn wäre, in den Ehestand zu treten. Er hätt' nie vergessen, wie du damals so eifrig in der Küch' in unserm Haus g'standen bist und das Fleisch transchiert hast, und immer, wenn er einen recht saftigen Kalbsbraten gesehn hat, nachher hat er an dich denken müssen.«

Frieda lachte hell, wie sie lange nicht mehr gelacht hatte.

»O, sehr schmeichelhaft!« rief sie.

Auch Adrian wurde von ihrer Heiterkeit angesteckt.

»Weißt, es war wirklich komisch, wie er das vorgebracht hat!«

»Ja, aber was hat er denn von dir wollen?« fragte sie neugierig.

»O, das kommt erst. Schau, er ist offenbar zuerst beim Pfarrer von dem Kirchensprengel g'wesen, zu dem du g'hörst, und hat sich nach dir erkundigt. Aber ich fürcht, er hat von dem keine sehr gute Auskunft über dich kriegt.«

Frieda lachte noch immer. »Wieso? Er kann doch nichts Schlechtes von mir sagen?« meinte sie lustig.

»Nein, natürlich nichts über dein' Leumund. Aber du bist halt doch keine fromme und eifrige Kirchenbesucherin. Der Herr Pfarrer kennt dich kaum.«

»Allerdings!« gab sie zu mit trotzig aufblitzenden Augen. »Ich schwärme auch net für die Amaranth und für's Mittelalter wie der frühere Freiheitsapostel, der jetzt salbungsvolle Gedichte für die frommen Kalender macht!«

»So?« meinte Adrian erstaunt. »Ist der so demütig zum Kreuz 'krochen? Darum hat der Vater auch g'meint: Es hätt' ihm ja schon nicht recht g'fallen, daß der Herr Pfarrer dich leider für einen Freigeist halten muß; aber das tät wohl schon anders werden, wenn du in Regensburg in ihre Familie kämst, und jetzt möcht' er eben bei mir anfragen, was du für eine Mitgift zu erwarten hätt'st.«

Frieda hatte aufgehört zu lachen. Sie sprang entrüstet auf.

»Was kümmert ihn das? Wie kann er zu dir kommen? Ich weiß doch von nichts! Ich find' das unverschämt!« rief sie empört.

»Du mußt das dem Mann net verübeln. Er will halt zuerst das G'schäftliche in Ordnung haben, eh' er weitere Schritte tut. Sein Sohn, der weiß sicher gar nichts davon. Vielleicht hat er auch gar nicht g'meint, daß ich mit dir darüber reden soll. Aber schau, Frieda! Ich möcht' ja so gern für dein Glück etwas tun. Wir müssen dir immer dankbar sein, und sind in deiner Schuld und ich bin gern' bereit –«

»Red' gar net weiter!« flammte sie auf und ein wilder Schmerz, der ihr durchs Herz fuhr, machte sie heftig und zornig. Verheiraten wollte er sie! Ein Geldopfer bringen, damit sie irgendwo unterkam. Er tat ihr das!

»Ich brauch' keine Mitgift und du kannst dem Regensburger mit den Ohrringeln gleich sagen, daß ich ein armes Mädel bin und daß der Herr Pfarrer schon recht hat, und daß ich gar net nach Regensburg und in die Familie hineinpaß'!«

Adrian erschrak über ihre leidenschaftliche Abwehr.

»Sei doch nicht so bös, Frieda!« sagte er fast gekränkt. »Ich hab doch geglaubt, du hätt'st den Kuno gern und wartest auf ihn! Er kann ja nichts dafür, daß sein Vater die Sache etwas sonderbar einfädelt. Einmal hab' ich dich doch mit ihm begegnet, und du bist blutrot 'worden, wie ich dich g'fragt hab', wer der Mensch g'wesen ist. Und du hast ihn dann heimlich troffen. – – Man hat vorher auch allerlei erzählt; meine Schwiegermutte selig hat fest und steif behauptet, daß du wegen einem jungen Mann so heftig mit deinem Vater hintereinander kommen bist. Ist das net wahr?«

»Ja, ja!« stieß sie unwillig hervor. »Ich hab ihn einmal gern g'habt, aber das ist doch lang her! Kann bei uns eine Dummheit nie vergessen werden? Und wenn wir uns einmal in einem geirrt haben, muß uns das immer wieder vorg'halten werden? Nie hab ich mehr etwas von ihm g'hört, außer daß er mit der Prozession geht! Ich hab mich gar net mehr kümmert um ihn, und jetzt meinst du, ich müßt mich freuen, wenn sein Vater herumgeht und fragt, ob ich auch fromm genug bin und genug Geld hab!«

Er hatte das Mädchen nie so gesehen und schaute sie mit überraschten Augen an.

»Ich hab wirklich g'meint, du hängst an dem Mann!« sagte er. »Du hast ja auch nie heiraten wollen! Es hätten dich doch schon viele mögen!«

»Mich!« schrie sie bitterlich auf.

»Meine Schwiegermutter war doch ganz außer sich damals.« –

»Weil ich den Hotelbesitzer net g'nommen hab, der eine Frau gebraucht hat? Nein, verkuppeln laß ich mich net und ich bleib lieber allein, als daß ich einen nehm, dem's nur darum zu tun ist, daß er eine verlässige Person in sein Haus kriegt. So nüchtern bin ich net! Und mir liegt nicht so viel am Geld, wie euch allen miteinander! Das Glück, das müßt anders kommen. Aber ich hab ja keins und ich erwart mir auch keins mehr.«

Durch die Stimme zitterte ein schmerzlicher Ton. Adrian mußte plötzlich an die hämischen Worte seiner Mutter denken: »Ich weiß schon, warum die Frieda aus dem Haus geht! Sie hat sich auf dich Hoffnungen gemacht!« Damals war er fest überzeugt gewesen, daß eine andere Neigung das Mädchen beherrschte. Hatte die Mutter doch schärfer gesehen wie er? War es möglich, daß sie ihn lieb hatte?

Der Gedanke bewegte ihn tiefer, als er noch vor einer Stunde geglaubt hätte, daß überhaupt noch etwas die Seelenruhe, die er sich erkämpft hatte, erschüttern könnte.

»Ich hab es gut gemeint, Frieda!« sagte er. »Du sollst net denken, daß ich dich mit meinem Angebot hätt' verletzen wollen! Darfst mich net für einen Protzen halten, der allzuviel Wert aufs Geld legt. Ich weiß recht gut, daß sich das Glück nicht kaufen läßt. Was kann denn überhaupt ein Mensch für den andern tun? Eigentlich ist ja jeder allein!«

Sie saßen noch eine kurze Weile schweigend im Schatten in einer ganz nachdenklichen Stimmung, die dann aber von Obermeier gestört wurde, der gähnend, mit roten Backen vom Schlafen herankam und rief:

»Ja, das hab ich ja gar net g'wußt, daß mir der Herr Schwiegersohn die Ehr gibt! Jetzt trinken wir aber gleich unsern Kaffee. Das Lenerl hat einen guten Gugelhopf backen.«

München nahm einen starken Anlauf, sich zur Großstadt zu entwikkeln und Fremde heranzuziehen Der neuerbaute Glaspalast wurde im Sommer mit seiner ersten großen Industrieausstellung eröffnet, auch die Künstler hatten sich vereint, um zu zeigen, was in München, in ganz Deutschland gemalt wurde, und im Theater fanden unter Dingelstedts Leitung Festspiele statt, zu denen an alle bedeutenden Mimen Einladungen ergangen waren. Jede Rolle der zur Aufführung bestimmten Schauspiele war mit einem hervorragenden Künstler besetzt. Das Unternehmen schien vollständig geglückt zu sein. Scharen von Fremden kamen, Fürstlichkeiten fanden sich ein. Man sah Hofwagen durch die Straßen fahren; die Gasthöfe waren überfüllt; es gab eine Reihe von Veranstaltungen und abendlichen Feiern. Trotz der Hitze hatte das Theater immer ein volles Haus. Ein Glanzpunkt war das Bankett, das die Intendanz am 24. Juli im großen Foyer des Hoftheaters für die anwesenden Gäste gab. Aber trotz der begeisterten Reden und der festlichen Stimmung lag auf den Eingeweihten der Druck einer quälenden Angst. Der Polizeidirektor hatte manchem im Vertrauen zugeflüstert: »Das Unheil naht! Bald wird es sich nicht mehr verheimlichen lassen. Es sind verschiedene Cholerafälle vorgekommen. Im Spital liegen die Kranken, im Leichenhaus die Toten.«

Das Geflüster wurde Stadtgespräch, das Gespräch zum Gejammer.

Die Fremden ergriffen die Flucht. Die Einheimischen packten ihre Koffer, wenn sie imstande waren, ihr Haus zu verlassen. Die Hotels, in denen man kaum Platz gefunden hatte, verloren von einem Tage zum anderen ihre Gäste. Gähnend leer wurde es im Theater, am leersten im Glaspalast, wo nur mehr die Aufseher herumstanden und sich Schauernachrichten zuraunten. Statt der eleganten Hofequipagen fuhr nur mehr im Trab der Totenwagen durch die verödeten Straßen. Bald da, bald dort holte sich die schreckliche Krankheit ihr Opfer. Sie nahm zu mit unheimlicher Wucht und die Ärzte wußten keinen Rat. Das Geheimnisvolle, Rätselhafte der jähen Vergiftungserscheinungen steigerte das Grauen, die Furcht vor der Ansteckung. Die Eltern Sollbachers waren mit dem Enkelkind nach Niederpöcking in ihre Villa am Starnberger See gezogen; nur Adrian blieb im Hause und spann sich nun, da auch das lustige Stimmchen des Kleinen ihn nicht mehr erheiterte, immer mehr in düstere Gedanken ein. In seinen freien Stunden mußte er auf den Friedhof, wo fast täglich die Beerdigung eines Bediensteten oder eines Bekannten stattfand. Ein Warten auf den Tod – das war das Leben aller, die in der Stadt zurückgeblieben waren.

Frieda hatte an den schönen, heißen Juliabenden oftmals sehnsüchtig heruntergeschaut auf die im Lichterglanze funkelnde Stadt. Sie war auch einmal in der Ausstellung und in einer der Mustervorstellungen im Theater gewesen. Seit der große Würgengel wie mit Schattenfittichen über den Häusern und Straßen zu schweben schien, erlaubte ihr der Onkel nicht mehr, den Hof zu verlassen. Er hielt sich abgesperrt wie in einer Festung, aß nichts, was aus München kam, schaute jeden Menschen, der sich dem Gut näberte, mißtrauisch an und entließ die Knechte und Mägde, die sich seinem strengen Gebot, in der noch von der Krankheit nicht heimgesuchten Vorstadt zu bleiben, nicht fügen wollten.

Aber Friedas Gedanken strebten fort aus der Stille; ihre Angst irrte hinunter in die Sendlinger Straße, in das Haus, wo der einsame Witwer verlassen hauste. Wieder war von einem Massensterben gesprochen worden, schreckliche Gerüchte gingen von Mund zu Mund, wurden auch auf dem Hof erzählt, wie abgeschlossen er auch war: Von Menschen, die plötzlich auf der Straße niederfielen, denen niemand zu helfen wagte, die unerkannt in das Spital oder gleich auf denKirchhof gebracht und sobald wie möglich eingegraben wurden. So furchtbar häuften sich die Leichen, daß die Leidtragenden kaum wußten, ob der Angehörige, der Freund, dem sie das Trauergeleite gaben, auch wirklich in dem Sarge lag, der vor ihnen in die Erde gesenkt wurde, ob nicht in der Hast und Eile die Toten verwechselt worden waren.

An einem Sommerabend, als das junge Mädchen wieder hinabschaute auf die Dunstwolke, die über der Stadt lastete, da ward die Angst, die ihr das Herz bedrückte, so unerträglich, daß sie plötzlich aufsprang, in eine Tasche das Nötigste packte und ohne den Onkel zu benachrichtigen, wie auf der Flucht vom Hofe weglief, dem Grauenvollen entgegen, das da unten brütete. Lieber sterben wollte sie, als die Ungewißheit, wie es Adrian gehe, noch länger zu erdulden, als von ihm getrennt zu sein und immerfort Tag und Nacht die Frage herumzuwälzen: Lebt er noch? Soll ich ihn nie, nie mehr sehen?

Beklemmend war es in der Mittagsstille. Keine Seele unterwegs. Nur ab und zu ein Doktorwagen, ein Leichenzug. Sie war durch das Fingergäßchen gegangen und erschrak, als sie hier zwischen Särgen sich einen Weg suchen mußte. Bis in das oberste Stockwerk, auch auf dem

Gehsteig waren sie aufgestapelt bei dem einzigen Geschäftsmann, der noch Arbeit hatte.

Im Sollbacherschen Hause fiel ihr die Ruhe unheimlich auf. Sie klingelte; die Köchin öffnete nur einen Spalt die Türe, als fürchte sie, daß die Krankheit Einlaß begehre. Als sie Frieda erkannte, sagte sie ängstlich: »Der Bub ist net da. Der ist bei den Großeltern auf dem Land.«

»Ich weiß! Ich warte auf den Herrn!« antwortete Frieda, »und setze mich einstweilen ins Wohnzimmer. Sagen Sie ihm nicht, daß ich da bin, damit er nicht erschrickt.«

In der Wohnung roch es nach Kamillentee, nach Wachholderdünsten. Sie nahm auf dem Fensterantritt Platz, wo Gustel so oft gesessen und gelacht hatte, wenn irgendwas Drolliges vorüberkam. Jetzt schlichen nur wenige Menschen vorbei, wie niedergebeugt vor Kummer; blaß, müde. Auch Frieda war bleich. Unter ihren Augen lagen Schatten, aber es sprach aus ihren Zügen ein mutiger Entschluß.

Sie schaute auf das süße Kindergesicht der Verstorbenen, das von der Wand herablächelte, wie mit einem heimlichen Flehen: »Sei mir net bös, Gustel, daß ich ihn so lieb hab! Ich kann ja nicht anders!«

Adrian prallte überrascht zurück, als er sie im Wohnzimmer antraf.

»Du kommst in die schreckliche Stadt herein, Frieda! Es ist doch nichts gescheh'n? Niemand krank bei euch?«

»Nein. Auf dem Hof ist alles g'sund. Der Herr Onkel weiß auch net, daß ich da bin. Er hat eine Angst vor der Stadt, daß er am liebsten eine Mauer aufrichten ließ wie um ein Kloster.«

»Und du? Du fürchtest dich net?«

»Ich hab schauen müssen, wie's dir geht?« sagte sie verlegen.

»Das ist lieb von dir. Traurig genug ist's ja ohne das Kind. Man geht halt von einer Beerdigung zur andern. Unser Bräumeister, der Riesenmensch, der hat g'meint, ihm könnt' nichts an; er hat seine gewohnten sechs Liter Bier 'trunken und Gurkensalat 'gessen. Gestern ist er begraben worden – – –«

Eine Weile blieb es still. Frieda zögerte, das zu sagen, was sie hergeführt hatte.

»Ich hab eine Bitt' an dich, Adrian!« begann sie dann leise.

Nur heraus damit! Was möchtest denn, Frieda?«

»Bei dir bleiben möcht' ich!« stieß sie nun hastig hervor. »Ich weiß, daß deine Mutter vielleicht sagen tät: Es schickt sich net – aber ich mein, in dieser Zeit, wo man gar nicht weiß, was der nächste Tag bringt, da sollt man wirtlich net an die Leut' denken und an das, was sie schwätzen. – Vielleicht wär' es ihr jetzt auch ganz recht, daß du net so ganz allein bist – – –«

Er hatte sich neben sie gesetzt und schaute ihr bewegt in das ernste Gesicht, das nun seine Blässe verloren hatte.

»Ein solches Opfer kann ich doch net annehmen, Frieda. Ich könnt es mir nie verzeihen, wenn dir etwas zustoßen sollt.«

»Ich werd' schon g'sund bleiben!« sagte sie und versuchte ein wenig zu lachen. »Ich trink' kein Bier und ess' kein' Gurkensalat, und überhaupt – die Leut', um die niemand weint, die holt der Tod gar net. Aber ich mein: du sollst doch jemand um dich haben, mit dem du reden kannst! Sonst vergräbst dich ganz in deine traurigen Bücher und wirst ein recht schwermütiger Mensch. Und wenn du krank werden tatst? Wen hast dann? Die Köchin, die schaut grad so aus, als möcht sie vor lauter Angst gleich davonlaufen. Glaub mir's, Adrian: Es ist kein Opfer! Nein, ich bitt dich drum! Sag ja! Das Schrecklichste ist, wenn man sich in der Entfernung um einen Menschen ängstigen muß! Ich halt das einfach net mehr aus, wenn ich da oben bin und mir vorstell jetzt liegt er am End verlassen da, und ich darf net bei ihm sein!«

Die Tränen liefen ihr über die Wangen hinunter und sie hob flehend die Hände auf.

»Frieda!« sagte er gerührt. »Also ich bin der, den du gern hast? Solche Angst macht man sich doch nur um einen, den man sehr lieb hat.«

Sie nickte nur und ließ ihm ihre Hand, die er in der seinen hielt, erschüttert von einer tiefen Dankbarkeit.

»Mein gutes Mädel! Und so lang' sind wir nebeneinander hingegangen, und ich hab' nichts g'wußt, nichts g'merkt – –«

»Du hättest auch nie was erfahren, wenn das jetzt net kommen wär!« Aber wenn jetzt die Jüngsten dahinsterben von einem Tag zum andern, da war mir's oft, wenn ich allein in meinem Zimmer gewesen bin, als müßt ich grad hinausschreien vor Unruh und Sehnsucht. Jetzt ist mir auch alles gleich! Ich kann morgen tot sein. Du! Wir alle zwei! Einmal will ich dirs vorher sagen, Adrian: du sollst net glauben, daß ich noch an den Kuno denk! Du mußt es wissen, wem mein ganzes Denken g'hört hat, schon lang', lang'! Ich hoff' ja net mehr auf ein Glück für mich! Nur fortschicken darfst mich net! Nur wie ein guter Kamerad will ich bei dir bleiben während der schrecklichen Zeit! Dann geh ich still wieder 'nauf auf den Hof zum Onkel und wir reden kein Wort mehr über die heutige Stund! Dann werd ich schon wieder ruhig und vernünftig wie vorher und nehm alles hin, wie's kommt.«

»Glaubst du, ich möcht dich wieder fortlassen?« sagte er ergriffen und legte den Arm um ihren Hals, bog ihr noch von Tränen feuchtes Gesicht zu sich heran und suchte ihre Lippen. Sie küßte ihn, heiß und traurig im Todesernst, als müßte er ihre alte Sehnsucht in diese Minuten pressen, als lauerte hinter ihnen das trennende Schicksal.

»Da geht so ein dummer, blinder Mensch wie ich, in der Irre herum«, sagte er, ihre Hände streichelnd, »und fühlt sich gottverlassen und hadert mit der Welt und den Menschen. Und hätt' doch bloß die Augen aufmachen brauchen! Aber schau, Frieda, wie mir mein liebes junges Weib genommen worden ist, da hab' ich überhaupt gemeint, ich könnte nie mehr jemand gern haben. So richtig gern, mit dem Herzen gern. Aber, net wahr? Man ist jung!«

»Man kann net weiterleben, ohne daß auch wieder ein Verlangen nach einem Vergessen wach wird, über das man sich fast selber schämt, das einem wie ein Unrecht erscheint und das sich eben doch net bändigen läßt. Du wärst viel zu gut g'wesen, Frieda, für das, was ich in jener ersten Zeit g'wollt hab: Nur ein Betäuben, einen kurzen Rausch. Allmählich ist dann der Schmerz stiller 'worden, und ich hab' g'meint, ich könnt' auch so wie andere reiche junge Leut' mein Leben genießen. Aber dazu muß man ein kälterer, schlauerer Mensch sein; dazu liegt mir doch im Blut zu viel bürgerliche Biederkeit. Man macht schlechte Erfahrungen, wenn man net so gewitzigt ist wie die rechten Lebemänner! Du darfst es mir glauben, oft, wenn ich in dein gescheites Gesicht geschaut hab', wenn ich g'sehn hab, wie lieb du mit meinem kleinen Buben bist, hab' ich mitgedacht: Es wär' doch das beste, wieder eine gute Frau zu haben und eine rechte Häuslichkeit. Aber die Frieda hat einen andern im Kopf, hab' ich mir dann g'sagt. Der Gedanke hat mich immer wieder abg'halten. Es war mir auch, als hätt' ich kein Recht an ein zweites Glück, denn ein Stück vom Herzen, das geht ja doch in die Brüch in einem großen Schmerz und bleibt stumpf und hart und müd. So bin ich immer erschrocken, wenn die Mutter mir so zug'setzt hat, ich sollt wieder heiraten.«

»Die Bräuerstochter mit dem vielen Geld!« warf Frieda ein mit einem bitteren Lächeln.

»Sie hat mich förmlich aus dem Haus 'trieben mit ihrer ewigen Kuppelei! Ich brauch' doch kein' Geldsack heiraten!«

»Im letzten Jahr, da hab' ich mich dann in einen wahren Zorn und eine rechte Verachtung für die Weiber hineing'fressen. Verzeih mir's, Frieda! Ich hätt' ja net glaubt, daß es eine solche Lieb überhaupt gibt! Da kommt das liebe Mädel, um das ichs wirklich net verdient hab, kuragiert herein in die Stadt, aus der alle andern ausreisen und will der schrecklichen Krankheit trotzen aus Sorg' um mich und bittet mich noch, daß es bei mir bleiben darf! Aber das darf's net, das liebe Mädel« – – Er lächelte über ihre bestürzte Miene.

»Du hast es mir versprochen, Adrian!«

»Nein, Frieda! Dableiben darfst net! Aber ich geh mit dir hinaus auf den Hof. Dann wird dir leichter zumut sein, gelt? Und wenn mein Schwiegervater auch erschrickt und keine Freud haben wird über einen Besuch aus der Stadt – ein Gaststüberl kann er mir doch net abschlagen. Wir haben ja jetzt so wenig zu tun. Bier ist viel mehr da als wir brauchen, seit die Stadt so leer ist!«

Er stand auf, zog an dem gestrickten Klingelzug, der an der Türe hing und befahl dem eintretenden Mädchen, ihm eine Reisetasche zu packen mit allem, was er für einige Wochen nötig hatte, und den Wagen zu bestellen. »Um Gottes willen! Der Herr reist fort!« fing dieses zu jammern an. »Allein bleib' i net in der Wohnung!«

»Dann ziehen's halt in den untern Stock, Kathi, da ist die Beschließerin und der alte Hausdiener!«

Aber Kathi weinte immer lauter. »Ich möcht' heim zu meine Leut'! Die Mutter schreibt mir in jedem Brief, ich soll doch kommen.«

»So geh'ns heim! Meinetwegen!«

»Heit! Gleich heit geh i!« rief Kathi wie eine Erlöste und eilte fort, um in Hast zu packen für den Herrn und für sich.

»Hast schon recht, Frieda! Auf sie wär' kein rechter Verlaß, wenn mich die Cholera anpackt hätt!«

»Jetzt mußt halt ein bissel Geduld haben, bis ich drüben in der Brauerei meine Anordnungen getroffen hab'. Abrechnen muß ich, Geld da lassen. Zum Glück ist schon ein neuer Bräumeister da. Darf ich dir etwas anbieten? Aber vielleicht ist's besser, wenn du nichts ißt in der verseuchten Stadt. Man weiß ja net, woran das Gift hängt. Magst ein Glas Wein?«

Sie schüttelte nur den Kopf und schaute versonnen vor sich hin.

Einen dunklen Weg hatte sie zu geh'n gemeint. Es schien ihr so seltsam, daß er wieder hinausführen sollte in das alte Gleise, in das Alltägliche.

Wie ein Alp lag's über ihnen, solange sie durch die vereinsamten Straßen fuhren. Totenwagen kamen an ihnen vorüber, Geistliche, die zum Versehen gingen. Leute in Trauer. Aber als sie weiter hinaus kamen, vor ihnen der lichte Abendhimmel lag, die Luft frischer wurde, wich die Beklemmung. Adrian nahm den Hut ab, ließ sich den Wind durch das Haar weh'n.

»Man kann hier wieder leichter atmen«, sagte er. »Ich weiß selbst net, warum ich net manchmal heraus bin aus der Stadt. Aber wenn du mich net g'holt hättest, dann säß ich halt wieder in meiner stillen Wohnung und tät stumpfsinnig vor mich hingrübeln. Ich hab' eigentlich nur gewartet auf das Furchtbare, mir vorgeredet: mir ist's gleich, ob ich heut' sterb' oder morgen; lieber jetzt als später! Und schau: Auf einmal kommt es mir so vor, als hätt' ich mir das nur selber weiß g'macht.«

Er legte den Arm um sie und fuhr leiser fort:

»Seit dieser letzten Stund', da hab' ich auf einmal wieder eine rechte Lebenslust, und es freut mich, daß ich noch da bin und darauf hoffen darf, daß ich morgen wieder die Sonne aufgeh'n seh'.«

Sie nickte zustimmend. »Ja, ja! Man mag sich hundertmal vorsagen: Wär' es nur gar! Im Grabe hast du deine Ruh'! Du versäumst ja nichts! Auf einmal packt einen doch wieder eine große, heiße Sehnsucht! So traurig scheint es mir manchmal, daß man immer auf demselben Fleck sitzen bleibt, und die Welt ist doch so groß und schön! Dann möcht' man heraus aus dem engen Leben, was Neues seh'n, ein fremdes Land, die Schönheit, von der man nur in den Büchern gelesen hat! Dann beneid', ich die Vögel, die fortfliegen, und find' es so grausam, daß ein Jahr nach dem andern dahingeht und man immer nur im Kreis herumlauft, g'rad' wie das alte Pferd, weißt, das in der Brauerei die Fässer aufzieht.«

Ihre Worte fanden in ihm ein Echo, weckten verwandtes Empfinden.

»Dasselbe hab' ich mir schon oft gedacht!« rief er lebhaft. »Man ist ein Narr, daß man nur immer arbeitet, verdient und schafft, jahraus, jahrein, und eines Tages ist's dann vorbei und man hat nicht einmal das Meer g'seh'n, ist nie in Italien g'wesen, überhaupt net viel weiter kommen wie eine Ameis', die in ihrem Bau herumkriecht und Vorrat für den Winter zusammentragt. Wenn ich einmal fortgereist bin, dann hab' ich mir ja auch in den Brauereien zu schaffen machen müssen! Weißt was, Frieda!« Er zog sie fester an sich und rief mit aufleuchtendem Gesicht: »Weißt was? Fahren wir auf und davon! In die Welt hinein! Nach Venedig, nach Florenz, nach Rom, wohin du magst! Ich will einmal nichts mehr wissen vom Bier und vom Geschäft! Die schönen Bilder möcht' ich seh'n, die ich nur von den Stichen kenn' und die alten Kirchen, die Statuen! Da hinter uns droht der Tod. Wir brennen ihm durch und bleiben, wo es uns freut und pfeifen auf alles!«

Auf ihrem Gesicht war ein Ausdruck von Traumseligkeit, als fände sie es köstlich, ihm zu lauschen, wenn ihr auch alles unwirklich wie süßes Hirngespinst einer bewegten Stunde erschien.

Aber in ihren Augen lag ein treuer, hingebender Blick, der ihn rührte.

»Am schönsten wär' es ja freilich, wenn wir gleich vor dem Gespenst da unten auf und davonfahren könnten!« sagte er dann, sich besinnend, »aber es geht ja net! Da wir ja doch wahrscheinlich wieder heimkommen müssen, bleibt uns nichts übrig, als daß wir Rücksicht nehmen auf die Menschen. Ich seh' nur gar net ein, warum man in so einer Zeit, wo der Tod durch die Straßen geht, sich net auch wie im Kriege sollt' rasch trauen lassen dürfen: Wenn ich dem Pfarrer in Sendling einige hundert Gulden für seine Kirch' schenk', nachher macht er's schon und verlangt kein lang's Aufgebot. Wer soll was dagegen haben, wenn ich mit meiner Frau nach Italien fahr'?«

»Deine Frau?« wiederholte sie mit einem wehmütigen Lächeln.

Sie fand nicht heraus aus dem Todesernste, mit dem sie zu ihm gegangen war, bereit, mit ihm zu sterben. Zu jählings kam dieser Wechsel von düsteren Bildern zu hellem strahlenden Licht. Aber es war schön, mit ihm zu träumen, auch wenn das Schicksal wohl sie narren würde mit einem grausamen Nein!

Am nächsten Tage fuhr er zurück in die Stadt, um die nötigen Vorräte zu holen und »Geld, Schatz, für die Reis'!« sagte er lachend. Wieder küßte sie ihn, als wäre es ein Abschied für immer. Sie sah nur Schatten, die hinter ihnen standen, die sich herabsenken, sie trennen würden.

Der Tag verging. Es wurde Abend. Adrian kam nicht zurück. Obermeier rief ungeduldig, sie sollte zum Essen kommen. Er war sehr ungehalten darüber, daß Frieda ihn verlassen wollte, aber seinen Appetit konnte auch diese Enttäuschung nicht trüben. Sie aber stand am Gartenzaun, blaß und zitternd, war eben im Begriff, ihren Hut zu holen und in ihrer Angst hinunterzulaufen in die Stadt. Er war krank! Sie wußte es ja! Und sie mußte zu ihm!

Da hörte sie ein Räderrollen, das näher kam, und vergnügt sprang Adrian aus dem Wagen.

»Ich komm' spät, net wahr? Aber ich war noch in Starnberg bei meinem Buben und hab' es den Eltern gesagt – –«

Sie hatte die Arme fest um seinen Hals geschlungen, doch sie schämte sich, ihm einzugestehen, wie mutlos sie um ihn gebangt hatte.

Mit großen Augen schaute sie ihm auf die Lippen. »Waren sie recht bös?« fragte sie verzagt.

»Der Vater hat sich g'freut. Die Mutter, du kennst sie ja! Sie hat nur g'meint: die Frieda hättest doch schon lang haben können, und jetzt pressiert es auf einmal so! – Ja, Mutter, grad weil ich zu lang gewartet hab', bleibt mir jetzt keine Geduld mehr, hab' ich g'sagt.«

Er war so heiter, so lachend, daß auch Frieda durchströmt wurde von einem aufdämmernden Hoffen auf die Zukunft. Aber in der Nacht sah sie wieder Gespenster und rang um Gelassenheit, das Unheil zu ertragen, das ja doch kommen würde nach diesem kurzen Aufleuchten in ihrem Leben.

So wenig glaubte sie an das heißersehnte Ziel, daß sie in all den Tagen nicht den Mut fand, an ein Brautkleid zu denken.

Verwundert, immer noch wie in einem Traume, schaute sie Adrian an, als er sagte: Also morgen in aller Frühe werden wir in der Sakristei in der Sendlinger Kirch' getraut und Punkt 9 Uhr steht der Wagen bereit!

Im schlichten Reisekleid trat sie an den Altar. Aber es schien ihr auch besser so. Ein weißes Gewand, ein richtiger Brautstaat hätte ihn ja nur erinnern müssen an die holde Gestalt der Verlorenen, an sein entschwundenes erstes Glück. Obermeier ging nicht mit in die Kirche. – »Es tut mir zu weh«, sagte er. Aber im Grunde fürchtete er weniger die Gemütsbewegung, als die Ansteckung, wenn er den Hof verließ.

Ein nettes, kleines Frühstück hatte er herrichten lassen für die Neuvermählten und die beiden Zeugen, den Förster und den Verwalter, und redete eifrig zu, sich an dem Bordeaux zu stärken, mit dem er sich bisher erfolgreich gegen die Krankheit geschützt hatte.

Der Kutscher knallte mit der Peitsche, die Koffer wurden aufgeladen.

»B'hüt' Gott! Alles Gute! Madam' Sollbacher!« riefen das Lenerl und die Wally gerührt.

Mit einem heißen Schlagen ihres Herzens hörte Frieda zum erstenmal ihren neuen Namen. Adrian setzte sich zu ihr; Obermeier winkte vom Fenster, und sie fuhren in der frischen Morgenluft den Bergen zu.

Er nahm ihre Hand in die seine und rief aufatmend:

»Jetzt sind wir einmal freie Menschen! Wir wollen net mehr z'rückschauen auf das Traurige, was da unten liegt, nur suchen nach dem Schönen, was es auf der Welt gibt, gelt Friederl!«

Da durchströmte sie eine gewaltige, überschwängliche, berauschende Freude. Wahrheit, Wirklichkeit, was sie nicht zu glauben gewagt hatte! Sie war sein Weib; sie fuhr mit ihm in die sonnige blaue Ferne! Das Glück dieser Stunde konnte ihr nichts mehr rauben! Sie lebte es! Es war ihr eigen, was auch nun kommen mochte!

Nachwort

von Ingvild Richardsen

Über Glück und Leid geht die Zeit hin wie eine große Walze, verflachend, niederzwingend, erstickend.

Emma Haushofer-Merk

»Es wetterleuchtete«: Ein »Meisterwerk«

Emma Haushofer-Merks Roman »Es wetterleuchtete. Münchener Roman aus der Mitte des vorigen Jahrhunderts« ist ein Spätwerk der einstmals sehr bekannten Münchner Schriftstellerin und Frauenrechtlerin und wurde 1922 im Theodor Gerstenberg Verlag veröffentlicht. 1926, ein Jahr nach ihrem Tod, erschien eine Neuauflage unter dem Titel »Wetterleuchten. Münchener Roman«.[1]

Liest man Würdigungen anlässlich ihrer Geburtstage und ihres Todes stellt man fest, dass »Es wetterleuchtete« oder »Wetterleuchten« immer wieder aus dem schriftstellerischen Werk der Autorin herausgehoben wird. Das Buch wird als ein »prachtvoller Haushofer-Merk«[2] etikettiert und als ein »fesselndes Alt-Münchener Kulturbild« gepriesen.[3] Als ein Roman, der ein »köstliches, humorvolles Bild von der Münchner Revolution 1848« bietet, »die sich in der Hauptsache gegen die Geliebte König Ludwigs, des Ersten, die schöne Tänzerin, Lola Montez, richtete, die denn auch des Landes verwiesen wurde«.[4] Immer wieder wird betont, dass hier der »Lola-Montez-Spuk den Grundton der Zeitstimmung«[5] angibt und das Werk »packende Schilderungen der Lola-Montez Zeit«

[1] Haushofer-Merk, Emma: Es wetterleuchtete. Münchener Roman aus der Mitte des vorigen Jahrhunderts. Leipzig 1922; Haushofer-Merk, Emma: Wetterleuchten. Münchner Roman. Leipzig 1926.

[2] Gedächtnisfeier für Emma Haushofer-Merk im Schriftstellerinnenverein 1925. Zeitungsartikel ohne Angabe (Stadtarchiv München / Vereine 264).

[3] Emma Haushofer-Merk †. Bayerische Staatszeitung, Nr. 158 vom 13. Juli 1925 (Stadtarchiv München / ZA-P 188-15).

[4] Baudissin, Eva Gräfin von: Die Insel der Toten. Zeitungsartikel 1925 (Privatarchiv Haushofer).

[5] Emma Haushofer-Merk †. Bayerische Staatszeitung, Nr. 158 vom 13. Juli 1925 (Stadtarchiv München / ZA-P 188-15).

enthält.[6] Es wird auch festgestellt, wie genau, treffend und echt der Schriftstellerin doch die Schilderung des Münchner Lebens und seiner Bürgerkreise gelungen ist.[7] Gelobt werden auch beständig der Humor und die positive Grundstimmung, die das Werk durchdringen: »Über dem Ganzen webt ein gesunder Optimismus, ein ergötzlicher Humor.«[8]

»Es wetterleuchtete« erzählt die Geschichte Frieda Rombergers vor dem Hintergrund der Münchner Revolution 1848. Das Romangeschehen spielt sich im Zeitraum von 1847 bis 1854 ab und die Geschehnisse vor, während und nach der Märzrevolution erfahren eine ausführliche Darstellung. Speziell München ist zu dieser Zeit geprägt von der letzten Phase der Regentschaft König Ludwigs I., den Vorgängen um seine Geliebte Lola Montez sowie die sich nach der Revolution anbahnende Entwicklung Münchens zur Großstadt und dem Ausbruch der Cholera im Jahr 1854.

Die Hauptfigur des Romans, Frieda Romberger, ist eine Frau, die ihrer Zeit voraus ist: Sie wehrt sich gegen den tyrannischen Vater und die Engstirnigkeit des Münchner Spießbürgertums der 1848er-Jahre. Frieda wird als eine eigenwillige Persönlichkeit präsentiert, die ihr Leben in die Hand nimmt und nach Selbstbestimmung strebt. Sie begeistert sich für revolutionäre Ideen, ist freiheitlich gesinnt und hat einen rebellischen Charakter. Immer wieder kämpft sie darum, als Mensch und Frau in ihrem Wert gesehen und anerkannt zu werden. Letztlich verschafft sie sich selbst ihr Glück, indem sie sich gegen Ausbeutung wehrt, authentisch ist und radikal zu sich selbst, ihren Gefühlen und Ansichten steht.

6 Gedächtnisfeier für Emma Haushofer-Merk im Schriftstellerinnenverein 1925. Zeitungsartikel ohne Angabe (Stadtarchiv München / Vereine 264).

7 Baudissin, Eva Gräfin von: Emma Haushofer-Merk und Carry Brachvogel. In: Münchner Neueste Nachrichten Nr. 160, Frauenzeitung. München 1924, S. 27. Baudissin, Eva Gräfin von: Die Insel der Toten. Zeitungsartikel 1925 (Privatarchiv Haushofer); Gedächtnisfeier für Emma Haushofer-Merk im Schriftstellerinnenverein 1925. Zeitungsartikel ohne Angabe (Stadtarchiv München / Vereine 264).

8 Dreyer, A. E.: Emma Haushofer-Merk. Ein Gedenkblatt zu ihrem 70. Geburtsfest (15. Juni) (Stadtarchiv München / ZA-P 188-15); Gedächtnisfeier für Emma Haushofer-Merk im Schriftstellerinnenverein 1925. Zeitungsartikel ohne Angabe (Stadtarchiv München/Vereine 264); Graf-Lomtano, Josephine: Ein dreifaches Jubiläum im Münchner Schriftstellerinnenverein. In: Süddeutsche Frauenzeitung, 5. Jahrgang, Nr. 24 vom 22. Juni 1924 (Stadtarchiv München/Vereine 2168).

Als Emma Haushofer-Merk 1925 im Alter von 71 Jahren an den Folgen einer Operation starb, wurde ihre Freundin Carry Brachvogel, eine seinerzeit gleichfalls berühmte Münchner Schriftstellerin, gebeten, den Nachruf für die »Münchner Neuesten Nachrichten« zu schreiben. Brachvogel stellte ihre langjährige Freundin hier nicht nur als die Expertin für das alte München heraus, sondern wertete »Wetterleuchten« auch als »Meisterwerk«: »Nicht zuletzt haben Sie, die Kennerin und Versteherin Alt-Münchens, zwei kleine Meisterwerke geschrieben, den Roman ›Wetterleuchten‹ und die köstliche Geschichte ›Die Gewissensbisse des Ignatius Stupfer‹ würd' ich Ihnen all dies sagen (o könnt ich es doch noch), so käme gewiß jene leise Befangenheit über sie, die sie jedesmal befiel, wenn man sie rühmen wollte und die so reizvoll von ihrem kernigen Wesen abstach. Und so, abwehrend würde sie entgegnen: ›Nun ja, ich bin halt ein Münchner Kind und kenne so Vieles was heute keiner mehr weiß!‹«[9]

Die Schriftstellerin Emma Haushofer-Merk

Emma Haushofer-Merk (1854–1925) war nicht nur eine bekannte Schriftstellerin ihrer Zeit, sondern spielte seit dem Jahr 1894 auch eine führende Rolle in der bürgerlichen Frauenbewegung Bayerns.[10] Sie stammte aus der alteingesessenen Münchner Bürger- und Künstlerfamilie Merk.[11] Während ihr Großvater in München als Hofjuwe-

9 Brachvogel, Carry: Emma Haushofer-Merk zum Andenken. In: Münchner Neueste Nachrichten, Nr. 198 vom 19. Juli 1925 (Stadtarchiv München/ZA-P 188-15).

10 Zu Emma Haushofer-Merk als Frauenrechtlerin siehe Richardsen, Ingvild: Die Schriftstellerin und Frauenrechtlerin Emma Haushofer-Merk – »Carpe diem«. In: Haushofer-Merk, Emma: Alt-Münchner Erzählungen. Texte der Erstausgaben. Herausgegeben und mit einem Vor- und Nachwort versehen von Ingvild Richardsen, S. 186–237, hier 200–237; Haushofer-Merk, Emma: Seine Frage und andere Novellen von Emma Haushofer-Merk. Mit einem Vorwort [von Dr. O.F. Damm] (Oskar Friedrich). Leipzig [1909], S. 3f.

11 Familienbogen Emma Merk (Stadtarchiv München / PMB M200); Familienbogen Eduard Merk (Stadtarchiv München / PMB M, Nr. 31/5973): Das Ehepaar Merk hatte acht Kinder, vier Söhne und vier Töchter. Zwei Söhne waren bereits gestorben, als Emma auf die Welt kam. Von den vier Mädchen war Emma das jüngste.

lier arbeitete,[12] war ihr Vater Eduard Merk seinerzeit ein bekannter Genre- und Historienmaler.[13] Jahrzehntelang führte die Schriftstellerin und Frauenrechtlerin auch einen beliebten Salon, der nicht nur Treffpunkt der »bewegten Frauen« war, sondern auch von namhaften Künstlern, Schriftstellern und Gelehrten besucht wurde.[14] 1902 heiratete sie ihren langjährigen Freund, den Münchner Professor und Dichter Max Haushofer (1840–1907).[15]

Die Schriftstellerin liebte München und ihre bayerische Heimat über alles und war auch eine begeisterte Alpinistin. Und so geben denn auch das bayerische Alpenvorland und die Berglandschaft Südtirols in vielen ihrer Romane und Erzählungen die Hintergrundkulisse ab. Außer München liebte sie den Chiemsee über alles. Seit ihrer Kindheit hielt sie sich mit ihren Eltern immer wieder auf der Insel Frauenchiemsee auf, damals eine bekannte Münchner Künstlerkolonie, die der Vater ihres Mannes, der Landschaftsmaler Max Haushofer (1811–1866), für die Künstler entdeckt hatte. Doch auch später war die Insel der langjährige Lieblingsaufenthalt Emma Haushofer-Merks und ihres Gatten Max Haushofers. Zusammen mit ihrer langjährigen Freundin, der erfolgreichen Schriftstellerin Carry Brachvogel, gründete sie im Herbst 1913 unter Mithilfe des Vereins für Fraueninteressen nun einen eigenen Verein.[16] Zweck des Vereins war der »Zusammenschluss der in München lebenden Schriftstellerinnen und Journalistinnen zur Besprechung be-

[12] Pecht, Friedrich: Geschichte der Münchner Kunst im neunzehnten Jahrhundert. München 1888, S. 484.

[13] Nagler, Georg Kaspar: Neues Allgemeines Künstlerlexikon. Band 9. München 1840, S. 150; Thieme-Becker, Allgemeines Lexikon der Bildenden Künstler von der Antike bis zur Gegenwart. Band XXIV. Leipzig 1898; Boetticher, Friedrich von: Malerwerke des 19. Jahrhunderts. Band II/1. Dresden 1898, S. 25.

[14] Raff, Helene: Blätter vom Lebensbaum. München 1938, S. 213–217.

[15] Haushofer, Max: Lebensgeschichte. Manuskript, S. 129 (Privatarchiv Haushofer). Siehe zu Max Haushofer: Haushofer, Heinz: Traditionen. Als Manuskript vervielfältigt. München 1979, S. 118–166; Haushofer, Max: Lebensgeschichte. Manuskript, S. 18f. (Privatarchiv Haushofer). Zeitgenössische Darstellungen über Leben und Werk bieten zum Beispiel: Garleb, Ernst: Ein deutscher Dichter an der Wende des Jahrhunderts. Leipzig 1897; Du Moulin-Eckart, Richard Graf von: Max Haushofer. In: Jahresbericht 1907 der Königlich Bayerischen Technischen Hochschule, München 1908, S. 3–30; Hey, Oskar: Max Haushofer. Stuttgart 1907; Brachvogel, Carry: Max Haushofer. In: Das literarische Echo. 9 (1906), Heft 1, S. 6–13 mit einem Porträt von Max Haushofer.

[16] Verein für Fraueninteressen e.V. (Hg.): 20. Jahresbericht, S. 9.

ruflicher Fragen und zur Vertretung künstlerischer und wissenschaftlicher Interessen«.[17] Er war der erste seiner Art und zahlreiche bekannte Persönlichkeiten traten ihm bei: Richarda Huch, Annette Kolb, Helene Böhlau, Elsa Bernstein, Isolde Kurz und viele andere.[18] 1914 und 1924, zu ihrem 60. und 70. Geburtstag, wurde die Schriftstellerin offiziell gefeiert und gewürdigt. 1925 starb sie an den Folgen einer Operation. Wie viele andere Autorinnen ihrer Zeit geriet sie lange Zeit in Vergessenheit. Ihre Grabstätte und die ihres Mannes Max Haushofer lassen sich auf dem idyllischen Kirchhof der Insel noch heute besichtigen. Emma Haushofer-Merk war eine sehr produktive Autorin, die zahlreiche Novellen, Erzählungen und Romane veröffentlicht hat. In zeitgenössischen Würdigungen werden ihre thematischen Vorlieben immer wieder auf den Punkt gebracht: es sind das alte und das neue München, bayerische Städte, die landschaftliche Umgebung Münchens und der Chiemsee, die Beziehung zwischen Mann und Frau, aber auch die gesellschaftliche Stellung und Rolle der Frau im Wandel der Zeiten.[19] Die Autorin war geschätzt für ihre psychologische Darstellungs- und Charakterisierungskunst, für ihren flüssigen und humorvollen Erzählton, besonders aber für ihr sonniges Gemüt und ihre weltfreudige Lebensauffassung, die in ihren Werken oft zum Ausdruck kommen und auch die Entwicklung ihrer Figuren maßgeblich prägen.

Keine geringeren als Ludwig Thoma und Georg Queri haben sie in ihrem 1913 veröffentlichten Bayernbuch in ihrer Auswahl von 100 bayerischen Autoren eines Jahrtausends als eine unter fünf Autorinnen aufgenommen und sie hier als »Verfasserin zahlreicher psychologischer Novellen und Skizzen« präsentiert.[20]

[17] Satzungen des Münchner Schriftstellerinnen-Vereins. Satzung 2 (Stadtarchiv München / Vereine 2168).

[18] Münchner Schriftstellerinnen-Verein. Mitgliederliste von 1913 (Stadtarchiv München / Vereine 264).

[19] Baudissin, Eva Gräfin von: Emma Haushofer-Merk und Carry Brachvogel. In: Münchner Neueste Nachrichten Nr. 160, Frauenzeitung. München 1924, S. 27 (Stadtarchiv München / Vereine 2168).

[20] Thoma, Ludwig / Queri, Georg: Bayernbuch. Hundert bayrische Autoren eines Jahrtausends. München 1913, S. 155–159, 499.

Das Recht der Frau

Emma Merk hat nicht nur immer wieder München in ihr Blickfeld genommen, sondern seit ihren literarischen Anfängen in ihren Werken auch stets die Beziehung zwischen Mann und Frau und die Rolle der Frau in der Gesellschaft thematisiert. Das stellten auch ihre Zeitgenossen fest: »Der Konflikt zwischen dem Ueberkommenen und der neuen Zeit, die vor der Frau die Schranken niederbrach und ihr die Freiheit zu eigenem Leben und selbständigem Beruf gab, reizt die Schriftstellerin immer von Neuem.«[21] Dies verwundert nicht, angesichts dessen, dass Emma Haushofer-Merk seit 1894 in München eine führende Rolle als Frauenrechtlerin in Süddeutschland spielte«.[22] Unter dem unverfänglichen Namen »Gesellschaft zur Förderung geistiger Interessen der Frau« wurde 1894 in München der spätere »Verein für Fraueninteressen« von Anita Augspurg (1857–1943) gegründet.[23] Emma Haushofer-Merk war nicht nur seit der Vereinsgründung 1894 Mitglied[24], sondern war wohl selbst auch an dessen Gründung beteiligt.[25] Im Verein fanden sich

[21] Ebd.

[22] Zu Emma Haushofer-Merk als Frauenrechtlerin siehe Richardsen, Ingvild: Die Schriftstellerin und Frauenrechtlerin Emma Haushofer-Merk – »Carpe diem«. In: Haushofer-Merk, Emma: Alt-Münchner Erzählungen. Texte der Erstausgaben. Herausgegeben und mit einem Vor- und Nachwort versehen von Ingvild Richardsen, S. 186–237, hier 200–237; Haushofer-Merk, Emma: Seine Frage und andere Novellen von Emma Haushofer-Merk. Mit einem Vorwort [von Dr. O.F. Damm] (Oskar Friedrich). Leipzig [1909], S. 3f.; Schaefer, Anny: Emma Haushofer-Merk. In: München Augsburger Abendzeitung Nr. 197 vom 19. Juli 1925 (Stadtarchiv München / ZA-P 188-15); Emma Haushofer-Merk †. In: Bayerische Staatszeitung, Nr. 158 vom 13. Juli 1925 (Stadtarchiv München / ZA-P 188-15).

[23] Vgl. Kinnebrock, Susanne: Anita Augspurg (1857–1943): Feministin und Pazifistin zwischen Journalismus und Politik. Eine kommunikationshistorische Biographie. Herbolzheim 2005, S. 121ff. Demzufolge war Anita Augspurg von 1894 bis 1896 Gründungspräsidentin. Seit 1891 hatte sie die Vereinsgründung vorbereitet, wie ihr Briefwechsel mit Hedwig Kettler beweist.

[24] Die erste Mitgliederliste wird erst 1897 veröffentlicht.

[25] Emma Haushofer-Merk 1925. In: München Augsburger Abendzeitung Nr. 197 vom 19. Juli 1925 (Stadtarchiv München / ZA-P 188-15); Baudissin, Eva Gräfin von: Emma Haushofer Merk und Carry Brachvogel. In: Münchner Neueste Nachrichten Nr. 160, Frauen-Zeitung, München 1924, S. 27 (Stadtarchiv München / Vereine 2168).

Frauen aller Konfessionen des gebildeten Münchner Bürgertums zusammen, die sich allesamt zur modernen Frauenbewegung bekannten.[26] Der Münchner Verein wurde in Bayern zum Fürsprecher erwerbstätiger Frauen, er vertrat den Anspruch der Mädchen auf gleiche Bildungschancen und verlangte den gleichberechtigten Zugang von Frauen zu den Institutionen des öffentlichen Lebens. Emma Haushofer-Merks langjähriger Freund und späterer Ehemann, der Professor und Dichter Max Haushofer, unterstützte die Ziele und das Wirken seiner Frau. Wie aus zahlreichen zeitgenössischen Quellen ersichtlich ist, war er ein Freund der bürgerlichen Frauenbewegung und Mitglied im Verein für Fraueninteressen.[27] Überdies verfasste er auch selbst zahlreiche Artikel und Vorträge zur Stellung und gesellschaftlichen Rolle und Erwerbstätigkeit der Frau.[28]

Und so ist auch Emma Haushofer-Merk in ihren Werken immer wieder für die Ideen der Frauenbewegung eingetreten. Heinz Haushofer, ein Enkel Max Haushofers, hat dies treffend auf den Punkt gebracht: »[I]n den meisten ihrer Novellen und Romane spielt ›das Recht der Frau‹ eine hintergründige Rolle: auf persönliche Freiheit, auf gleichgewertete Berufsarbeit, auf kameradschaftliche Anerkennung in der Ehe.«[29] Sie selbst verfocht dieses Recht persönlich und öffentlich als Frauenrechtlerin. In ihren schriftstellerischen Werken verhielt sie sich dabei allerdings gemäßigt, dies stellten schon ihre Zeitgenossen fest: »Vielfach nimmt die Verfasserin in ihren Novellen und Erzählungen, unbeschadet der künstlerischen Wirkung derselben, Gelegenheit, für die Ideen der Frauenbewegung einzutreten, doch vermeidet sie dabei alles Extreme.«[30]

[26] Christa Elferich (Verein für Fraueninteressen) verweist darauf, dass Frauen jüdischen Glaubens oder jüdischer Herkunft die ersten 40 Jahre des Vereins und der Frauenbewegung entscheidend mitgestaltet haben. Vgl. Elferich, Christa: Aus dem Vereinsarchiv. In: Verein für Fraueninteressen e. V. (Hg.). Jahresbericht 2006. München, S. 23f.

[27] Vgl. Verein für Fraueninteressen e.V.: Im Vereinsarchiv unter der Rubrik »Max Haushofer«.

[28] Verein für Fraueninteressen e.V. (Hg.): 6. Jahresbericht 1900, S. 5; Verein für Fraueninteressen e.V. (Hg.): 3. Jahresbericht 1897. S. 4; 4. Jahresbericht 1898, S. 11, Anm. 5. Jahresbericht 1899, S. 6 und S. 28.

[29] Haushofer, Heinz: Traditionen. Als Manuskript vervielfältigt. München 1979, S. 164.

[30] Haushofer-Merk, Emma: Seine Frage und andere Novellen von Emma Haushofer-Merk. Mit einem Vorwort [von Dr. O.F. Damm] (Oskar Friedrich).

Und so spielt auch in »Es wetterleuchtete« und vielen ihrer anderen Romane das Recht der Frau auf Selbstbestimmung eine große Rolle.

Das Alleinstellungsmerkmal Emma Haushofer-Merks: Die Kennerin Alt-Münchens

Zu ihrer Zeit galt die aus einer alten Bürger- und Künstlerfamilie stammende Emma Haushofer-Merk als eine der besten Kennerinnen Münchens: »ein urechtes Münchner Kind, mit unwandelbarer Liebe zu ihrer Vaterstadt, eine der besten Kennerinnen alter Gebräuche und Sitten wie der Stadtgeschichte, eine wandelnde Chronik des alten, fast vergessenen München, in dem ihre Familie von jeher eingesessen war und ihr Tradition und Erinnerungen überliefert hatte.«[31]

Mit Vorliebe, das bemerkten die Zeitgenossen, stellte Emma Haushofer-Merk das »alte München« im Wandel der Zeit dar: »Dem ›alten‹ München gilt auch schriftstellerisch ihr Hauptinteresse. Sie weiß es meisterlich in Wort und Ton zu treffen, gilt es nun der Schilderung der Münchner Bürgerkreise aus der Mitte des letzten Jahrhunderts, wie zum Beispiel in dem Roman ›Es wetterleuchtete‹, dem noch älteren herzoglichen München in dem reizenden Buche ›Die Gewissensbisse des Ignatius Stupfer‹, oder moderneren Problemen, die zum Beispiel in den Romanen ›Die Lotterie der Liebe‹, im ›Großen Glück‹ und in ›Drei Frauen‹ spannend erzählt werden.«[32]

Immer wieder weisen Zeitgenossen darauf hin, wie treffend ihr speziell die Darstellung des Bürgertums im alten München gelingt: »Ganz besonders das a- l – t – e München mit seinem ein wenig einseitigen, aber kraftvollen Bürgertum verdankt ihr eine liebe- und humorvolle Würdigung, wie die Romane: ›Drei Frauen‹, ›Die Gewissensbisse des Ignatius Stupfer‹, ›Es wetterleuchtete‹, beweisen.«[33]

Leipzig [1909], S. 3f.; Haushofer, Heinz: Traditionen. Als Manuskript vervielfältigt. München 1979, S. 164.

31 Baudissin, Eva Gräfin von: Die Insel der Toten. Zeitungsartikel 1925 (Privatarchiv Haushofer), S. 238.

32 Baudissin, Eva Gräfin von: Emma Haushofer-Merk und Carry Brachvogel. In: Münchner Neueste Nachrichten Nr. 160, Frauenzeitung. München 1924, S. 27 (Stadtarchiv München/Vereine 2168).

33 Graf-Lomtano, Josephine: Ein dreifaches Jubiläum im Münchner Schriftstel-

Emma Haushofer-Merk widmete sich mit Vorliebe der Darstellung Alt-Münchens in all seinen Aspekten und versuchte, typisch Münchner Phänomene und das für München Typische zu beschreiben: wie zum Beispiel das Münchner Spießbürgertum, Münchner Maler und Künstler, das Münchner Mädel oder das Mädchen mit dem Riegelhäubchen. Stets wurde ihr bescheinigt, wie trefflich und echt ihr das gelänge: »Am liebsten aber läßt sie ihre Heimatstadt vor dem Auge ihrer Leser erstehen, nicht die Großstadt, sondern das gemütliche, spießbürgerliche München von einst, wie sie es als Kind teils selbst sah, teils aus Schilderungen ihrer Eltern kennenlernte. [...] Künstler spielen in ihren Münchner Geschichten häufig eine hervorragende Rolle, und von ihrem lustigen Tun und Treiben weiß sie viel Anheimelndes zu erzählen. Dabei kommt ihr ein glückliches Gestaltungstalent zu statten, gepaart mit einer guten Beobachtungsgabe und einer unerschöpflichen Phantasie, die jedoch nie auf Irrwege geriet, ferner eine plastische Zeichnung ihrer Charaktere. Ihr ›Münchner Mädel‹ ist gottlob grundverschieden von jenen leichtfertigen Geschöpfen, wie sie manche ›Münchner Geschichte‹ ihren unkundigen Lesern vorspiegelt. [...] Dem ›Münchner Lokalgeist‹ trägt sie in ihren Schöpfungen (nach einem Urteil Gottschalls) Rechnung bis in die Eigenart des Dialekts.«[34]

Dies alles – so betonten ihre Zeitgenossen – gelang ihr nicht nur absolut treffend, sondern war überdies gewürzt mit viel Humor und Optimismus, in der sich auch ihre Weltzugewandtheit und Lebensfreude ausdrückte: »Ihre weltfreudige Lebensauffassung spricht die Heldin eines ihrer Romane aus: ›Wenn man nur überhaupt seinen Platz ausfüllt und einen Inhalt für sein Leben hat! Nur keine leeren Tage, nur kein leeres Haus!‹«[35] Dass sie das alte München absolut meisterhaft beschreiben konnte, galt als Emma Haushofer-Merks Alleinstellungsmerkmal: »Niemand kann Alt-München besser beschreiben, als es ihr in ihren zahlreichen Romanen, vor allem in ›Es wetterleuchtete‹ und in dem geradezu klassischen ›Die Gewissensbisse des Ignatius Stupfer‹ gelungen ist.«[36]

lerinnenverein. In: Süddeutsche Frauenzeitung 5 (1924), Nr. 24 (Stadtarchiv München/Vereine 2168).

[34] Dreyer, A. E.: Emma Haushofer-Merk. Ein Gedenkblatt zu ihrem 70. Geburtsfest (15. Juni) (Stadtarchiv München/ZA-P 188-15).

[35] Ebd.

[36] Baudissin, Eva Gräfin von: Die Insel der Toten. Zeitungsartikel 1925 (Privatarchiv Haushofer).

Was ist das »alte München«?

Doch – was ist das »alte München«? Carry Brachvogel, – auch sie damals berühmt als große Kennerin Münchens und Bayerns, – hat in ihrem bekannten Buch »Im Weiß-Blauen Land« (1924) in dem Essay »Münchner Dreiklang« dargelegt, »was eigentlich das alte München ist.«[37]

Dieser Essay ist deswegen wichtig, weil viele Aspekte des alten München, die Brachvogel hier beschreibt, auch in »Es wetterleuchtete« eine Rolle spielen und zur Darstellung kommen.

Bei ihrer Spurensuche betrachtet Brachvogel zunächst Münchner Wahrzeichen und Orte, fragt zum Beispiel, ob es die Frauentürme sind oder vielleicht eher die Johanneskirche, die malerische Quellengasse in der Au und die Schrannengasse oder doch vielmehr der frühere alte Marienplatz. Den treffendsten Inbegriff für das alte München findet sie letztlich aber in dem »Mädchen mit dem Riegelhäubchen«: »Da die Musik vom Chinesischen Turm solche Verstärkung erfahren hat, tut sich das Tor der Vergangenheit weiter auf und entläßt die holdseligste Verkörperung Alt-Münchens, sie, an die man wohl am liebsten denkt, wenn man »Alt-München« sagt, und die all seinen Reiz und seine Erinnerungen zu verkörpern scheint. Das schöne Mädchen mit dem Riegelhäubchen ist's, dessen Bild vielleicht in der Schönheitsgalerie hängt, sie, die in früher Morgenstunde sittsam mit dem Gebetbuch zur Messe geht, sie, die tagsüber im Hause bleiben, der Mutter helfen oder an ihrer Ausstellung sticheln muß, aber doch bei der Musik im Chinesischen Turm nicht fehlen darf. Da sitzt sie dann, ehrbar und fröhlich neben der Mutter oder der Tante, die zu der Riegelhaube den weißen Crêpe de Chine-Schal überm weit-abstehenden lila Seidenkleid trägt und scharf wacht [...]. Nur wenn ein richtiger, solider Freier sich blicken läßt, wird die weibliche Wachsamkeit nachsichtiger, und wenn der Vater des jungen Mannes erst genaue Auskunft über alle Verhältnisse gegeben und empfangen hat, mag der Sohn das schöne Mädchen mit dem Riegelhäubchen als seine Braut

[37] Brachvogel, Carry: Im Weiß-Blauen Land. Bayerische Bilder von Carry Brachvogel. München 1924, S. 93–103. 2013 neu erschienen: Brachvogel, Carry: Im Weiß-Blauen Land. Bayerische Bilder, herausgegeben und mit einem Vor- und Nachwort versehen von Ingvild Richardsen, Reihe edition monacensia. München 2013, S. 91–100.

betrachten«.[38] Die Riegelhaube war eine aufwendig und mit kostbaren Materialien gearbeitete Kopfbedeckung, die von Frauen der wohlhabenden Bürgerschicht getragen wurde.[39] Dass Carry Brachvogel in diesem Zusammenhang Bezug auf die Schönheitengalerie von König Ludwig I. nimmt, die ja auch in »Es wetterleuchtete« eine nicht unerhebliche Rolle spielt, hängt damit zusammen, dass sich hier auch viele Porträts Münchner Bürgermädchen finden, die eben in der alten Münchner Tracht und dem Riegelhäubchen gemalt worden sind. Die Schönheitengalerie König Ludwigs I. in Schloss Nymphenburg, besteht aus 36 Porträts Münchner Frauen sowohl adeliger als auch bürgerlicher Herkunft, die fast alle von Joseph Karl Stieler, der 1820 zum Hofmaler ernannt wurde, zwischen 1827–1850 gemalt worden sind. Unter den Porträtierten ist zum Beispiel auch die Tänzerin Lola Montez. Nach dem Willen des Königs sollte die Galerie vor allem eine Sammlung vaterländischer Schönheiten werden, jedoch finden sich auch einige Ausländerinnen; an ihr sollte die Nachwelt erkennen, was man seinerzeit als Idealschönheit ansah.[40]

Das männliche Pendant zu dem »Mädchen mit dem Riegelhäubchen« ist Carry Brachvogel zufolge nun der »Spießbürger«, der je nachdem, »ihr Vater, Bruder oder Ehemann sein kann: Breitspurig stapft er daher mit Vatermördern, Zylinder, geblümter Weste und dickem Stock, und er kommt einem gleich bekannt und auch gleich unsympathisch vor, dieweil seine Sippschaft über die ganze Welt verstreut ist – die Sippschaft

[38] Ebd., S. 95 und ebd., S. 93.

[39] Das Riegelhäubchen wurde vor allem im späten 18. Jahrhundert und besonders bis zur Mitte des 19. Jahrhunderts in und um München getragen. Im Laufe der ersten Hälfte des 19. Jahrhunderts verbreitet sich die Riegelhaube von München ausgehend über ganz Bayern, gefördert von den Bayernkönigen Max I. Joseph (Regierungszeit 1806–1825) und Ludwig I. (Regierungszeit 1825–1848). Im Raum München wird sie 1772 urkundlich erwähnt. Das Ausdehnungsgebiet der Riegelhaube erstreckte sich aber auch in die an Bayern grenzenden Gebiete Österreichs hinein. Vgl. Szeibert-Sülzenfuhs, Rita: Die Münchnerinnen und ihre Tracht. Geschichte einer traditionellen Stadttracht als Spiegel der weiblichen Bürgerschicht. Dachau 1997; Laturell, Volker D.: Trachten in und um München. München 1998.

[40] Zur Schönheitengalerie König Ludwigs I.: Die Münchnerinnen der Schönheitengalerie. In: Wolf, Georg Jacob: Die Münchnerin. Kultur- und Sittenbilder aus dem alten und neuen München 1924, S. 143–155; Hojer, Gerhard: Die Schönheitsgalerie König Ludwigs I. Regensburg 1997.

der Spießbürger«.[41] Und leider – so stellt Brachvogel immer wieder fest – wird das Mädchen mit dem Riegelhäubchen nicht nur seine spätere Frau, sondern mit ihm auch selbst zur Spießbürgerin. Humor- und hingebungsvoll widmet sie sich der Beschreibung der Sitten und Gebräuche im Münchner Spießbürgertum: »Neben dem Bier begehrt er noch seine »königlich bayrische Ruh«. Um sechs Uhr abends ist seine Frau (sie war einst das Mädchen aus der Schönheitsgalerie) schon in der Nachtjacke zu sehen; wenn einer etwa noch um acht Uhr an der Haustüre läuten wollte, würde Herr Spießbürger brummen: »Mitten in der Nacht schellt man doch die Leute net raus?«, und wenn er im Wirtshaus seinen Tarock gespielt und die Bettschwere errungen hat, legt er sich um neun Uhr schlafen.«[42]

Das Essen spielt im Leben des Münchner Spießbürgers eine ganz entscheidende Rolle: »Er ist kein eigentlicher Feinschmecker, denn Bier stumpft die Feinheit des Gaumens ab [...], aber er hält auf gutes, kräftiges Essen, und die Jahreszeiten und Monate sind für ihn durch wechselnde eßbare Spezialitäten und Bierproben bezeichnet. In der Christnacht gibt's Mettwürste, am Faschingsdienstag Fastnachtskrapfen, Ostern natürlich Schinken, zu Pfingsten ein Pfingstgansl, Fronleichnam nach der Prozession unzählige Bratwürstl, Kirchweihsonntag Kirchweihnudeln und zum Maibock Spanfackel. Um diese Köstlichkeiten her schlingen sich Würste in unabsehbarer Reihe und von hundertfacher Art. [...] Neben ihnen ragen die drei Münchner Wahrzeichen Brustbraten, Schlegelbraten, Gratbraten und noch viel anderes, was die Frau Spießbürgerin, die einst das Mädchen aus der Schönheitsgalerie war, nach dem selbstgeschriebenen dicken Kochbuch zubereitet.«[43]

Doch Brachvogel berichtet auch, wann das Spießbürgertum, dem die »bayrische Ruh'« über alles geht, komplett aus der Fassung gerät: »Man

[41] Brachvogel, Carry: Im Weiß-Blauen Land. Bayerische Bilder von Carry Brachvogel. München 1924, S. 95ff. 2013 neu erschienen: Brachvogel, Carry: Im Weiß-Blauen Land. Bayerische Bilder, Herausgegeben und mit einem Vor- und Nachwort versehen von Ingvild Richardsen, Reihe edition monacensia. München 2013, S. 93ff.

[42] Ebd., S. 96 bzw. ebd., S. 94.

[43] Brachvogel, Carry: Im Weiß-Blauen Land. Bayerische Bilder von Carry Brachvogel. München 1924, S. 96. 2013 neu erschienen: Brachvogel, Carry: Im Weiß-Blauen Land. Bayerische Bilder, herausgegeben und mit einem Vor- und Nachwort versehen von Ingvild Richardsen, Reihe edition monacensia. München 2013, S. 94.

glaube aber nicht, daß der Münchner Spießbürger nicht auch gelegentlich der ›königlichen bayrischen Ruh'‹ entsagen kann. O nein, es gibt Augenblicke, in denen er sich zum Berseker wandelt! Wenn der Bierpreis aufschlägt, macht er wahrhaftig Revolution und dem ›Saupreißen‹ Richard Wagner samt seinem geplanten Festspielhaus versalzt er den Aufenthalt in München gründlich. Für Nordisches und Neues ist er überhaupt nicht zu haben. Die ›Nordlichter‹, die der wissensdurstige und literaturfreundliche König Max II. berief, werden von Herrn Spießbürger scheel angesehen, und wo er kann, verweigert er ihnen schon um ihres Glaubens willen, die Wohnung. Vom Maximilianeum, diesem märchenhaften Abschluß der Maximilianstraße, sagt er spöttisch: ›Wie a Ruin', wia's Heidelberger Schloß!‹, obwohl er niemals in Heidelberg war, denn er reist nicht, weil er grundsätzlich in keinem anderen Bett schläft als in seinem eigenen.« [44] Auch über das, was über Bayern hinausgeht, interssiert sich der Spießbürger nicht, und so denkt er letztlich dann auch nicht in Begriffen wie »Deutschland«: »Er will überhaupt von der Welt, die außerhalb der weißblau Grenze liegt, nichts wissen. Er ist ›boarisch‹, nichts als ›boarisch‹ und wenn es auf ihn ankäme, würde niemals die ›Wacht am Rhein‹ von ganz Deutschland gesungen worden sein.«[45]

Doch kennzeichnend für das alte München, wie Brachvogel kulturhistorisch ausführt, sind, abgesehen von dem Münchner Spießbürgertum der Biedermeierzeit, vor allem die Malerei und die Musik, und – für die neuere Zeit als typisches Moment hinzugekommen: die Arbeit. So bilden Malerei, Musik und Arbeit den »Münchner Dreiklang« und sind charakteristisch sowohl für das alte als auch das neue München.

Als besonders wichtig für das alte München sieht Brachvogel auch das Wirken von König Ludwig I. an, denn er habe der Stadt nicht nur den Gedanken einer deutschen Einheit nahe gebracht, sondern auch die Kunst: »Ein neuer Ton schwebt werdend um das Tor der Vergangenheit. Kriegslärm antwortet ihm, und von Haß erfüllt gegen fremde Bedrückung spricht Bayerns Kronprinz, Ludwig, das Wort ›teutsch sein!‹« Und so kann »München Ludwig I. nie dankbar genug sein, denn er, der

[44] Brachvogel, Carry: Im Weiß-Blauen Land. Bayerische Bilder von Carry Brachvogel. München 1924, S. 97. 2013 neu erschienen: Brachvogel, Carry: Im Weiß-Blauen Land. Bayerische Bilder, herausgegeben und mit einem Vor- und Nachwort versehen von Ingvild Richardsen, Reihe edition monacensia. München 2013, S. 95.

[45] Ebd.

Sohn eines Rheinbundfürsten, verkündete dieser Stadt zwei Evangelien, von denen sie bis dahin kaum gewußt hatten: das Evangelium des deutschen Gedankens und das Evangelium der Kunst.«[46] König Ludwig von Bayern hatte zu Beginn seines politischen Wirkens nicht nur für eine deutsch-nationale Politik plädiert, unter König Ludwigs I. Regentschaft hatte sich München seinerzeit auch zu einer viel beachteten Stadt der Kunst entwickelt. Ludwig I. war ein glühender Verehrer des antiken Griechenland, was sich noch heute in der Bebauung Münchens widerspiegelt. Er ließ nicht nur die Ludwigstraße mit Universität und Ludwigskirche errichten, sondern auch die Feldherrnhalle, das Siegestor, die Staatsbibliothek, den Königsplatz mit Glyptothek, Propyläen und Antikensammlung, die Alte Pinakothek, die Ruhmeshalle und die Bavaria-Statue auf der Theresienwiese.[47] Brachvogel kommentiert nicht nur die von ihm veranlasste Bautätigkeit, sie berichtet, dass er mit Malern, wie Cornelius, Kaulbach, Piloty und vielen anderen, »die auf Ludwigs Ruf gekommen waren und mit denen er aus der dörflichen Kleinresidenz eine deutsche Stadt schuf, die sich schnell den Namen Isar-Athen errang. Isar-Athen – der Name lud schwere Verpflichtung auf, aber München hat diese Verpflichtung voll erfüllt. Seit Ludwigs Tagen bis heute schritt es in Farbe eingehüllt, wie über eine von tausend Regenbögen überglänzte V i a t r i u m p h a l i s der Kunst dahin.«[48]

Es ist auffällig, dass viele Aspekte, die Brachvogel bei ihrer Charakterisierung des alten München in den Vordergrund stellt, auch in »Es wetterleuchtete« auftauchen. So beginnt das Romangeschehen damit, dass das Bürgermädchen Gustel Obermeier in der Münchner Tracht und dem Riegelhäubchen für König Ludwigs Schönheitengalerie ge-

[46] Brachvogel, Carry: Im Weiß-Blauen Land. Bayerische Bilder, herausgegeben und mit einem Vor- und Nachwort versehen von Ingvild Richardsen, Reihe edition monacensia. München 2013, S. 96.

[47] Nerdinger, Winfried (Hg.): Romantik und Restauration, Architektur in Bayern zur Zeit Ludwigs I. 1825–1848. München 1987; Teichmann, Michael: Es soll der Künstler mit dem König geh'n. Ludwig I. von Bayern als Kunstmäzen. In: Stiftung Preußische Schlösser und Gärten Berlin-Brandenburg. Jahrbuch 1 (1995 / 1996), S. 227–236.

[48] Brachvogel, Carry: Im Weiß-Blauen Land. Bayerische Bilder von Carry Brachvogel. München 1924, S. 98. 2013 neu erschienen: Brachvogel, Carry: Im Weiß-Blauen Land. Bayerische Bilder, herausgegeben und mit einem Vor- und Nachwort versehen von Ingvild Richardsen, Reihe edition monacensia. München 2013, S. 96.

malt wird, als dieser erscheint und durch das Maleratelier flaniert, um die Porträts zu begutachten, die der Hofmaler fabriziert. Auch die Abdankung König Ludwigs I. wird in »Es wetterleuchtete« ähnlich gewertet wie dies Brachvogel tut: »Nun erinnerte man sich in München doch wieder dankbar an alles, was der König für die Stadt getan, wie populär er gewesen, wie man ihn als deutsch-gesinnten Fürsten verehrt hatte, und gerade sein stolzer Verzicht auf den Thron gewann ihm die Herzen wieder.«[49]

Haushofer-Merk beschreibt in »Es wetterleuchtete« auch das Münchner Spießbürgertum und charakterisiert dies ganz ähnlich wie Brachvogel: Als dessen typische Kennzeichen werden auch hier die Erhaltung der bayrischen Ruh' und Gemütlichkeit herausgestellt und die Feindschaft allem Neuen gegenüber, was bedingt, dass der Spießbürger auch mit Freiheitsgedanken und der Idee einer Deutschen Einheit nichts anfangen kann.

Dass dem Münchner seine »königlich-bayrische Ruh'« am wichtigsten ist, wird auch immer wieder in »Es wetterleuchtete« betont. So heißt es zum Beispiel in einem Brief Kuno Ehrwalds an Frieda: »Auch Sie sind jetzt im Lager der Satten, der Zufriedenen, der Spießbürger, die nur ihre Ruhe haben wollen, was den Münchnern ja stets die Hauptsache gewesen ist!«[50], oder unmittelbar vor Ausbruch der Märzrevolution: »So rasch als Obermeier meinte, kehrte in München aber die alte Gemütlichkeit nicht ein, um die es ihm und vielen anderen braven Bürgern hauptsächlich zu tun war.«[51] Auch Brachvogels Feststellung, dass die »bayrische Ruh'« nur durch die Erhöhung des Bierpreises erschüttert werden könne, findet nicht nur immer wieder Erwähnung: »Gott sei Dank, daß ich aus München heraus bin, wo sich alles um die Lola und die Bierpreise dreht«,[52] sondern auch ihre Darstellung im Roman: »Heut gibt's einen Krawall! Die Maß Bier ist wieder um einen Kreuzer 'naufg'setzt worden! Die Leut sind ganz aus dem Häusel und jetzt geht's die Bräuer schlecht.«[53]

[49] Brachvogel, Carry: Im Weiß-Blauen Land. Bayerische Bilder, herausgegeben und mit einem Vor- und Nachwort versehen von Ingvild Richardsen, Reihe edition monacensia. München 2013, S. 118.

[50] Haushofer-Merk, Emma: Es wetterleuchtete. Münchener Roman aus der Mitte des vorigen Jahrhunderts. Leipzig 1922, S. 121.

[51] Ebd., S. 116.

[52] Ebd., S. 70.

[53] Ebd., S. 132f.

Und so wie Brachvogel feststellte, dass das Vaterland für den Münchner Spießbürger nicht über München hinausgeht, kann man auch in »Es wetterleuchtete« lesen: »Dem Münchener Bürger war ja allerdings nur Bayern das Vaterland und er kümmerte sich wenig um das größere Reich.«[54]

Carry Brachvogel und Emma Haushofer-Merk waren eng miteinander befreundet. Sie trafen sich wöchentlich zum persönlichen und beruflichen Austausch, insofern sind die zahlreichen Gemeinsamkeiten nicht verwunderlich. So berichtet Brachvogel in dem schon erwähnten Nachruf in den »Münchner Nachrichten«: »Mein guter, treuer Kamerad, schier zwanzig Jahre lang sind wir in gleichem Schritt und Tritt durch Leben und Arbeit gegangen, haben uns nie geduzt, nie gestritten, nie Zärtlichkeiten getauscht, nie einander geheimste Dinge verraten, und hatten doch das Gefühl, daß wir zusammengebunden waren auf Gedeih und Verderb! Mehr denn tausendmal sind wir an deinem oder meinem Teetisch beisammengesessen, haben gefachsimpelt, (eine unserer Lieblingsbeschäftigungen!) über allerlei Torheiten und Toren beiderlei Geschlechts gelacht, über ernsthafte Angelegenheiten geredet, und jedesmal hast Du mich beim Abschied gefragt: »Wann sehe ich Sie wieder?«[55] Es ist davon auszugehen, dass die zwei Frauen, die nicht nur enge Freundinnen, sondern beide als große Kennerinnen Bayerns und Münchens bekannt waren, sich auch darüber austauschten, was eigentlich das alte München ist.

Zum historischen Hintergrund des Romans: Restauration, Biedermeierzeit und Vormärz

Die Zeitspanne von 1815–1848 wird in Politik- und Kulturgeschichte mit Begriffen wie »Restauration«, »Biedermeierzeit« und »Vormärz« gekennzeichnet. Sie beginnt 1815 mit dem Ende der napoleonischen Herrschaft in Europa und dem Wiener Kongress und endet mit der bürgerlichen Revolution, der so genannten »Märzrevolution« von 1848; dies ist auch der Grund, weshalb dieser Zeitraum oft auch

[54] Ebd., S. 61.

[55] Brachvogel, Carry: Emma Haushofer-Merk zum Andenken. In: Münchner Neueste Nachrichten, Nr. 198 vom 19. Juli 1925 (Stadtarchiv München/ZA-P 188-15).

»Vormärz« genannt wird. Für die ganze Epoche als charakteristisch werden die äußere Sicherheit und die innere Unterdrückung aller aufkeimenden Ideen des Liberalismus, des Nationalismus und der Demokratie gesehen.[56]

Unter der Leitung des österreichischen Außenministers Fürst von Metternich berieten auf dem Wiener Kongress politisch bevollmächtigte Vertreter aus europäischen Staaten, darunter alle bedeutenden Mächte Europas, über die Neuordnung Europas. Die führende Rolle spielten Russland, England, Österreich und Preußen sowie das wiederhergestellte Königreich Frankreich und der Vatikan. Nach dem endgültigen Sieg über Napoleon am 26. September 1815 in Paris schlossen Russland, Österreich und Preußen ein Bündnis ab, die sogenannte »Heilige Allianz«, der 1818 dann auch Frankreich beitrat. Diese Mächte waren bestrebt, die politische Vorkriegsordnung wiederherzustellen. So bezieht sich der Begriff »Restauration« also hauptsächlich auf die staatspolitische und reaktionäre Entwicklung in den Ländern des Deutschen Bundes nach dem Ende der napoleonischen Zeit und des Wiener Kongresses. Vormärz hingegen bezeichnet vor allem die zum selben Zeitabschnitt gehörende entgegengesetzte Bewegung, die eine politisch revolutionäre Veränderung suchte und unter anderem bei Literaten wie Georg Büchner und Heinrich Heine ihren Niederschlag fand.[57] Und so ist denn dieser Zeitraum geprägt von bürgerlich-demokratischen und nationalen Einheits- und Unabhängigkeitserhebungen gegen die Restaurationsbestrebungen der in der »Heiligen Allianz« verbündeten Herrscherhäuser.[58]

[56] Langewiesche, Dieter: Europa zwischen Restauration und Revolution. 1815–1849. München 2007; Engel, Manfred: Vormärz, Frührealismus, Biedermeierzeit, Restaurationszeit? Komparatistische Konturierungsversuche für eine konturlose Epoche. In: Oxford German Studies 40 (2011), S. 210–220; Geisthövel, Alexa: Restauration und Vormärz 1815–1847. Paderborn 2008; www.pohlw.de/literatur/epochen/vormaerz.html [zuletzt geöffnet 29.9.2015]

[57] Vgl. Eke, Norbert Otto: Einführung in die Literatur des Vormärz. Darmstadt 2005. Heinrich Heines Buch »Die romantische Schule« (1836) wurde zu einer der wichtigsten theoretischen Schriften des Jungen Deutschlands, da es in ihr nicht um Literaturgeschichte ging, sondern um eine Abrechnung mit den reaktionären Tendenzen der (Spät-) Romantiker.

[58] Menger, Philipp: Die Heilige Allianz – »La garantie religieuse du nouveau système Européen«? In: Pyta, Wolfram (Hg.): Das europäische Mächtekonzert. Friedens- und Sicherheitspolitik vom Wiener Kongreß 1815 bis zum Krimkrieg 1853. Stuttgart 2009, S. 209–236.

In Deutschland war die Zeitspanne von 1815 bis kurz vor 1848 politisch bestimmt von dem Interessenskonflikt zwischen den deutschen Fürsten, welche sich für eine Restauration einsetzten, und den Anhängern des »Jungen Deutschland«, Studenten, Teilen der Professorenschaft, Schriftstellern, Journalisten und anderen kulturellen Akteuren, die nach Freiheit und einer politischen Einheit Deutschlands strebten und sich gegen die restaurative und reaktionäre Politik Metternichs und der Fürsten des Deutschen Bundes wandten.[59] Die Vision eines politisch geeinten Deutschlands, in dem Meinungs- und Pressefreiheit herrschen sollte, war das grundlegende Movens für ihre politischen Aktivitäten. Damit lehnten sie sich vor allem gegen die Beschlüsse der Ministerialkonferenz in Karlsbad vom August 1819 auf (Verbot der Burschenschaften, Verfolgung von »Demagogen«, Pressezensur), die in der Folge des Mordes an dem reaktionären Schriftsteller August von Kotzebue im März desselben Jahres gefasst worden waren. Das dort formulierte Universitätsgesetz, Pressegesetz und Untersuchungsgesetz griffen durch das Verbot von Meinungsfreiheit und die Überwachung der Universitäten tief in die intellektuelle Landschaft Deutschlands in dieser Zeit ein und brachten den »Geist des Biedermeier« zu seiner vollen Entfaltung. So ist der Begriff des »Biedermeier«, der oft mit den Etiketten »hausbacken« oder »konservativ« versehen wird, auch eng mit dem Begriff der Restauration verknüpft. Biedermeier bezeichnet in erster Linie die bürgerliche Kultur, die in der ersten Hälfte des 19. Jahrhunderts entstand.[60] Als typisch gilt die Flucht ins Private, die Tendenz, sich in Haus und Heim abzukapseln. Das Bürgertum dieser Zeit kultivierte das Privat- und Familienleben in ganz neuem Ausmaß und so wurde der Wohnraum zum Mittel-

[59] Koopmann, Helmut: Das Junge Deutschland. Eine Einführung. Darmstadt 1993.

[60] Gegen Ende des 19. Jahrhunderts fing man damit an, den Begriff des Biedermeier als Synonym für Behaglichkeit, Häuslichkeit, Geselligkeit in Familie und im Freundeskreis, aber auch für den geistigen Rückzug ins Private zu benutzen. Ab 1906 wurde der Begriff dann für Mode und Möbel aus der Zeit zwischen 1815 und 1848 verwendet, dann auch für einen Malstil. Siehe: Krüger, Renate: Biedermeier. Eine Lebenshaltung zwischen 1815 und 1848. Wien 1979; Schildt, Gerhard: Aufbruch aus der Behaglichkeit. Deutschland im Biedermeier 1815–1847. Braunschweig 1989; Ottomeyer, Hans/Schröder, Klaus Albrecht/Laurie, Winters (Hg.): Biedermeier. Die Erfindung der Einfachheit. Stuttgart 2006.

punkt des Lebens. Die Biedermeier-Welt war gekennzeichnet durch eine konservative Grundhaltung, durch Selbstgenügsamkeit und die Hingabe an eine Arbeit. Dennoch gewannen auch Kaffeehäuser und Theater, als wichtige Treffpunkte in den Städten, an Bedeutung.

Die Bezeichnung Biedermeier geht zurück auf die Schriftsteller Ludwig Eichrodt und Adolf Kußmaul, die rückblickend ab 1853 durch die satirischen »Gedichte des Weiland Gottlieb Biedermaier« diesen Begriff für die Zeit zwischen dem Beginn der Restauration 1818 und der Revolution 1848/49 prägten. Sie erfanden für die Münchener »Fliegenden Blätter« die Figur des schwäbischen Dorflehrers Gottlieb Biedermaier – einen Menschen, dem nach ihrer Kennzeichnung »seine kleine Stube, sein enger Garten, sein unansehnlicher Flecken und das dürftige Los eines verachteten Dorfschulmeisters zu irdischer Glückseligkeit verhelfen.«[61] Mit dieser Figur und dem zugesellten Freund Horatius Treuherz wollten die beiden Schriftsteller eine Satire auf das Spießbürgertum schaffen und die spießbürgerliche und unpolitische Haltung vieler Zeitgenossen des sogenannten Vormärz karikieren, denn die Literatur und das geistige Leben bis ungefähr 1840 waren von Anpassung geprägt.

Gegenüber der Restauration und dem Geist des Biedermeier blieben die Hoffnungen der Patrioten, liberalen Reformer und des »Jungen Deutschland« vorerst auf der Strecke. Sie mussten erleben, dass ihre Hoffnungen auf dem Wiener Kongress und noch brutaler durch die Karlsbader Beschlüsse 1819 zunichte gemacht wurden. Die Enttäuschung darüber, dass die deutschen Fürsten an der alten Ordnung festhielten, führte 1848 schließlich zur Deutschen Revolution. Die erste Revolutionsphase des Jahres 1848 wird auch »Märzrevolution« genannt und darunter das revolutionäre Geschehen verstanden, dass sich zwischen März 1848 und dem Spätsommer 1849 im Deutschen Bund ereignete. Diese Zeit nun, vor, während und nach der Märzrevolution, bildet den historischen Hintergrund des Romans »Es wetterleuchtete«.

[61] Eichrodt, Ludwig (Hg.): Das Buch Biedermeier. Gedichte von Ludwig Eichrodt und Adolf Kußmaul sowie von ihrem Vorbild, dem »alten Dorfschulmeister« Samuel Friedrich Sauter. Stuttgart 1911, Vorwort.

1825 war König Ludwig I. bayerischer König geworden. Sein politisches Handeln und seine Restaurationspolitik waren zu Beginn geprägt von einer gemäßigt liberalen Politik. Bereits auf dem Wiener Kongress 1815 hatte König Ludwig I. für eine deutsch-nationale Politik plädiert. Nach der Julirevolution 1830 in Paris und der Ausbreitung der revolutionären Bewegung auf weite Teile Europas, zeigte seine Politik dann allerdings zunehmend reaktionäre Tendenzen,[62] was zum Beispiel auch dadurch zum Ausdruck kam, dass er die Zensur wieder einführte und die Pressefreiheit beseitigte. Dies alles führte zu fortschreitender Kritik an seiner Regierung und verstärkte sich, als 1846 Lola Montez, eine irische Tänzerin, nach München kam und bald die Geliebte des Königs wurde. König Ludwig I. verlieh ihr nicht nur einen Adelstitel und erhob sie zu einer »Gräfin von Landsfeld«, sondern sie erhielt auch eine Villa in der Münchner Barer Straße und finanzielle Unterstützung. Als Montez sich in eine genehmigte Studentenverbindung, die Alemannia,[63] einschrieb und es ihretwegen an der Universität zu Unruhen kam, ordnete der König am 9. Februar 1848 die sofortige Schließung der Universität an. Dagegen erhoben sich so große Proteste, dass König Ludwig die Universität am 10. Februar wieder öffnen musste und Montez ausweisen ließ. In seinem Buch »Die Münchnerin« aus dem Jahr 1924 erörterte der Münchner Schriftsteller und Kunsthistoriker Georg Jacob Wolf (1882–1936), der seinerzeit auch als Chronist der Münchner Kunstszene galt, die zahlreichen Gründe, die wohl dazu führten, dass Lola Montez zu so einem überaus großen Stein des Anstoßes wurde. Letztlich schließt er sich dem Fazit des Historikers und Kulturwissen-

[62] Gollwitzer, Heinz: Ludwig I. von Bayern. Königtum im Vormärz. Eine politische Biographie. München 1986.

[63] Lola Montez bildete sich aus einem Teil des Corps »Palatia«, aus der von den früheren Kommilitonen ausgestoßenen Studentenschar, eine Leibgarde, das »Corps« Alemannia. Dies wurde im Volksmund »Lolamannia« genannt. Vgl. Wolf, Georg Jacob: Die Münchnerin. Kultur- und Sittenbilder aus dem alten und neuen München. München 1924, S. 161; Saul, Gerhard: Mut vor Königsthronen. Lola Montez und die Münchener Corps. In: Einst und Jetzt. Band 19. Würzburg 1974, S. 98–103 (zur Wirkung auf die Münchner Studentenschaft 1848).

schaftlers Eduard Fuchs an: »Entscheidend war, ›daß die feurige Andalusierin‹ in die Lage kam, durch ihre runden Hüften, die Position derjenigen Partei aus dem Gleichgewicht zu bringen, die bis dahin durch den König regierte, d.h. daß durch den Einfluß der Tänzerin Lola Montez auf Ludwig I. die äußere Herrschaftsform des allgewaltigen Jesuitismus in Bayern zerbrochen wurde. Dies schließt aber noch ein zweites, Gleichwertiges in sich, und dieses ist, daß durch das öffentliche Lieben der schönen Nebenfrau Ludwigs die vormärzlichen Zustände in Bayern, dem größten Mittelstaate Deutschlands, zu einer Zeit als unhaltbar zusammenbrachen, da man an anderen

Orten noch nicht daran dachte, so nahe vor einem bedeutungsvollen Wendepunkt in der Geschichte zu stehen. Das sind die besonderen Umstände, durch welche dieses von zärtlichster Liebe dirigierte Tanzidyll zu einem europäischen Skandal wurde, der in den Brennpunkt der öffentlichen Kritik rückte.«[64]

Und so wird in »Es wetterleuchtete« auch beschrieben, wie es vor, während und nach der Märzrevolution und den mit Lola Montez verbundenen Vorgängen in Münchner Studenten- und liberal gesonnen Bürgerkreisen, aber auch im Spießbürgertum zugeht. Geschildert wird, wie die Studenten Gedichte von Heinrich Heine und Ferdinand Freiligrath lesen[65] und die freiheitlichen Ideen in Studenten- und liberalen Bürgerkreisen kursieren und sich verbreiten. Ausgeführt wird aber auch, wie die reaktionären und restaurativen Kreise, der Adel, die ältere Generation und insbesondere das sogenannte Spießbürgertum mit alldem nichts anfangen können. So muss zum Beispiel der Sohn Obermeiers, der Student ist und im Banne der freiheitlichen Ideen steht, diese vor seinem Vater geheim halten: »Der schlanke, blonde Student spielte mit dem Bierzipfel, in den Farben seiner Verbindung, der ihm an der Weste hing und er dachte an die Reden, die er unter den Kameraden hörte: Von der kommenden Umwälzung, von Freiheit, für die man streiten müsse, von der deutschen Einheit, die alle ersehnten. Er ballte die Faust, wenn er an die Alemannen dachte, die sich die Lola geschaffen hatte, zur aufregenden Empörung aller übrigen Korps. Aber er hütete sich im Vaterhause von den Ideen zu sprechen, die ihm durch den Kopf schwirrten, für die

[64] Wolf, Georg Jacob: Die Münchnerin. Kultur- und Sittenbilder aus dem alten und neuen München. München 1924, S. 161, zitiert hier aus dem Buch von Fuchs, Eduard: Ein vormärzliches Tanzidyll. Lola Montez in der Karikatur. Berlin [1904]. Nach seiner Promotion wurde Wolf 1908 Mitarbeiter des Bruckmann Verlags, dann des Verlages Velhagen&Klasing und der Leipziger Illustrierten. Zudem gab er auch die Zeitschrift »Das Bayerland« heraus. Als Schriftsteller war er besonders erfolgreich mit seinem 1919 veröffentlichten Buch »Ein Jahrhundert München«.

[65] Ferdinand Freiligrath (1810–1876) war neben Heinrich Heine (1797–1856) und Georg Herwegh (1817–1875) der populärste deutschsprachige Lyriker zur Mitte des 19. Jahrhunderts und sein Einfluss ungeheuer. Seine Gedichte wurden seinerzeit in ganz Deutschland gelesen; Robert Schumann, Felix Mendelssohn-Bartholdy, Franz Liszt und Carl Loewe vertonten diese auch. Freiligraths Gedichte, die in Anthologien und auf Flugblättern massenhaft verbreitet wurden, schildern nicht nur die politischen Missstände und die soziale Not, sondern fordern den Umsturz zur Zeit der Märzrevolution.

er hier kein Verständnis fand.«[66] Ebenso beschwert sich auch der Spitzel, der im Auftrage von Friedas Vater, dem Stadtrichter das Tun der freiheitlich gesonnenen Studenten und Bürger ausspioniert: »Ach Gnaden, Herr Stadtrichter! Ist das eine Welt heutzutage! Es tut wohl, wenn man in ein gottesfürchtiges Haus kommt und zwei sittsame Frauenzimmer mit dem Stickstrumpf am Tisch sitzen sieht, wie Mamsell Theres und die Mamsell Tochter. Seit der neuen Regierung, seit der Herr Minister Abel nicht mehr für Zucht und Ordnung sorgt, und von oben her der neue Wind weht, gibt es ja jeden Tag eine Neuerung, eine Auflehnung. Die Studenten singen Freiheitslieder bei ihren Kommersen; es werden Schriften verbreitet, die nur Unruhen hervorrufen können, und sogar unsere Bürger halten freche Reden. Wenn wir nicht noch solche Männer hätten wie Gnaden Herr Stadtrichter, nachher müßt ja schon alles drunter und drüber gehen, und kein' Tag wär man mehr sicher vor der Revolution.«[67]

Entscheidende Impulse, durch die der anstehende Umbruch zum revolutionären Aufbruch wurde, gingen dann zu Jahresbeginn 1848 von der Februarrevolution in Frankreich aus. Der revolutionäre Funke sprang zuerst auf den deutschen Südwesten und Westen über und erfasste schließlich im März ganz Deutschland. In allen deutschen Staaten machten sich die Massen die sogenannten Märzforderungen zu eigen. Auch in »Es wetterleuchtete« wird geschildert, wie es in München zugeht, als man hier von der Revolution in Paris erfährt: »Die Nachricht von der März-Revolution in Paris erregte die erhitzten Gemüter. Die Lola war allerdings fort, aber der Minister Berks, ihr Günstling, blieb noch am Ruder. Man brachte vor seinem Hause eine Katzenmusik. Von Nürnberg her wurden größere wichtige Forderungen erhoben, die an die Regierung gestellt werden sollten. Man verlangte gleiche Rechte für alle Glieder des Volkes, Aufhebung der Standesprivilegien, Freiheit der Presse und Oeffentlichkeit des Gerichtsverfahrens. In einer Bürgerversammlung auf dem Rathause war eine neue Adresse an den König beschlossen und von vier Münchener Bürgern »knieend« überreicht worden.«[68]

Kaum einen Monat später, am 4. März 1848, kam es, obwohl Montez fort war, zu einem Sturm auf das Münchner Zeughaus und das dort

[66] Haushofer-Merk, Emma: Es wetterleuchtete. Münchener Roman aus der Mitte des vorigen Jahrhunderts. Leipzig 1922, S. 18.

[67] Ebd., S. 23.

[68] Ebd., S. 117.

gelagerte Kriegsgerät, mit dem die Menge dann in Richtung Residenz zog. Ludwigs Bruder Karl schaffte es indes, diese zur friedlichen Auflösung zu überreden. Weil seine eigene Familie und die konservativen Kreise sich nun allerdings gegen Ludwig stellten und die Minister mit dem Volk sympathisierten, musste König Ludwig I. schließlich am 6. März die sogenannte Märzproklamation mit erheblichen Zugeständnissen unterschreiben. Als Montez nun plötzlich wieder in München auftauchte, kam es am 16. März 1848 zu erneuten Unruhen. Dies und die allgemeine politische Lage führten dann letztlich dazu, dass Ludwig I. am 20. März 1848, zugunsten seines erstgeborenen Sohnes Maximilian II., freiwillig abdankte.[69]

Die Darstellung der historischen Begebenheiten im Roman wird beschlossen durch die sich nach der Revolution anbahnende Entwicklung Münchens zur Großstadt und die mit dem Ausbruch der Cholera 1854 in München einhergehenden Geschehnisse. Im neu errichteten Glaspalast öffnete am 15. Juli 1854 die »Erste Allgemeine Deutsche Industrieausstellung« ihre Pforten. Mehr als 6000 Händler stellten aus, Tausende von auswärtigen Besuchern reisten an. Selbst Könige und Fürsten hatten ihren Besuch angekündigt. Doch kurz nach der Eröffnung erkrankten zunächst Bedienstete der Ausstellung, bald darauf auch Besucher und Münchner Bürger. Panik brach aus, denn es herrschte nun die Cholera in München. Jeder, der es sich leisten konnte, allen voran der Adel, verließ die Stadt. Als im September vorübergehend die Zahl der Erkrankten deutlich sank, wurde fälschlicherweise angenommen, die Seuche wäre schon überstanden. Dies wurde auch der ehemaligen bayerischen Königin Therese zum Verhängnis, die mit ihrem Mann Ludwig I. zu früh nach München zurückkehrte, an der Cholera erkrankte und Ende Oktober starb.[70] Den Ablauf der Geschehnisse, die atmosphärische Stimmung dieser Zeit und die Wirkung auf die Münchner Bevölkerung schildert Haushofer-Merk ausführlich in »Es wetterleuchtete«. Und so ist »Es wetterleuchtete« nicht nur spannend zu lesen als Münchner Roman der 1848er-Zeit, sondern auch wichtig als historische Quelle.

[69] Zu den Vorgängen um Lola Montez in München siehe Wolf, Georg Jacob: Die Münchnerin. Kultur- und Sittenbilder aus dem alten und neuen München. München 1924, S. 156–163; Panzer, Marita A.: Lola Montez. Ein Leben als Bühne. Regensburg 2014.

[70] Mahir, Oskar: Die Cholera in München 1854. Deren Entstehung, Verbreitung, Verhütung und Homöopathische Behandlung. München 1854.

Handlung und Protagonisten

Die im Roman erzählte Geschichte Frieda Rombergers spielt sich vor dem Hintergrund der eben geschilderten historischen Vorgänge ab und ist in diese eingebettet.

Frieda Romberger, die Tochter des strengen, verbitterten und lebensfernen Stadtrichters Romberger, ist rebellisch und freiheitlich gesinnt und interessiert sich für revolutionäre Ideen. Zu Beginn des Romangeschehens ist Frieda in Kuno Ehrwald verliebt: Er gehört zu den revolutionären Studenten seiner Zeit. Im Verlauf der Handlung wird Frieda aber immer wieder von ihm enttäuscht. Er hält nicht, was er verspricht, schwingt zwar große Reden, stellt sich letztlich aber als nicht wirklich mit den freiheitlichen Ideen identifiziert heraus, ist ein Traumtänzer. Eng mit Frieda und dem Romangeschehen verbunden ist die Familie Obermeier, eine typisch Alt-Münchner Familie. Franz Obermeier ist der Bruder ihrer verstorbenen Mutter, ihr Cousin Konrad Obermeier ist zeitweise in Frieda verliebt und verteidigt sie immer wieder. Als Student ist er den kursierenden revolutionären Ideen gegenüber aufgeschlossen und wird als überaus positive Figur gezeichnet. Gustel Obermeier, eine blonde Schönheit, wird intellektuell als eher unbedarft präsentiert, als emotional oberflächlich und kindlich. Letztlich interessiert sie sich nur für ihre Schönheit.

Alle Protagonisten wohnen in der Münchner Altstadt. Während im Hause Obermeier fröhliche Ungezwungenheit und Lebensfreude herrschen, wird Friedas Elternhaus als triste und freundlos präsentiert. Nicht nur Frieda, sondern auch ihre Tante Therese, die dem Bruder den Haushalt führt, fristen hier ein freudloses Dasein. Insbesondere Frieda leidet unter der lebensfernen, spießbürgerlichen Atmosphäre des Hauses. Es kommt zum Eklat, als Frieda von Vater und Tante dabei erwischt wird, wie sie nachts, nach einem Rendezvous mit ihrem heimlichen Verlobten Kuno Ehrwald, zurück ins Haus schleicht. Als sie Vater und Tante mit der Freudlosigkeit ihres Daseins konfrontiert und ihr ganzes Unglück herausschreit, reagiert der Vater mit Ablehnung und plant zur Strafe die Beförderung in ein Kloster. Vor der Abreise gelingt es Frieda jedoch, eine Perlenkette ihrer Mutter ins Leihhaus zu bringen und mit dem Geld auf dem Weg ins Kloster zu flüchten. Wenig später kehrt sie in die Stadt zurück und begibt sich zuallererst zu ihrem Verlobten. Die Hoffnung, dass er mit ihr flieht und sie nun heiraten, erweist sich als Fehlschluss, denn er stellt sich nun selbst als ängstlicher Spießbürger heraus. Frieda verlässt ihn enttäuscht, er hingegen reist wenig später nach Wien. Es ist die Zeit Robert Blums.

Noch in der gleichen Nacht flieht Frieda zu Tante und Onkel Obermeier. Ihr Onkel schlägt ihr vor, in Sendling auf seinem Bauernhof die Buchhaltung zu übernehmen. Frieda nimmt begeistert an. Cousine Gustel besucht sie dort, ebenso ihr Cousin Konrad der für Frieda schwärmt und immer wieder für sie eintritt. Nun betritt Adrian Sollbacher, ein Münchner Brauereisohn, die Bühne des Geschehens. Seine Familie gehört zu den reichsten Familien Münchens. Aus diesem Grund wird es auch seitens der Familie als große Ehre empfunden, als er Gustel Obermeier einen Heiratsantrag macht. Das Glück ist zunächst an ihrer Seite. Auch Frieda zieht ins Haus zur neuvermählten Kusine, um ihr Gesellschaft zu leisten. Bei den Treffen zu dritt wird deutlich, dass Gustel sich in keiner Weise für die Brauerei und Geschäftsfragen interessiert, sondern nur für ihr Aussehen. Sie ist keine wirkliche Gesprächspartnerin für ihren Mann, Geschäftsgespräche und intellektuelle Diskussionen führt Adrian vor allem mit Frieda. Und so wird sie auch von seinen Eltern bald sehr geschätzt wegen ihrer Geschäftstüchtigkeit, die für die Brauerei sehr nützlich ist. So gleicht Frieda aus, was Gustel nicht leisten kann und lernt Adrian, den sie zuerst für einen Weichling hielt, immer mehr schätzen. Unmittelbar nach der Geburt des Sohnes Ludwig stirbt Gustel. Adrian ist untröstlich und beginnt irgendwann ein Lotterleben, während seine Eltern hoffen, dass er bald wieder heiratet. Daraus, dass Frieda ihn mittlerweile liebt, entsteht eine neue Problematik: Niemand, weder Adrians Eltern noch die Obermeiers, erachtet sie, die Kusine, die jahrelang beiden Familien treue Dienste geleistet hat, für eine mögliche Braut. Frieda gilt als arme Verwandte und so versucht Onkel Obermeier, Frieda mit einem reichen, älteren Hotelier aus Frankfurt zu verkuppeln. Adrian hingegen glaubt Frieda in einem Liebesverhältnis mit Kuno Ehrwald und zieht sich schließlich völlig zurück. Eine Seuche bricht in München aus. Es ist die Cholera, die seit 1854 wieder in München grassiert. Ein Massensterben setzt ein und die Bevölkerung flüchtet sich aufs Land. Irgendwann erträgt Frieda die Ungewissheit um Adrians Schicksal nicht mehr. Sie begibt sich zu ihm und offenbart ihm ihre Liebe.

Zum Titel »Es wetterleuchtete«

Warum trägt der Roman den Titel »Es wetterleuchtete«? In der Meteorologie versteht man unter »Wetterleuchten« eine nächtliche Leuchterscheinung, die häufig vor einem aufziehenden oder nach einem abziehenden Gewitter, das in weiter Ferne stattfindet, zu beobachten ist. Aufgrund der großen Entfernung des elektrischen Entladungsortes werden eben nur der Widerschein und eine Reflexion von Blitzen wahrgenommen, oft auch als linienförmiges Aufleuchten am nächtlichen Horizont.[71]

Im übertragenen Sinne versteht man »Wetterleuchten« oft als Anzeichen zumeist schwerer Konflikte. So spricht man zum Beispiel von »Wetterleuchten am politischen Horizont«, vom »Wetterleuchten des Krieges« oder vom »Wetterleuchten des kommenden Unheils«. Doch genauso kann es auch auf das Verschwinden schwerer Konflikte hinweisen. Der Münchner Dichter August Wilhelm Riehl hat dies in seinem Roman »Ein ganzer Mann« im 19. Jahrhundert folgendermaßen beschrieben: »›Das Wetter kühlt sich ab‹: so sagt der Bauer, wenn es am dunklen Abendhimmel in weiter Ferne wetterleuchtet, und er fürchtet kein Gewitter mehr für die kommende Nacht. Doch geschieht es nicht immer so. Das Wetterleuchten kann ebenso gut das Herannahen der drohenden Gefahr verkünden wie das Verschwinden derselben. Dachte Alfred Saß an sein Museum, so war es ihm, als kühle das Wetter sich ab; dachte er an die Geschäfte seines Hauses, so glaubte er schon den nah und näher kommenden Donner zu hören, der aus dem Wetterleuchten hervorwuchs.«[72]

In welchem Sinne nun hat man den Titel von Emma Haushofer-Merks Roman »Es wetterleuchtete« zu verstehen? Blickt man auf das historische Geschehen, das in dem Werk dargestellt wird, liegt es nahe, den Titel »Es wetterleuchtete« auf die 1848er-Revolution zu beziehen, die im Hintergrund des Romangeschehenes permanent schwelt und deren Heran- und Abziehen im Roman schlaglichtartig geschildert wird. Doch auch noch eine weitere Interpretation ist möglich, eine

[71] Pierer's Universal-Lexikon, Artikel »Wetterleuchten«, Band 19, Altenburg 1865. Seite 141.

[72] Riehl, August Wilhelm Heinrich von: Ein ganzer Mann. Stuttgart 1897/1898, Viertes Kapitel »Wetterleuchten«.

auf welche die Verwendung des Wortes im Roman selbst verweist und die in Zusammenhang steht mit einem spezifischen inneren Zustand der Hauptfigur Frieda: »Verwundert schaute die Tante auf das junge Mädchen, das heute von einer so leidenschaftlichen Bitterkeit erfüllt war, in dessen dunklem, bleichem Gesicht es förmlich wetterleuchtete von heimlicher Unruhe. ›So schön ist die Welt!‹ rief Frieda, wieder hinausblickend.«[73]

Hier wird »Wetterleuchten« als Bild in Bezug gesetzt zu einem spezifischen Unruhezustand, der in Friedas Inneren aufkommt, weil sie in ihren deprimierenden Lebenszuständen dennoch in weiter Ferne die Schönheit des Lebens erahnt. Dass das Leben schön ist, empfindet sie in ihrem Inneren, und dieses Empfinden spiegelt sich in ihren Gesichtszügen in einer Weise wieder, die in Analogie gesetzt wird zu dem Phänomen des »Wetterleuchtens«. »Es wetterleuchtete« oder »Wetterleuchten« verweist in diesem Zusammenhang dann als Anzeichen auf etwas Positives, nämlich auf das Vorhandensein der Schönheit des Lebens, das erspürt oder erahnt wird.

Emma Haushofer-Merk war bekannt dafür, dass sie ihre Figuren zur Lebensfreude führt. In vielen ihrer Geschichten geht es um eine Zuwendung zum Leben, um die Freude am Dasein und den Genuss der Gegenwart, fort von einer freudlosen Existenz.

Das ist auch in »Es wetterleuchtete« die Aufgabe, vor die sich die Hauptfigur Frieda immer wieder gestellt sieht: »Nie hatte sie sich so unglücklich, so gottverlassen elend gefühlt wie in dieser Stunde. Was hatte ihr denn bisher das Leben gebracht? Nichts – nichts als Enttäuschung und Entsagung. Immer nur Opfer für andere! Sollte es immer so weiter gehen, daß sie bei den Alten saß, an deren Kummer teilnahm, deren Grämlichkeit mit anhören musste? So heiß, so leidenschaftlich wie einst, da sie empört dem Vater gegenübergestanden war, regte sich wieder das Verlangen nach Freiheit, ein überwältigendes Sehnen in ihr nach Glück.«[74]

[73] Haushofer-Merk, Emma: Es wetterleuchtete. Münchener Roman aus der Mitte des vorigen Jahrhunderts. Leipzig 1922, S. 20.

[74] Haushofer- Merk, Emma: Es wetterleuchtete. Münchener Roman aus der Mitte des vorigen Jahrhunderts. Leipzig 1922, S. 181.

Der Münchner Roman: Echte Kinder ihrer Zeit und spezifisch Münchner Probleme?

Der Untertitel von »Es wetterleuchtete« lautet »Ein Münchener Roman«. Was hat man sich darunter vorzustellen? In seinem 1924 erschienenen Buch »Die Münchnerin. Kultur- und Sittenbilder aus dem alten und neuen München« legte Georg Jacob Wolf dar, was man seinerzeit unter dem »Münchner Roman« verstehen konnte.[75]

Er berichtet, dass man es lange Zeit als eher peinlich erachtete, wenn München überhaupt in Romanen den Schauplatz oder die Hintergrundkulisse abgab: »Ich erinnere mich sehr gut, daß dem nicht immer so war. Vor vielen Jahren bekam ich einmal einen alten Jahrgangsband einer großen, bekannten Familienzeitschrift in die Hand, die für das nächste Quartal einen Roman, ich glaube Hans Hopfen hatte ihn geschrieben, ankündigte. Der Roman spielte in München, und der Schriftleitung war dies sichtlich unangenehm, denn sie glaubte, sich deshalb entschuldigen zu müssen. Etwa so: ›Zwar beginnt der Roman am unmöglichsten und unpoetischesten Ort, nämlich in München, aber ist gleichwohl sehr interessant und spannend, und die Männer und Frauen, die darin auftreten, sind von Belang.‹[76] Mittlerweile jedoch, so Wolf, habe sich das völlig verändert und der Münchner Roman bilde nun seinerzeit nahezu ein eigenes Genre: »Heute ist der ›Münchner Roman‹ etwas wie ein Typus, und die Zahl der Münchner Romane und der in München spielenden Novellen, samt den Dramen und Komödien ist dem Umfang nach ungeheuer, daß hier erst gar nicht der Versuch gemacht werden soll, eine auch nur irgendwie erschöpfende Aufzählung zu geben.«[77]

Zwei Kriterien bilden die Richtschnur, die er seinem Abriss über den »Münchner Roman« zugrunde legt und diese dann auch danach bewertet, nämlich: »ob der Münchner Roman auch über das Milieuhafte hinauswächst, ob er Probleme anschneidet, die echte Münchner Probleme sind, ausschließlich der Isarstadt zu eigen, ob seine Gestalten auch wirkliche Münchner und Münchnerinnen sind, oder ob sie

[75] Wolf, Georg, Jacob: Die Münchnerin. Kultur- und Sittenbilder aus dem alten und neuen München. München 1924, S. 261–270.

[76] Ebd., S. 261.

[77] Ebd., S. 262.

nur in einem »Münchner G'wand'l« stecken wie die Berliner Kommerzienräte beim Alpenvereinsfest in der »Kluft«.[78]

Anhand Paul Heyses Roman »Im Paradies« erläutert er beispielhaft, wann ein Roman den »Münchner Roman« adäquat verkörpert: »Ich weiß nicht, ob auch zeitlich, wohl aber seinem Wesen nach steht Paul Heyses Münchner Künstlerroman ›Im Paradies‹, unter den der Dichter am 21. September 1873 in Bad Aibling den letzten Strich setzte, von allen Münchner Romanen obenan, denn seine Frauen und Männer sind nicht nur echte Kinder ihrer Zeit, deren Probleme auch die ihrigen sind, sondern hier werden von gut geschauten und gut geschilderten Münchner Menschen ausgesprochen Münchner Probleme behandelt. Wegen seiner Treue und Echtheit hat das Buch, wie Storm dem Freunde schrieb, ›Schrecken im Publikum‹ verursacht, aber Heyse weist diesen Vorwurf [...] dem sich Storm stillschweigend anschließt, energisch zurück. Es handelt sich um das Problem der Gewissensehe, das ein echtes Münchner Problem genannt werden kann, denn die freien Liebes- und Ehebündnisse sind in München prozentual nicht seltener als in Paris. ›In aber zweihundert Jahren‹, schreibt Heyse an Storm, ›wird man es nicht verstehen, daß es heute für eine sonderliche Kühnheit gelten konnte, eine vor Gott und Menschen heilige Gewissensehe nicht hinterm Zaun zu schließen, sondern durch eine Gewissenshochzeit im Kreise der vertrautesten Freunde einzuweihen. Die ›zur Sitte gewordene Form‹ ist doch nur so lange ›heilig‹, als sie einer tieferen, echteren Sittlichkeit nicht widerspricht. [...] Ich habe stets ein besonderes Vergnügen, wenn ich Menschen sehe, die den Mut ihrer Überzeugungen haben, und ich finde nichts so verächtlich, als das Unterducken hochgewachsener Charaktere unter die Schnur, die den Durchschnittswuchs der Philister anzeigt‹«.[79] Wolf findet es für München bedeutungsvoll und aufschlussreich, dass »Heyse diese Meinung und Überzeugung äußert im Hinblick auf einen Roman, den er ›Spiegel der Isarstadt‹ nennt. Er hat also hier Menschen und, zufolge Art und Gang seines Romans, besonders die Frauen gefunden, die sich dem Durchschnittsmaß der Philister entziehen, nicht

[78] Ebd.

[79] Wolf, Georg, Jacob: Die Münchnerin. Kultur- und Sittenbilder aus dem alten und neuen München. München 1924, S. 262f.

durch mänadische Zuchtlosigkeit und bohèmesches Gehaben, sondern aus Zwang des Herzens.«[80]

Wolf handelt zahlreiche Romane ab, deren Handlungen in München spielen, legt die jeweiligen thematischen Schwerpunkte dar und bewertet, ob der »Münchner Roman« als gelungen gelten kann, und das immer in Hinblick auf seinen Maßstab, nämlich ob spezifische Münchner Probleme behandelt werden und die Figuren mit Treue und Echtheit geschildert sind. Allerdings, so muss man leider feststellen, handelt er ausschließlich Romane männlicher Autoren ab. Und so nimmt er in obigem Sinne dann Werke von Josef Ruederer, Thomas Theodor Heine, Ludwig Thoma, Franz Wedekind, Ernst von Wolzogen, Otto Julius Bierbaum, Heinrich Mann und vielen anderen unter die Lupe.

Warum immer eine Frau im Mittelpunkt eines Münchner Romans stehen sollte

Es fällt in der Tat auf, dass Wolf zwar die Namen von Münchner Schriftstellerinnen nennt, die Münchner Romane verfasst haben, aber weder Titel anführt, geschweige denn auf den Inhalt eines Romans weiblicher Provenienz näher eingeht. Immerhin liefert er zumindest eine Aufzählung der Münchner Schriftstellerinnen, die er damals als Repräsentantinnen des Münchner Romans ansah. Und dabei fällt auf, dass er Emma Haushofer-Merk an erste Stelle setzt. Dies geschieht in folgendem Kontext: Wolf berichtet, dass die »Münchner Neuesten Nachrichten« vor circa zwei bis drei Jahrzehnten ein Preisausschreiben auf einen echten Münchner Roman ausgeschrieben hatten. Dies kommentiert er mit seiner grundsätzlichen Forderung, dass, wenn seinerzeit eine Zeitung oder Zeitschrift auf denselben Gedanken verfiele, im Zentrum eines echten Münchner Romans stets eine Frau als Protagonistin stehen sollte: »Immer müßte eine Frau im Mittelpunkt stehen. Nicht nur wenn eine Münchener Dichterin den Roman schriebe, wie es die Haushofer-Merk, die Raff, die Brachvogel, die Danöfen, Port, Christ, Böhlau, und wie sie alle heißen, die hier leben und dichten, es taten, sondern auch wenn ein Mann ihn gestaltete.«[81]

[80] Ebd., S. 263.
[81] Ebd., S. 269.

Wolf ist der Auffassung, dass in den Schicksalen und der Wesensart der Münchner Frauen alle möglichen »Stoffe« zur Bearbeitung vorlägen. »Schließlich ist Münchens Vergangenheit und Gegenwart an Individualitäten und Typen des Frauentums ja unermeßlich reich, und wenn wir in bunter Reihe die Frauen dieses Buches nochmals in der Erinnerung vorbeiziehen lassen, so ist nicht nur manche Romangestalt unter ihnen, sondern das Ganze des Münchner Frauenwesens wird uns zu einem Roman oder Spiel. [...]. Ein anderes Gesicht: im grünen Hag, in den Wäldern und Auen, die mit dem Flußlauf der Isar fast bis ins Herz der Stadt hineingreifen, wandeln an der Seite ihrer stolzen Eheherren die Gattinnen der »Berufenen« und die Künstlerfrauen, und auch sonst tummelt sich, wie bei einem faustischen Osterspaziergang, alles draußen im Grünen. Denn nicht nur der Hofgarten, die Bierkeller und die Redoutensäle, wo sich pfauengleich der Domino und taubensanft das »echte« G'spusi im Walzer oder Ländler dreht, sind die richtigen Hintergründe für die Münchnerin, sonst fast noch mehr der Freiraum, die Landschaft [...]. In all dem habt ihr die Elemente des größten, echtesten und buntesten Münchner Romans und mit ihm die Münchnerin jeglicher Sorte: die alte und die neue, die junge wie die bejahrte, die hohe Frau und das kleine Mädel, sie zu verherrlichen und ins Licht der dichterischen Verklärung zu rücken.«[82]

Um seine Meinung zu untermauern, dass in einem Münchner Roman immer eine Frau im Mittelpunkt stehen muss, zitiert er als Fazit am Ende des Kapitels den Dichter und Professor Max Haushofer, Emma Haushofer-Merks Mann: »München ist ein weibliches Stadtwesen. Darum, weil unsere Stadt ein liebes, liebes Weib ist, haben wir München so unsagbar gern, daß wir, wie Haushofer in dem Gedicht ›Der letzte Münchner‹ von München und der Münchnerin sagen: ›Wer sie verläßt, der muß an Heimweh sterben‹.«[83]

[82] Wolf, Georg, Jacob: Die Münchnerin. Kultur- und Sittenbilder aus dem alten und neuen München. München 1924, S. 268f.

[83] Ebd., S. 269.

Emma Haushofer-Merk und der Münchner Roman

Es fällt auf, dass Wolf Emma Haushofer-Merk bei seiner Aufzählung der Autorinnen, die den Münchner Roman schreiben, an die erste Stelle gesetzt hat. Welche weiteren »Münchner Romane« hat Emma Haushofer-Merk geschrieben?

Emma Haushofer-Merk hat zahlreiche Romane geschrieben, in denen München die Hintergrundkulisse darstellt. Zwei weitere Romane tragen dabei explizit den Untertitel »Ein Münchener Roman«. Bereits 1902 hatte die Autorin einen umfangreichen zweibändigen »Münchener Roman« mit dem Titel »Drei Frauen. Münchener Roman«[84] veröffentlicht. Hier präsentierte die Autorin eindrucksvoll ein ganzes Jahrhundert München anhand der Schicksale von drei Frauen aus drei Generationen.

1917, ein Jahr vor Kriegsende, veröffentlichte sie einen weiteren »Münchener Roman«. Er trug den Titel »Die Lierbachs-Mädeln« und ist ein psychologisch sehr tiefsinnig gestalteter Roman, in dessen Mittelpunkt das Leben zweier Schwestern steht und das Scheitern ihrer Ehen vorgeführt wird. Die Handlung spielt im Münchner Malermilieu der 1870er-Jahre. Emma Haushofer-Merk, selbst Tochter eines Malers, hat hier ein eindrucksvolles Kultur- und Sittenbild des alten München mit seinen Malerkreisen geboten. In ihrem Vorwort äußerte sie sich zu ihrem Tun und stellte den Roman hier auch als Gegenbild zum Krieg vor: »Jetzt hat der Krieg die Maskenscherze, die ›Bauernkirchweih‹ fortgefegt; die Feste sind vorüber, das Lachen ist verstummt. Aber vielleicht mag man im Ernst von heute ganz gern wieder einmal zurückblicken auf das schlichte, harmlos-lustige München von früher«, und: »Mein Roman spielt in den siebziger Jahren des vorigen Jahrhunderts, als München noch seinen Ruf als billige Stadt verdiente, als die allgemeine Lebensführung noch eine viel einfachere und bescheidenere war als jetzt, auch in den Kreisen der Künstler. Die Maler, selbst die berühmten, hatten noch keine glänzenden Ateliers, gaben zumeist noch wenig auf Elégance, aber vergnügt ging es zu und es wurden, sowohl in der Stadt als auch an sommerlichen Studienplätzen, lustige Feste gefeiert, mit wenig Prunk, aber viel Humor. Erst

[84] Merk, Emma: Drei Frauen. Münchener Roman von Emma Merk. Dresden und Leipzig 1902.

später machte sich neben dem alten München das junge Schwabing breit, beeinflusste auch die Malerkreise und brachte in die Vergnügungen und Veranstaltungen einen neuen, oft allzu freien Ton herein, der eigentlich nicht bodenständig war.«[85] Tatsächlich stehen in Emma Haushofer-Merks expliziten »Münchner Romanen« – so wie es Wolf für den echten Münchner Roman forderte – Frauen im Mittelpunkt des Romangeschehens. Dass sie diese absolut treffend, genau und auch als echte Kinder ihrer Zeit schilderte und zudem auch spezifisch Münchner Phänomene, Probleme und für München Typisches darstellte, dies attestierten ihr die Zeitgenossen immer wieder. Damit erfüllte Emma Haushofer-Merk seinerzeit Wolfs Richtschnur, die er 1924, zu der Zeit als »Es wetterleuchtete« erschien, an den »echten Münchener Roman« stellte.

Festzustellen ist des Weiteren, dass in allen drei Romanen – vor dem Hintergrund unterschiedlicher historischer Geschehnisse – auch immer wieder das »Recht der Frau« im Mittelpunkt steht: das Recht auf persönliche Freiheit, auf Selbstbestimmung und Authentizität, auf Gleichberechtigung in der Ehe. Kaum bekannt ist, dass München seit 1894 auch von der bürgerlichen Frauenbewegung geprägt war, die für das Recht auf Bildung und Erwerbstätigkeit für Frauen eintrat. So waren für München seinerzeit auch selbstständige und berufstätige Frauen, Politikerinnen, Schriftstellerinnen und Künstlerinnen typisch, wie Anita Augspurg, Sophia Goudstikker, Ika Freudenberg, Emma Haushofer-Merk, Marie Haushofer, Martha Haushofer und viele andere, die 1894 zusammen in München den späteren »Verein für Fraueninteressen« gründeten. Durch diesen fasste die moderne bürgerliche Frauenbewegung in Bayern Fuß und verbreitete sich. All diese Frauen und Schriftstellerinnen, wie Carry Brachvogel, Helene Böhlau, Gabriele Reutter und viele weitere heute zu Unrecht vergessene Autorinnen, begaben sich seinerzeit auf die Suche nach einem neuem Selbstverständnis der Frau, stellten die traditionellen Rollenvorstellungen infrage und versuchten die Geschlechterrolle neu zu definieren. Ihre damaligen Ansichten sind hochaktuell: Die Bedeutung von Arbeit und Beruf, Selbstbestimmung und Selbstverwirklichung, der Kampf für gleiche und gerechte Entlohnung.

[85] Haushofer-Merk, Emma: Die Lierbachs-Mädeln. Münchner Roman. Berlin/Leipzig [1917].

Anhang

»Münchner Dreiklang«

Essay von Carry Brachvogel[86]

Es ist schön, an lichten Sommertagen bei der Musik im Chinesischen Turm zu sitzen und zurückzuträumen. Man denkt an die Kinderzeit, da man hier übermütig auf dem Rasen spielte oder auf einer längst verschwundenen Schaukel gen Himmel flog und mit geheimem Gruseln den Turm betrachtete, auf den man gar zu gerne hinaufgeklettert wäre, wenn nicht die Mütter sämtlicher spielender Kinder es mit dem Hinweis verboten hätten, daß er baufällig sei. Diese Baufälligkeit existierte vermutlich nur in der mütterlichen Phantasie, war eine Mutterente (wie es Zeitungsenten gibt), die uns vor unnötiger Treppenlauferei und Abstürzen mit Tränenbegleitung bewahren wollte. Aber auch das leichte Gruseln war schön, mit dem wir den angeblich baufälligen Turm betrachteten und uns ausmalten, wie das wohl wäre, wenn er plötzlich krachend zusammenstürzte, eine geräuschvolle Tätigkeit, an die der brave Turm wohl nie gedacht hat.

Die Musik spielt ein wenig falsch, ein wenig süß und ein wenig sehnsüchtig, so daß einem das Herz zu gleicher Zeit schwer und doch wieder wunderlich-fröhlich wird. Es klingt ein Ton aus ihr heraus, der weit über die Kinderzeit hin in Tage schwebt, die wir alle nicht oder wenigstens nicht mit Bewußtsein erlebt haben. Er schwebt um die Tore der Vergangenheit, die sich langsam und lautlos vor ihm auftun, wie die Tore in den Märchen. Da tritt denn das alte München heraus, das wir wohl aus kulturhistorischen Büchern und Erzählungen oder auch als anmutigen Mummenschanz großer Feste kennen, – aber wer kann richtig sagen, was eigentlich das alte München ist?! Sind es die Frauentürme, von denen boshafte Menschen behaupten, daß sie wie Riesenmaßkrüge anzusehen seien? Ist's das Johanniskirchlein mit der

86 Aus: Carry Brachvogel: Im Weiß-Blauen-Land, herausgegeben und mit einem Vor- und Nachwort versehen von Ingvild Richardsen, Reihe edition monacensia, München 2013, S. 91–100.

köstlichen Barockpracht, die man auch da und dort noch an einzelnen Häusern altmünchnerischer Straßen findet? Ist's ein altes, verschollenes Haus in weitem Park hinter kunstvoll getriebenem Gitter, das einst den duftenden Namen »Rosenschlössel« führte und für ein kurfürstliches Liebchen gebaut worden war, zu dem damals der Kurfürst von Schleißheim per Fernrohr herschmachten konnte? Ist es die malerische Quellengasse in der Au, oder sind es die beängstigend-schmalen, dunklen Gäßchen mit den appetitreizenden Namen »Schrannengasse«, »Schlikkergassel« oder ist's am Ende die rätselhaft-benannte »Hundskugel«, die noch von versteckten, alten Gärten weiß, die kaum einer kennt? Ist's etwa die Erinnerung an das »Fingergassel«, das, ehe es sich zur Maffeistraße auswuchs und weitete, so eng war, daß es seinen Namen ebensogut nach einem wirklichen Finger als nach einem Altmünchner Geschlecht hätte führen dürfen, und in dem ein Bierwagen den Verkehr sperren konnte? Oder ist's der Marienplatz, der wundervolle, alte Marienplatz ohne Elektrische und ohne Bogenlampe, an dessen Gnadensäule noch in unserer, der älteren Generation, Kinderzeit täglich ein uraltes Weiblein kniete und für einen betete, der 1812 in Rußland gefallen war?! In dem a l t e n Türmchenhaus (das neue ist nur ein Duplikat!) wohnte später einmal ein rätselhaft-scheinender Mann, der gerne im flatternden, schwarzen Mantel ging und auffallend einem majestätischen, entthronten Könige glich. Man raunte damals allerlei um ihn her, was voll Geheimnis und Reiz war, aber durchaus der Phantasie entsprang. Heute raunt man von Keinem mehr, der auf dem Marienplatz wohnt, aber die Musik vom Petersturm spielt in Sommernächten heute wie in alten Tagen, und alle sieben Jahre schwingen die rotberockten Schäffler die grünen Reifen zum Tanz, daß »der alte Hof« verwundert dreinschaut und irgendein verschlafenes Gespenst fragen möchte, ob denn wieder Pestzeit sei, weil die Schäffler zur Aufheiterung des niedergedrückten Volkes tanzen.

Da die Musik vom Chinesischen Turm solche Verstärkung erfahren hat, tut sich das Tor der Vergangenheit weiter auf und entläßt die holdseligste Verkörperung Alt-Münchens, sie, an die man wohl am liebsten denkt, wenn man »Alt-München« sagt, und die all seinen Reiz und seine Erinnerungen zu verkörpern scheint. Das schöne Mädchen mit dem Riegelhäubchen ist's, dessen Bild vielleicht in der Schönheitsgalerie hängt, sie, die in früher Morgenstunde sittsam mit dem Gebetbuch zur Messe geht, tagsüber im Hause bleiben, der Mutter helfen oder an ihrer

Ausstattung sticheln muß, aber doch bei der Musik im Chinesischen Turm nicht fehlen darf. Da sitzt sie dann, ehrbar und fröhlich neben der Mutter oder der Tante, die zu der Riegelhaube den weißen Crêpe de Chine-Schal überm weit-abstehenden lila Seidenkleid trägt und scharf wacht, daß das Mädel keine »Sparifankerl« und kein »Lalli« ihr schöne Augen macht. Nur wenn ein richtiger, solider Freier sich blicken läßt, wird die weibliche Wachsamkeit nachsichtiger, und wenn der Vater des jungen Mannes erst genaue Auskunft über alle Verhältnisse gegeben und empfangen hat, mag der Sohn das schöne Mädchen mit dem Riegelhäubchen als seine Braut betrachten. Und weil nicht nur im Gedicht, sondern auch in Vergangenheitsträumen mit Gürtel und Schleier der holde Wahn entzwei reißt, entschwindet die holdselige Alt-Münchnerin unseren Blicken, scheint wie ein Schatten zu verblassen, denn schon tritt der zu ihr gehörige Mann auf, der je nachdem ihr Vater, ihr Bruder oder ihr Eheherr sein kann. Breitspurig stapft er daher mit Vatermördern, Zylinder, geblümter Weste und dickem Stock, und er kommt einem gleich bekannt und auch gleich unsympathisch vor, dieweil seine Sippschaft über die ganze Welt verstreut ist – die Sippschaft der Spießbürger. Er sieht allerdings noch behäbiger aus als seine Vettern in andern Städten. Sein Gesicht ist noch runder, glänzender, satt-gegessener, sein Bäuchlein dicker, seine Verachtung für »arme Schlucker« und »Fretter« zwar nicht beträchtlicher aber auch nicht kleiner als die seiner auswärtigen Verwandten. Allerdings bewegen sich seine Vorstellungen von arm und reich in bescheidenen Grenzen. Arm ist für ihn, wer sich nicht die gehörige »Bettschwere« antrinken kann, und den Mann, den wir heute »Kleinrentner« nennen, heißt er gutmütig »Dreiquartelprivatier«. In einer Bierstadt geboren, dem Bier voll schwärmerischer Hingebung zu eigen, kann er auch bei seinem sprachschöpferischen Wirken die Vorstellung von Bier nicht entbehren, wie eben »Bettschwere« und »Dreiquartelprivatier« beweisen. Neben dem Bier begehrt er noch seine »königlich bayrische Ruh'«. Um sechs Uhr abends ist seine Frau (sie war einst das Mädchen aus der Schönheitsgalerie) schon in der Nachtjacke zu sehen; wenn einer etwa noch um acht Uhr an der Haustüre läuten wollte, würde Herr Spießbürger brummen: »Mitten in der Nacht schellt man doch die Leute net heraus?«, und wenn er im Wirtshaus seinen Tarock gespielt und die Bettschwere errungen hat, legt er sich um neun Uhr schlafen. Wenn ihm einer sagte, daß man in England zur Mittagsmahlzeit sorgfältig Toilette macht, würde er erstaunt fragen: »Ja, wie könna denn die Leut' nacher ess'n?«, denn er, er zieht zum Essen den Rock aus und knöpft den Hemdkragen ab. Er ist kein eigentlicher Feinschmecker, denn Bier stumpft die Feinheit des Gaumens ab, wie Wein sie erhöht, aber er hält auf gutes, kräftiges Essen, und die Jahreszeiten und Monate sind für ihn durch wechselnde eßbare Spezialitäten und Bierproben bezeichnet. In der Christnacht gibt's Mettwürste, am Faschingsdienstag Fastnachtskrapfen, Ostern natürlich Schinken, zu Pfingsten ein Pfingstgansl, Fronleichnam nach der Prozession unzählige Bratwürstl, Kirchweihsonntag Kirchweihnudeln und zum Maibock Spanfackel. Um diese Köstlichkeiten her schlingen sich Würste in unabsehbarer Reihe und von hundertfacher Art, von der gemeinen Groschenwurst angefangen bis zur vieledlen Milzwurst, die sich kühnlich jeder Delikatesse an die Seite stellen und nur in einem so üppigen Lande, wie das alte Bayern war, bereitet werden kann. Neben ihnen ragen die drei Münchner Wahrzeichen Brustbraten, Schlegelbraten, Gratbraten und noch viel anderes, was die Frau Spießbürgerin, die einst das Mädchen aus der Schönheitsgalerie war, nach dem selbstgeschriebenen dicken Kochbuch zubereitet. Ihr Eheherr kundschaftet indessen aus, wo dies Jahr das Bier am »süffigsten« ist, beurteilt sachverständig Salvator, Märzenbier, Bock und Winterbier, denkt aber niemals daran, Gäste in sein Haus zu laden, denn Geselligkeit ist für ihn ein unbekannter Bezirk. Wenn er mit Bekannten beisammen sein will, dann verabredet man sich zu gemeinsamem Besuch eines Wirtshauses, sofern Besuche im Hause Spießbürger es nicht vorziehen, der Magd Geld zu geben, damit sie ihnen aus dem nächstgelegenen Gasthaus eine Portion Braten und eine Maß holt, die dann auf dem gastlichen Tisch des Herrn Spießbürgers niedergesetzt und vergnügt vertilgt werden, als wäre dies die richtige, freundliche Art von Gastlichkeit.

Man glaube aber nicht, daß der Münchner Spießbürger nicht auch gelegentlich der »königlichen bayrischen Ruh'« entsagen kann. O nein, es gibt Augenblicke, in denen er sich zum Berserker wandelt! Wenn der Bierpreis aufschlägt, macht er wahrhaftig Revolution, und dem »Saupreißen« Richard Wagner samt seinem geplanten Festspielhaus versalzt er den Aufenthalt in München gründlich. Für Nordisches und Neues ist er überhaupt nicht zu haben. Die »Nordlichter«, die der wissensdurstige und literaturfreundliche König Max II. berief, werden von Herrn Spießbürger scheel angesehen, und wo er kann, verweigert er ihnen, schon um ihres Glaubens willen, die Wohnung.

Vom Maximilianeum, diesem märchenhaften Abschluß der Maximilianstraße, sagt er spöttisch: »Wie a Ruin', wia's Heidelberger Schloß!«, obwohl er niemals in Heidelberg war, denn er reist nicht, weil er grundsätzlich in keinem anderen Bett schläft als in seinem eigenen. Er will überhaupt von der Welt, die außerhalb der weißblau Grenze liegt, nichts wissen. Er ist »boarisch«, nichts als »boarisch«, und wenn es auf ihn ankäme, würde niemals die »Wacht am Rhein« von ganz Deutschland gesungen worden sein. Aber es kam, Gott sei Dank, nie auf ihn an, und seine Zeit ist um, gründlich um! Warum dem Abgeschiedenen solch ausführlicher Nekrolog geschrieben wurde? Weil jetzt so oft versucht wird, ihn unserer arm-gewordenen Zeit schön-retuschiert als Urbild der Gemütlichkeit, der Anspruchslosigkeit, der harmlosen Fröhlichkeit hinzustellen. Man zeigt ihn uns gleichsam als einen liebenswürdigen Ahnherrn, dem wir, die irregegangenen Enkel, nachstreben sollen, und darum ist es zwar nicht für ihn, wohl aber für die Mitwelt vorteilhaft, ihn von der Seite zu zeigen, die seine Lobredner schamhaft verhüllen. Nein, wir wollen ihm nicht nachstreben, denn er gehörte nicht in unsere reiche, gehört nicht in unsere arme Zeit und mag nun zum Schatten verblassen, wie vorhin das Mädchen aus der Schönheitsgalerie verblasste, das leider seine Frau wurde.

* *
*

Ein neuer Ton schwebt werbend um das Tor der Vergangenheit. Kriegslärm antwortet ihm, und von Haß erfüllt gegen fremde Bedrückung spricht Bayerns Kronprinz, Ludwig, das Wort »teutsch sein!« Das Teutsch seiner Poesien ist freilich weder teutsch noch deutsch, und Kunsthistoriker mögen entscheiden, ob der Königsplatz die geeignete Stelle für Bauten der Akropolis ist, ob sich der Palazzo Pitti auf flachen Boden gesetzt vorteilhaft ausnimmt und ob die leere Feldherrnhalle als würdiges Ebenbild der köstlichen *Loggia dei Lanzi* gelten kann. Aber trotz seiner schlechten Gedichte und seines zuweilen allzu draufgängerischen Kunstenthusiasmus kann München Ludwig I. nie dankbar genug sein, denn er, der Sohn eines Rheinbundfürsten, verkündete dieser Stadt zwei Evangelien, von denen sie bis dahin kaum gewußt hatte: das Evangelium des deutschen Gedankens und das Evangelium der Kunst. Mag die heutige Generation vielleicht auch die Meister gering achten, die ihren Großvätern als hohe Vorbilder galten, mag sie sagen, daß Cornelius keine Farbe hatte und Kaulbach nur »komponierte«, mag sie noch heute den bissig-spöttischen Worten Schwinds Beifall klatschen, mit denen er einst den feierlich historischen Piloty fragte: »Was haben S' denn heut' wieder für an Unglück g'malt?«, so waren doch sie es samt all ihren Genossen, die auf Ludwigs Ruf gekommen waren und mit denen er aus der dörflichen Kleinresidenz eine deutsche Stadt schuf, die sich schnell den Namen Isar-Athen errang. Isar-Athen – der Name lud schwere Verpflichtung auf, aber München hat diese Verpflichtung voll erfüllt. Seit Ludwigs Tagen bis heute schritt es, in Farbe eingehüllt, wie über eine von tausend Regenbögen überglänzte *Via triumphalis* der Kunst dahin. Kunst war dieser Stadt eingeboren, denn wäre sie es nicht gewesen, so hätten auch zehn Ludwige nicht aus ihr machen können, was sie geworden ist, dieweil sich der Charakter einer Stadt, geradeso wie beim Menschen, weder einpflanzen noch austilgen läßt. Weil Kunst hier eingeboren war, wuchs sie auch anders empor als an anderen Stätten, wohnte nicht nur in Galerien, Privatsammlungen und Ateliers, sondern wurde in den Wohnungen der Bürger, im Wesen jedes einzelnen heimisch, stieg zum Volk herab und wurde Gemeingut. Nicht etwa so, als ob Jeder versuchte, dilettantisch zu pinseln, oder als ob weiteste Kreise in der Lage wären oder die Lust verspürten, Bilder zu kaufen, aber jedes kleine Gerät, jede große Gebärde der Freude oder der Trauer weiß hier von Kunst, und künstlerisches Taktgefühl verhütete Entgleisungen, wie man sie an anderen großen Kunstzentren treffen konnte. Es gab hier weniger Kunstgreuel, weniger schäbige Imitationen, weniger falsche Pracht als anderswo, und wenn man sich auch der Mode der Papiermachérenaissance, der Makartbuketts, der vergoldeten Reiskörnerrahmen ebenso wenig entziehen konnte, wie einer gewissen beliebten Zuckerwassermalerei, so waren all diese Irrtümer doch bald überwunden, und München fand einen eigenen Stil für Kunst, für Kunstgewerbe und – so unglaublich es auch klingen mag! – für Damenmode. Der Münchner Stil empfing wohl Retuschen fremder Einflüsse (wie etwa das Schwabinger Kittelkleid aus Paris zurückkehrte, oder wie das Dirndlkostüm kokett schäferlich verändert uns als »Stilkleid« präsentiert wird!), aber er hat seine Eigenart nie verloren und im Kunstgewerbe fremde Konkurrenten erfolgreich geschlagen.

Was Münchner Kunst als Gemeingut bedeutet, offenbart sich aber am deutlichsten, wenn sie und ihre Künstler Feste irgendwelcher Art feiern. Wohl enthüllt sich im ernsten Kunstwerk das Mysterium der Künstlerseele, von dem aber der Mensch im Künstler mitunter nichts weiß, so daß er verständnislos neben dem Tabernakel steht, der dies Mysterium umschließt. Das menschliche Wesen gibt sich dagegen in der Art kund, wie es lachen oder trauern will, und ob Münchens Künstler Säle zur Freude oder Straßen für einen Leichenzug kleiden, immerfort wird ihre Phantasie, ihr Humor oder ihr Gefühl für Feierlichkeit etwas Vollendetes schaffen. Wohl hat sich im Laufe eines Jahrhunderts der Charakter der Künstlerfeste gewandelt, aber Reiz und Anmut ihres Wesens sind dieselben geblieben, gleichviel ob sie vor vierzig Jahren die Räume der alten Akademie zum Alt-Münchner Christkindlmarkt wandelten, ob sie Ritterfeste auf Burg Schwaneck gaben, ob sie den Schützen die Scheibe mit der »Schützenliesl« malten, ob Lenbachs mediceische Art die blendenden Feste im Hoftheater befahl, ob die Akademiker auf urwüchsiger Bauernkirchweih um den Maibaum tanzten, ob sich nach Rezniceks Intuitionen der »fesche Domino« im Walzer drehte, ob Jugendlust um »das goldene Kalb« rast, ob im geschlossenen Zirkel beim Bockfest Schnaderhüpfln zur Laute ertönen und eine Bockzeitung so viele witzige Illustrationen bringt, daß Witzblätter einen Monat lang davon leben könnten, – immerfort ist alles echt und darum wertvoll, ist es, weil Künstler und Festgäste sich ohne besondere Verständigung in dem Bestreben finden, ein einheitliches Bild, ein Kunstwerk darzustellen. Nicht etwa mit Possen oder durch fade »Schönheit« wollen sie es machen, nein, jeder schiebt sich selber zugunsten des Ganzen in den Hintergrund, beweist da eine Subordination, die dem Süddeutschen sonst nicht sympathisch ist, und gibt sich nur zufrieden, wenn der Charakter des Festes gewahrt ist und aus dieser allgemeinen Zufriedenheit jene berauschende Stimmung entspringt, die man, wie es heißt, nur im Münchner Fasching atmen kann. Die ganze Luft ist von ihr durchzogen, und darum kann Keiner sie vergessen, der sie je geatmet hat, muß immer wieder zu dieser Stadt an der Isar zurückkehren, wie die *Fontana Trevi* keinen mehr losläßt, der von ihrem Wasser trank.

Der ernsthafte Sohn des kunstfreudigen Ludwig, König Max II., mehr aufs Geistige gerichtet als sein Vater, versuchte dann für Isar-Athen noch eine andere Provinz als die der Kunst zu erobern, rief die »Nordlichter« aus Norddeutschland herbei, die Philosophen, Gelehrten und Dichter, zu deren Füßen die akademische Jugend in den

Hörsälen saß und die in der lustigen Dichtergesellschaft »Krokodil« nicht weniger fröhlich, witzig und künstlerisch waren als die Männer des Pinsels und der Farbe. Aber ein recht inniges Verhältnis ist zwischen ihnen und der Stadt nie zustande gekommen, niemals hat München ihnen das Du angeboten und gemeint, daß es ohne sie nicht leben könne. Selbstverständlich hat es sie dennoch hoch verehrt, hat wohl gewußt, daß es stolz auf sie sein würde, aber es ist über Verehrung und Stolz hinaus nicht bis zur Liebe, nicht bis zur Wesensvermählung mit ihnen gelangt. Es ist niemals eine Literatur- oder Theaterstadt geworden, obgleich es edelste Namen der Dichtkunst umschloß und einst ein Schauspielensemble hatte, das sich mit Ehren neben dem ersten deutschen Theater, der Wiener Burg, sehen lassen konnte und für Ibsen Pionierdienst leistete. Es ist auch niemals eine Zeitungsstadt geworden, wie etwa das stammverwandte Wien.

Um so lieber und herzlicher hat sich München der Musik ergeben, dieser Kunst, die sinnlich wie die Farbe, nicht mit dem Verstand, sondern mit dem Gefühl erfaßt werden muß. Musik tönt aus jeder kleinsten Schenke, aus jedem noch so engen Herzen; von der Bockmusik bis zu den Festspielen des Prinzregententheaters umschlingt ein Kranz von Melodien die musikfrohe Stadt. Das Genie Richard Wagners, das Spießbürgerei einst hinausgraulte, hatte dennoch hier bei einem romantischen König so zarte und großzügige Sorgfalt genossen, daß selbst der Mann, der sich sonst nicht übermäßig mit Dankbarkeit plagte, dem Romantiker auf dem Thron sein Leben lang dankbar blieb.

»So wandel' ich hochbeglückt denn neue Pfade –
Im sommerlichen Königreich der Gnade.«

Musik und Malerei – als Zweiklang tönen sie über die Stadt hin und werden nicht verstummen, solange sie besteht.

* *
*

Ein dritter Klang will sich dem Zweiklang gesellen. Er schwebt nicht werbend um Tore der Vergangenheit, sondern schallt von der Gegenwart hinaus in die Zukunft. Nicht sanft ist er, sondern lärmend, schmetternd, und nicht in der Musik des Chinesischen Turms ist er zu vernehmen, sondern aus der Hirschau, von den Maffeiwerken tönt er über die Rasenfläche des Englischen Gartens hin. Sausender Hammerschlag, der auf Eisenplatten niederfällt, erzeugt ihn, und der Text, der zu ihm gehört, heißt: »Arbeit – Arbeit«. Quer durch den Englischen Garten, der einst nur für Spaziergänger bestimmt schien, läuft von den Maffeiwerken nach der Bahn ein eisernes Schienenpaar, das in dem fröhlichen Grün sich wie eine Arbeitsschwiele an einer wohlgepflegten Hand ausnimmt, die dem Müßiggang entsagt hat und den Takt schlägt zu der eisernen Melodie »Arbeit – Arbeit!«

Fremde lächeln wohl, wenn man ihnen von dem arbeitenden München sprechen will. Sie möchten es nur als das schöne Mädchen mit dem Rieglhäubchen sehen oder als den fröhlichen Maler oder den verträumten Musiker, aber das kluge, ernste Antlitz der Arbeit wollen sie dieser Stadt nicht zutrauen. Wie es einst hieß, daß Österreich sein Glück nicht durch Kriege, sondern durch Heiraten begründen möge, so meinen sie, München solle nur malen, musizieren, sich und andere vergnügen und die Mühsal und den Preis der Arbeit andern überlassen. Aber die Stadt hört nicht auf Verehrer und Schmeichler dieser Art, schafft verständig und fleißig, und unter dem Glanz ihrer tausend Regenbogen, hinter dem Kranz ihrer Melodien laufen unsichtbar hundert und aberhundert Schienenpaare gleich Arbeitsschwielen an wohlgepflegter Hand. »Arbeit« – schmettern die Hämmer der Hirschau in die Stadt hinein, und »Arbeit« tönt das Echo vielstimmig zurück. »Arbeit« rattern die Elektrizitätsmaschinen, rauchen die Schlote, brausen die Sudkessel der Brauereien, »Arbeit« funkt es von den Türmen, schnauft es bei den Treibriemen, rasselt es von unzähligen Motoren. Wohl ist die Stadt nicht so verbissen auf Arbeit eingestellt wie etwa Städte großer Industriebezirke; man darf eben nicht vergessen, daß sie die Tochter eines Agrarlandes ist, allzulange von keiner andern Arbeit und keinem andern Ertrag wußte als von denen des Pfluges und der Sense, und obendrein ärmer an Kohlen dasteht als reichere Schwestern, die wiederum arm an Bodenfrucht sind.

Aus jeder Lokomotive, die auf der Arbeitsschwiele im Englischen Garten zur Bahn hinläuft, steht ein Namen, ein gleichgültiger Taufnamen, wie Lokomotiven ihn tragen. Aber unsichtbar steht daneben »München«, geradeso wie bei gewissen Adelsgeschlechtern neben dem Rufnamen des einzelnen noch ein anderer Namen steht, der ihnen allen gemeinsam ist. Mit diesem unsichtbaren Namen rasen Lokomotiven und Maschinen, Motorpflüge, Bierfässer, Funksprüche und tausend andere Pfänder des Fleißes hinaus über Münchens, über Bayerns, über Deutschlands Grenze, in die Welt hinaus, verkünden, daß München nicht als müßige Schönheit unter rührigen Schwestern steht und daß sie wohl das andere Evangelium in sich aufgenommen hat, das einst verkündete »teutsch sein« und das heute heißt »deutsch sein und arbeiten!«

So steigert die fröhliche, farbenfrohe, musizierende Stadt den Zweiklang der Farbe und des Tons zum brausenden Akkord der Arbeit.

Emma Haushofer-Merk:
Alt-Münchner Erzählungen

Die in München alteingesessene Schriftstellerin Emma Haushofer-Merk war bei ihren Zeitgenossen hoch geschätzt. »Eine der besten Kennerinnen alter Gebräuche und Sitten (...) des alten, fast vergessenen Münchens, in dem ihre Familie ihr Tradition und Erinnerung überliefert hat«, schwärmte zum Beispiel Gräfin Eva von Baudissin. Emma Haushofer-Merk wurde bislang von der Wissenschaft fast ausschließlich im Spiegel ihres Engagements für den »Münchner Schriftstellerinnen-Verein« gesehen. Dass sie ihre Erzählkunst meisterlich beherrschte und mit Humor und genauem Blick »ihr« München lebendig werden ließ, ist darüber beinahe in Vergessenheit geraten. Die Neuauflage ihrer »Geschichten aus dem alten München« ist daher eine kleine kostbare Rarität, in die ein Nachwort von Ingvild Richardsen kompetent einführt.

248 S., Paperback, ISBN 978-3-86906-706-3